农银浦江商业银行业务新编系列教材

商业银行服务规范与职业伦理

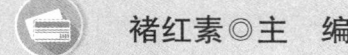

褚红素 ◎ 主　编

上海财经大学出版社

图书在版编目(CIP)数据

商业银行服务规范与职业伦理/褚红素主编.—上海:上海财经大学出版社,2017.11
(农银浦江商业银行业务新编系列教材)
ISBN 978-7-5642-2857-6/F・2857

Ⅰ.①商… Ⅱ.①褚… Ⅲ.①商业银行-银行业务-规范-高等学校-教材 ②商业银行-工作人员-职业道德-中国-高等教材-教材 Ⅳ.①F830.33-65 ②F832.33

中国版本图书馆 CIP 数据核字(2017)第 267383 号

□ 责任编辑　石兴凤
□ 封面设计　杨雪婷

SHANGYE YINHANG FUWU GUIFAN YU ZHIYE LUNLI
商业银行服务规范与职业伦理
褚红素　主编

上海财经大学出版社出版发行
(上海市中山北一路 369 号　邮编 200083)
网　　址:http://www.sufep.com
电子邮箱:webmaster @ sufep.com
全国新华书店经销
上海华教印务有限公司印刷装订
2017 年 11 月第 1 版　2017 年 11 月第 1 次印刷

710mm×1000mm　1/16　16.75 印张　328 千字
印数:0 001—3 000　定价:48.00 元

农银浦江商业银行业务新编系列教材
编 委 会

主 编　　许文新　庄　湧

编委会　　马　欣　施继元　徐学锋　戴小平
成　员　　洪　玫　姜雅净　褚红素　黄　波
　　　　　　张　云　程丽萍　刘晓明　林　琳
　　　　　　施惠琳　曹晓红　高耘华　张劲驰
　　　　　　施　诚　李晨辉

总　序

　　努力构建以学生发展为中心的人才培养体系、以社会需求为导向的科研与学科发展体系，积极探索应用型人才培养模式改革，完善应用型人才培养模式，深化政产学研合作是上海立信会计金融学院建设国内外知名的高水平应用型财经大学的战略部署。

　　为此，上海立信会计金融学院与中国农业银行上海市分行签订战略合作协议，共建浦江学院浦江班，通过政府牵线、市长助推，全面创新合作办学管理机制和运行体系，探索以"订单式"人才培养新模式为特色的教研改革，着力在人才培养方案、双师型教学团队、应用型人才培养的教材体系、人才评价体系、实习实训基地、学生选拔机制和大学生社会实践等方面进行积极探索与实践，以期搭建一座沟通学生与社会之间培养、就业、复合、创新的桥梁。

　　经过两年多的实践与探索，在教学计划、教学内容、教学过程、教学评价、师资力量及大学生社会实践等方面进行全面深入的合作，取得了较为丰硕的成果，其中代表性的成果是上海立信会计金融学院与中国农业银行上海市分行合作开发的浦江学院特色教材系列。这批教材有以下特点：

　　● 行业性。教材以金融理论为基础，突出与商业银行的业务模块相结合，与商业银行的业务操作相联系，把培养学生的实践操作能力、应用协调能力全面渗透到知识体系中。

　　● 协同性。本套教材采取上海立信会计金融学院专任教师与中国农业银行上海市分行的一线业务骨干合作开发的模式，做到理论与实践相协同，两单位人员与资源相协同。

　　● 创新性。本套教材内容全面融入商业银行业务和操作模块，与当前最新的电子支付、网络银行的变迁紧密结合，这些创新是当前相关教材所不具备的。

以此教材系列的出版为契机，上海立信会计金融学院将进一步强化与中国农业银行上海市分行的战略合作，并以此为依托，把构建产学研战略合作和协同发展新模式，培养金融经济领域具有创新和可持续发展能力的高素质复合型专业人才作为学校发展的神圣使命，为服务上海国际金融中心、科技创新中心和自由贸易区建设贡献绵薄之力。

行校战略合作的方方面面得到了中国农业银行上海市分行领导和上海立信会计金融学院各级领导的大力支持和帮助。行校主要领导高度重视，亲自抓项目的落实及教材建设工作。在此，向他（她）们致以真挚的感谢和崇高的敬意！

许文新

2017 年 9 月

前 言

商业银行是以盈利为目的、经营货币资金、能向客户提供多种金融服务的特殊企业。服务是商业银行生存和发展的基础保障，也是其创造效益的核心环节。在我国经济处于转型升级的关键时期，各商业银行深入推进战略转型和业务调整策略，创导以顾客价值为中心建立服务规范体系，保护客户的合法权益，促进商业银行健康发展，从而提升服务质量这一核心竞争力。同时中国人民银行、中国银监会、国家发改委、中国银行业协会等部门都高度重视商业银行服务规范，制定和完善了一系列有关商业银行服务规范的条文和规定。组织编写一部应用性较强的《商业银行服务规范与职业伦理》教材是我们进行金融学教育教学改革和创新人才培养模式的一项内容。

本书在系统编写之前有效进行了调研和访谈，走访了中国农业银行、中国工商银行、交通银行、浙江泰隆银行、杭州银行等商业银行，得到上述金融机构的校友和同仁的支持和帮助。编写历时一年半的时间，吸纳了我国国有商业银行、股份制商业银行、城市商业银行、农村商业银行的服务规范，参阅了中国人民银行联合国家质检总局和国家标准委发布的《银行营业网点服务评价准则》和《银行业产品说明书描述规范》、中国银行业协会发布的《中国银行业文明规范服务工作指引（试行）》以及中国银监会、国家发改委制定的《商业银行服务价格管理办法》。经过集思广益，编写组从应用型财经类高校大学生综合素质和银行业从业人员的职业素养两个角度思考本书的章节安排。

本书共有十章，前五章主要介绍商业银行服务规范，包含零售业务服务规范、中国银行业柜面服务规范、银行大堂经理服务规范、银行个人客户经理服务规范、商业银行客户服务中心服务规范；后五章主要介绍职业伦理，包含风险与合规管理、职业道德与职业操守、人际关系管理技巧、情绪与压力管理、职业价值与责任。第一章"零售业务服务规范"阐述了商业银行零售业务的概念、商业银行与零售业务客户的权利和义务、工作人员的服务规范、零售业务服务渠道，分析了发达国家商业银行零售业务的发展现状、商业银行零售业务服务态势的变化、商业银行零售业务存在服务欠规范的问题，重点介绍了商业银行零售业务工作人员的职业操守、仪容仪表、沟通交流、岗位任职能力以及商业银行向零售业务客户提供的营业网点、电话服务中心、自助设备、网上银行、手机银行等服务渠道。第二章"中国银行业柜面服务规范"阐述了银行柜员服务礼仪仪容规范、仪表规范、语言规范、服务流程礼仪规范，分析了银行的负面服务技巧，重点介绍了柜面从业人员所应具备的基础知识。第三章"银行大堂经理服务规范"阐述了大堂经理的角色定位、岗位职责、职业道德、每日基本工作、分流引导，分析了有效表达的基本要求。第四章"银行个人客户经理服务规范"阐述了银行个人客户经理的角色定位、素质要求，分析了银行个人客户的开发与维护，重点介绍了个人客户经理的礼仪规范。第五章"商业银行客户服务中心服务规范"阐述了商业银行客户服务中心的定义、功能，客户服务中心服务的基本要求、制度流程，客户服务中心工作人员的行为规范；分析了客户服务中心服务的基本要求，服务质量衡量指标以及客户满意度的衡量尺度、调查方法。第六章"风险与合规管理"阐述了风险控制与合规建设的重要性、商业银行风险的八大类别，分析了商业银行风险控制和合规管理的主要策略。第七章"职业道德与职业操守"阐述了职业道德与职业操守的重要组成部分——"诚信原则"、"专业胜任"的含义和落实方法，分析了诚信、专业对于提升职业道德素养、坚持执行职业操守的重要意义，并针对客户投诉的处理提出了一般性的解决策略。第八章"人际关系管理技巧"主要阐述了商业银行从业人员在工作中与周围的主要关系群（客户、同事、领导）建立、保持、处理良好的人际关系的重要意义，分析了影响人际关系管理的主要因素，并针对不同关系群体提出了具体的管理策略。第九章"情绪与压力管理"阐述了情绪和压力管理的概念、银行从业者的压力来源和压力后果，分析了银行从业者的情绪和压力管理的方法，并给出了银行如何创造良好的工作环境的建议。第十章"职业价值与责任"阐述了职业角色、岗位职责、商业银行岗位结构，重点介绍了银行从业人员的分内事及自我认知与职业胜任力的具体内容，分析了树立正确的职业价值观的原则、条件和途径。

《商业银行服务规范与职业伦理》一书对我国金融业与财经类高校具有指导和实践意义，主要体现在：一是明确了商业银行服务规范与职业伦理的内涵和外延；二是厘清了商业银行零售业务、柜面服务、银行大堂经理、客户经理、商业银行客户服务中心等业务岗位的服务规范要求；三是提出了包含风险与合规、职业道德与职业操守、人际关系管理、情绪与压力管理、职业价值与责任等要素的商业银行职业伦理范畴。

本教材由上海立信会计金融学院褚红素担任主编，负责设计编写思路和内容框架；中国农业银行上海分行个人金融部总经理林琳参与指导商业银行服务业务。教材各章的编写教师如下：

导　言	商业银行服务规范与职业伦理的学习方法	褚红素
第一章	零售业务服务规范	褚红素
第二章	中国银行业柜面服务规范	敖萱
第三章	银行大堂经理服务规范	敖萱
第四章	银行个人客户经理服务规范	王因
第五章	商业银行客户服务中心服务规范	杨自保
第六章	风险与合规管理	胡荣荣
第七章	职业道德与职业操守	周晨
第八章	人际关系管理技巧	周晨
第九章	情绪与压力管理	胡荣荣
第十章	职业价值与责任	杨自保

编　者

2017 年 9 月

目 录

总序/1

前言/1

导言　商业银行服务规范与职业伦理的学习方法/1

第一章　零售业务服务规范/6
第一节　商业银行零售业务概述/6
第二节　商业银行与零售业务客户的权利和义务/9
第三节　商业银行零售业务工作人员的服务规范/11
第四节　商业银行零售业务服务渠道/14

第二章　中国银行业柜面服务规范/18
第一节　银行柜员日常服务礼仪规范/18
第二节　银行柜面服务技巧/23
　　附录2－1　柜台中合适的服务语言/29
　　附录2－2　《中国银行业柜面服务规范》/31

第三章　银行大堂经理服务规范/39
第一节　大堂经理岗位认知/39
第二节　精通服务技能/50

第四章　银行个人客户经理服务规范/59
第一节　银行个人客户经理的角色定位/59
第二节　银行个人客户经理的素质要求/63
第三节　银行个人客户的开发与维护/66
第四节　银行个人客户经理的礼仪规范/69

第五章　商业银行客户服务中心服务规范/78
第一节　概论/78
第二节　基本要求/84
第三节　服务质量/88
第四节　行为规范/98

第六章　风险与合规管理/103
第一节　风险与合规概述/103
第二节　商业银行风险的主要类别/107
第三节　商业银行风险控制和合规管理的主要策略/111
第四节　银行监管与市场约束/145

第七章　职业道德与职业操守/149
第一节　诚实信用/149
第二节　专业胜任/155
第三节　投诉处理/159
　　附录7-1　某银行投诉处理流程/169
　　附录7-2　中国银监会关于《完善银行业金融机构客户投诉处理机制　切实做好金融消费者保护工作》的通知/169

第八章　人际关系管理技巧/172
第一节　与客户的关系/172
第二节　与同事的关系/182
第三节　与领导的关系/191

第九章　情绪与压力管理/200
第一节　情绪与压力概述/200
第二节　银行从业者压力来源分析/205
第三节　情绪和压力管理/208

第十章　职业价值与责任/215
第一节　工作职责/215
第二节　职业胜任力/221
第三节　职业价值/247

参考文献/254

导言　商业银行服务规范与职业伦理的学习方法

商业银行业的竞争是一种服务的竞争。服务是立行之本,银行服务体现的是银行管理水平的高低,其中也包含着银行本身的文化内涵和员工的精神风貌。银行服务需从服务手段、服务内容、服务态度、服务环境等方面加以规范,提高服务水平;银行服务需从职业操守、职业精神和从业准则方面来确立银行员工的职业伦理,从而增强银行的社会效应。

一、商业银行服务规范与职业伦理的概念

商业银行(Commercial Bank)是以营利为目的、经营货币资金、能向客户提供多种金融服务的特殊企业。商业银行具有调节经济、信用创造、信用中介、支付中介、金融服务等职能。调节经济是指商业银行通过其信用中介活动,调剂社会各部门之间的资金短缺,同时在央行货币政策和国家其他宏观政策的指引下,实现经济结构、消费比例投资、产业结构等方面的调整。信用创造是指商业银行在吸收存款和发放贷款、支票流通和转账结算的基础上,贷款又派生为存款,在这种存款不提取现金或不完全提现的基础上,就增加了商业银行的资金来源,最后在整个银行体系中形成数倍于原始存款的派生存款。信用中介是商业银行最基本、最能反映其经营活动特征的职能,通过银行的负债业务,把社会上的各种闲散货币集中到银行里,再通过资产业务,把它投向经济各部门。支付中介是指商业银行通过存款在账户上的转移,代理客户支付,为客户兑付现款等,成为工商企业、团体和个人的货币保管者、出纳者和支付代理人。金融服务是指商业银行利用自身的优势为客户提供各种代理、信息咨询、融资服务、财务管理、信托等业务。

服务是指为了满足顾客的需要,商业银行与顾客之间接触的活动以及商业银行内部活动所产生的结果。服务规范是银行员工最基本的素质要求,银行员工通过行业的规范要求有效提高服务意识,改善服务心态,正确认识和理解银行业工作的意义。服务规范包括职业道德规范(遵纪守法、爱岗敬业、廉洁奉公、诚实守信等)、服务行为规范(仪表仪态、言行举止、文明礼貌)和服务操作规范(专业技能、业

务流程、纠纷处理)。

职业伦理是从事商业银行相关职业的群体或个人的一些总体性的价值要求,包括职业操守、职业精神和从业准则。职业操守是指人们在从事职业活动中必须遵从的最低道德底线和行业规范,具有"基础性"、"制约性"的特点。职业精神表现为某一职业特有的精神传统与从业者特定的心理和素质,由职业理想、职业态度、职业责任、职业技能、职业纪律、职业良心、职业信誉、职业作风等基本要素组成。从业准则是指在处理员工与客户、行业与社会相互关系时应遵循的道理和准则。

二、商业银行服务规范与职业伦理的内容

商业银行零售业务(也称零售金融业务)一般主要指商业银行向个人、家庭和中小企业提供的综合性、一体化的金融服务,包括存取款、贷款、结算、汇兑、融资、委托理财、有价证券交易、代理服务、委托咨询等各类金融服务业务,是商业银行提供一站式打包产品和服务的主要途径,是商业银行开辟新市场、新领域、新经营方式的主要工具。为了提高商业银行零售业务客户服务水平,根据《中华人民共和国商业银行法》、《中国银行业文明服务公约》和《中国银行业文明规范服务工作指引》,商业银行在实际操作中一般要遵循我国规定的商业银行零售业务服务规范,明确客户与商业银行之间就零售银行业务所产生的各自的基本权利和义务,并规定商业银行向客户提供零售银行业务服务需要达到的基本质量标准以及需要客户配合支持的相关事项。

柜面服务规范指各商业银行在营业网点内柜面人员为客户所提供的各类金融服务,主要包括组织管理、服务环境、服务标准、服务操作、服务培训及投诉处理等内容。柜面人员是在营业网点为客户提供金融服务的人员的统称。为了提升中国银行业柜面服务整体水平、树立行业文明规范服务形象,2009年7月7日,中国银行业协会以银协发〔2009〕50号印发《中国银行业柜面服务规范》。

银行大堂经理服务规范指各商业银行在营业网点内大堂经理为客户所提供的各类金融服务。大堂经理是指在营业网点大厅内从事客户引导分流、业务指导咨询、秩序维护等职责的工作人员。大堂经理的主要职责包括:根据客户的需求,指引客户到营业厅不同功能区域办理业务;受理客户咨询,及时解答客户疑问;指导客户填写单据,指导客户使用自助设备、网上银行;维持服务秩序,维护环境卫生;回复客户意见;处理客户投诉,无法处理的情况下,及时向上级报告;做好班前准备和班后整理工作。

个人客户经理服务规范是针对在银行内从事市场分析、客户关系管理、营销服务方案策划与实施并直接服务于客户的专业技术人员所实施的服务规范。个人客户经理作为商业银行对外的业务代表,通过集中商业银行内部各种可用资源,向目

标客户大力营销金融产品,提供优质的金融服务,搭建起银企双方沟通联系与关系发展的桥梁。个人客户经理服务对象的行业具有多样性,客户对信贷、结算、理财等方面的多种需求导致了客户经理所要掌握的营销手段和职业技能具有多样性和综合性。客户经理的知识储备包括经济、金融、财务、法律、税收、市场营销、公关、心理等多个方面。

客户服务中心服务规范是指商业银行客户服务中心利用电话、传真、手机、邮件及互联网等远程方式为客户提供的各类金融服务规范。客户服务中心的服务范围主要包括受理客户业务咨询、投诉和建议;受理并完成客户的交易需求;主动了解客户的需求,推荐合适的金融产品及服务等。客户服务中心服务规范主要包括客户服务中心的基本要求、制度流程、服务质量、应急管理、风险管理、投诉处理、人员培训及行为规范等内容。客户服务中心应根据业务发展和客户的需求,设立统一的客户服务电话号码,为客户提供电话语音和人工服务,应覆盖各单位营业网点开设地区;应提倡应用新技术扩展服务渠道,如网络渠道、手机短信渠道、电子邮件渠道、传真渠道等,并加强服务渠道宣传。

关于风险与合规管理,"合"的字义为不违背;"规"的字义为法则、章程、标准,合规即合乎规范的意思。2005年4月29日,巴塞尔银行监管委员会发布了《合规与银行内部合规部门》,文件引言对"合规风险"的表述为:银行因未能遵循法律、监管规定、规则、自律性组织的有关准则,以及适用于银行自身业务活动的行为准则而可能遭受法律制裁或监管处罚、重大财务损失或声誉损失的风险。中国银行业监督管理委员会于2006年11月发布了《商业银行合规风险管理指引》,指引中对合规和合规风险的定义是:"合规"是指商业银行的经营活动与法律、规则和准则相一致;"合规风险"是指商业银行因没有遵循法律、规则和准则可能遭受法律制裁、监管处罚、重大财务损失和声誉损失的风险。

职业道德与职业操守指商业银行员工在从事银行服务类业务时应遵循的符合职业特点所要求的道德准则、道德情操、道德品质、职业品德、职业纪律的总和。它既是对本职人员在职业活动中的行为标准和要求,同时又是职业对社会所负的道德准则与义务,具有"基础性"、"制约性"的特点,凡从业者必须做到。为构建金融行业的"良好环境",给客户提供优质的服务,有效提升银行的服务质量,银行人员应该具有相应的职业道德与职业操守。

人际关系管理技巧是指商业银行工作人员在与领导、同事和客户交往的过程中应具有的正确建立自己与他人、团体之间关系的技巧。人际关系是指人与人在相互交往过程中所形成的心理关系,表明人与人在相互交往过程中心理关系的亲密性、融洽性和协调性的程度,由认知、情感和行为3种心理成分组成,是人与人在彼此交往的过程中建立和发展起来的。美国著名学者卡耐基说:"一个人事业上的成功,15%靠他的专业技术,85%靠他的人际关系和处事技巧。"人际关系是人的基本社会需求,直接关系到工作质量的好坏。

情绪与压力管理是指商业银行员工在从事服务业务的过程中应具有的良好的心态和处理压力的能力。从心理学的角度来看,每个人潜意识中都存在正能量和负能量。两种能量影响着人们的思维模式:正能量强的人更多拥有正向性的思维,其相应的行为、行动也会积极;而负能量比较强的人一般拥有负向性的思维,其相应的行为、行动也会消极。银行服务业是一种高强度、高工作压力的职业,每个银行员工都应管理好情绪,从容面对压力,掌握正确的管理自己情绪与压力的方法。

职业价值与责任是指商业银行员工在从事服务业务、承担工作职责和义务的过程中对自己所从事的职业的认识和态度以及对职业目标的追求和向往。职业价值是银行员工的内心尺度,凌驾于整个人性当中,支配着银行员工的信念、目标、行为、态度,支配着银行员工认识世界、明白事物对自己的意义和自我了解、自我定向、自我设计等。职业责任是指商业银行员工在一定的职业活动中所承担的特定的职责,包括应该做的工作和应该承担的义务。职业责任与岗位要求、物质利益存在直接关系,具有明确的规定性,具有法律及其纪律的强制性。

三、商业银行服务规范与职业伦理的学习方法

(一)在了解全书逻辑结构的基础上掌握本课程的知识点

了解教材的基本框架,按照教材每章前的本章要点进行学习,掌握每一章所规定的内容,识记知识点;在听课和预、复习的过程中,针对所学内容撰写读书笔记,运用笔记拓展学习,以便掌握课程中的重点和难点,把握教材的逻辑顺序,理清自己的学习思路;关注经济金融前沿动态和商业银行实务领域的相关态势,并能运用所学知识进行综合分析。

(二)理论联系实际

在学习过程中,既要联系实际以掌握基本概念、基本原理和基本理论,又要运用理论分析和说明实际,达到理论与实际、学与用的统一。要重视社会实践和专业实习,对商业银行的基层网点开展调查与研究,走访营业部,增强自己对商业银行的服务规范与职业伦理的感性认识;多浏览商业银行网站,阅读经济金融类期刊和图书,拓宽知识面,并开展相应的科学研究与创作。

(三)掌握自主学习的策略和方法

增强自我认知,积极关注自身的性格、兴趣、技能和价值观;挖掘学习动机,增强自主学习的效能,统筹自己的时间和空间,并制定相应的学习目标;提倡合作学习的精神,积极主动交换学习心得、体会,提升学习效果。

(四)加强自身的修养,增强综合素质

"商业银行服务规范与职业伦理"与个人的道德品质、行为礼仪、价值观等要素

密切相关,这些要素通常由一个人的内在素质累积到一定程度由内而外自然地表现出来。在学习本课程期间需加强气质修养的熏陶和培育,多学习经济金融法规,注意日常的行为规范,加强规范性与伦理性。

第一章　零售业务服务规范

本章要点

★　商业银行零售业务概述
★　商业银行与零售业务客户的权利和义务
★　商业银行零售业务工作人员的服务规范
★　商业银行零售业务服务渠道

第一节　商业银行零售业务概述

一、商业银行零售业务的含义和特点

(一)含义

商业银行零售业务(也叫零售金融业务)一般主要指商业银行向个人、家庭和中小企业提供的综合性、一体化的金融服务,包括存取款、贷款、结算、汇兑、融资、委托理财、有价证券交易、代理服务、委托咨询等各类金融服务业务,是商业银行提供一站式打包产品和服务的主要途径,是商业银行开辟新市场、新领域、新经营方式的主要工具。

(二)特点

1. 产品多样化

商业银行零售业务产品种类的多样化促使金融服务呈现多样化的特点。

2. 业务具有广泛性

商业银行零售业务客户需求和市场具有广泛性。现今生活中,个人、家庭及银行是密切相关的,其需求也不断增大,有力地推动了银行零售业务的发展,扩大了零售业务的空间。

3. 持续的交融性

商业银行零售业务是一种多次交易业务,比如账户服务,客户在开立银行账户之后,一定时期内与银行的业务关系会持续存在,甚至终生存在。

二、发达国家商业银行零售业务的发展现状

在发达国家银行的收入结构中,零售银行的业务份额和利润贡献率占各大银行利润的30%~70%,零售银行业务成为现代商业银行调整结构、分散风险、稳定收入、提升竞争力的重要手段。

(1)与我国的分业经营模式相比,发达国家的商业银行实行混业经营,促使竞争加剧,迫使许多银行完善其服务功能,并通过为中小客户提供更全面、周到、优质的服务来提高自身的竞争能力,以保持零售业务的市场份额。从业务规模和收入水平看,发达国家的商业银行逐步转向以个人为主的金融服务来拓展业务。

(2)随着西方金融业金融监管的放松,商业银行零售业务服务的品种如代客买卖股票、基金等不断丰富,以满足客户多样化的金融产品需求。同时,各商业银行都非常注重加强利率风险、流动性风险和信用风险控制,所以零售贷款的不良率普遍比较低。相较于发达国家,由于我国经济进入新常态阶段,面对经济结构调整和产业转型,2014年商业银行不良贷款率高达1.25%,因此,商业银行应当更加注重风险控制,同时开发适用于居民投资的金融工具。

(3)发达国家商业银行的虚拟网络经营的科技化程度很高,先进的支付应用系统、管理信息系统、软硬件设备等和发达的网络信息技术,大大降低了经营成本,改变了传统银行的经营方式,为客户提供了更加便捷的服务,同时利用网上银行推广其他零售服务也更加便捷。因此,商业银行若要在竞争中胜出,那么网络化的健全发展必不可少。

三、商业银行零售业务服务态势的变化

(一)商业银行零售业务渠道的转型

商业银行零售业务渠道的发展前后经历了三个阶段,包括单渠道阶段、多渠道阶段和全渠道阶段。单渠道即单一的渠道销售方式,以物理网点为主;随着互联网和电子商务时代的到来,商业银行零售业务由单一的物理网点形式拓展至自助银行、电话银行和网上银行的多渠道阶段;2013年前后,随着大数据、云计算、多媒体和社交网络的发展,为了满足金融消费者在任何时间和任何地点、以任何方式购买产品和接受服务的需求,商业银行采取物理网点渠道、电子商务渠道和移动电子商务渠道整合的方式提供金融产品或服务,为客户提供无差别服务体验,商业银行零售业务渠道进入全渠道阶段。

(二)商业银行零售业务经营环境的根本变化

新形势下,大众客户被更加便利、更为廉价的线上渠道挤压;贵宾客户被更加专业化、市场化、短期化的财富管理机构引诱,商业银行零售业务的客户基础、业务基础、盈利基础被不断地蚕食,传统的固守大堂、等客上门的经营策略已经无法支撑零售业务的持续发展。商业银行零售业务经营环境正在发生三方面的根本性变化:

(1)利率市场化根本性地改变了零售银行的盈利模式。存贷利差越来越窄,零售客户的议价能力不断地增强,传统的资金组织方式成本高、不稳定,传统的资产业务拓展效率差、效益低。

(2)个人投资多元化根本性地改变了零售客户的服务方式。零售业务的外延不断地拓宽、内涵不断地丰富,就存款拉存款不可持续,局限于单个市场、单项产品、单一形态的金融服务已经无法满足客户的现实需要。

(3)"互联网＋金融"根本性地改变了零售业务的经营业态。全社会支付、结算、消费、投资的流程和方式发生了巨大的变化,传统物理网点的客访量急速下降,业务离柜化、电子化占比加速提升,"水泥(网点)＋鼠标(网络)＋拇指(移动金融)"成为零售金融服务的主流业态。

四、商业银行零售业务存在服务欠规范的问题

零售业务是商业银行重点经营的业务,目前商业银行已经能为客户提供种类繁多的零售产品及服务,零售业务的客户数量也在大幅增加,服务和产品的质量不断地提升,零售业务产生的利润占银行利润的比例稳步提升。但是,商业银行零售业务的服务规范仍存在较多问题:

(一)客户信息资源开发层次较低

在对现有客户资源的信息管理上,我国商业银行仍存在明显的不足,没有建立完备的个人客户档案和数据库,绝大部分客户的信息资料不全面、不准确,客户的具有价值的重要信息没有及时得到更新。由于客户信息滞后,导致商业银行市场分析偏离客户消费基础,为客户提供的消费服务无法满足客户的需求。

(二)网点布局和功能不尽合理

网点地段选择和分布不合理、功能不齐全、管理不到位、资源利用率不高的情况比较普遍。网点的自助服务设备经常出现故障,维修也不及时,未能有效分流客户,导致商业银行的服务渠道仍以柜台业务为主,服务质量不尽如人意。

(三)业务流程不合理

没有根据业务种类的复杂程度对柜台进行合理的分类,没有将办理各种业务的客户分离,导致办理简单业务的客户等待时间长;没有服务高端客户的专门渠道,难以满足高端客户的服务需求,造成高端客户流失、客户结构不合理。

第二节 商业银行与零售业务客户的权利和义务

为了提高商业银行零售业务客户的服务水平,根据《中华人民共和国商业银行法》、《中国银行业文明服务公约》和《中国银行业文明规范服务工作指引》,商业银行在实际操作中一般要遵循我国规定的商业银行零售业务服务规范,明确客户和商业银行之间就零售银行业务所产生的各自的基本权利和义务,并规定商业银行向客户提供零售银行业务服务需要达到的基本质量标准以及需要客户配合支持的相关事项。

一、零售业务客户的身份资格、权利和义务

(一)零售业务客户的身份资格

具备完全民事行为能力,年龄在 18 周岁(含)以上,或者年龄在 16 周岁(含)至 18 周岁(不含)之间,以自己的劳动收入为主要生活来源。不符合上述条件的人员办理不同商业银行业务会受到不同的限制,具体请遵循银行办理有关业务的规定。

(二)零售业务客户的权利

一是自主选择商业银行的产品或服务;

二是受到尊重和诚信、公正的对待;

三是知悉商业银行的产品或服务的功能、收费标准以及适用利率或汇率等相关信息;

四是零售业务客户的个人账户信息和交易信息依法得到保护;

五是存款安全,依法得到保障;

六是依照合同或协议约定使用商业银行的产品时获得相应的服务;

七是对商业银行违反约定或服务质量承诺等行为采取合法、正当的方式提出投诉、申诉;

八是零售业务客户与商业银行签订的具体产品或服务合同、协议以及国家法律法规所赋予的其他权利。

(三)零售业务客户的义务

一是办理业务或接受服务时,向商业银行提供真实、完整、准确、有效的资料和信息,并在上述资料和信息发生变更时及时通知商业银行;

二是诚信、合法、正确地使用商业银行的产品或服务,并真实反映问题;

三是尊重商业银行的工作人员,文明、友好地进行沟通交流;

四是遵循商业银行的业务办理规则和流程(以合法合规为前提),爱护商业银行的服务设施,不干扰商业银行的正常运营;

五是对客户本人的账户信息、密码、与金融服务有关的其他信息以及相关凭证、介质、安全工具进行自我安全防范和保密；

六是依照约定向商业银行支付费用、清偿债务；

七是在向商业银行购买有潜在投资风险的产品时，承担相应的投资风险的义务；

八是零售业务客户与商业银行签订的具体产品或服务合同、协议以及国家法律法规所赋予的其他义务。

二、商业银行的权利和义务

(一)商业银行的权利

一是依据国家相关法律、法规和政策制定各项业务规章制度和操作细则并据之执行；

二是了解并保留零售业务客户的个人背景信息、信用状况、风险承受能力以及合同履行能力等相关信息；

三是依法保护商业银行的资产和权益，正常营业秩序不受恶意干扰；

四是依法确定和调整产品或服务价格，并收取相关费用；

五是调查听取零售业务客户对商业银行产品或服务的意见和建议；

六是依法响应司法协助要求，采取相关的行动或措施；

七是工作人员受到尊重以及诚信、公正的对待；

八是与零售业务客户签订的具体产品或服务合同、协议以及国家法律法规所赋予的其他权利。

(二)商业银行的义务

一是依法合规运营，不断提升金融服务水平，在民族自治区域，遵守当地自治条例的有关规定；

二是尊重并诚信、公正地对待每一位客户；

三是将客户需求作为产品设计、开发和营销的重要依据，并依约做好产品售后服务工作；

四是真实、清晰地介绍商业银行的产品或服务；

五是不从事或不参与同业间的不正当竞争；

六是对零售业务客户的个人账户信息和交易信息依法进行保密；

七是采取措施保障交易系统的安全；

八是妥善处理在服务过程中发生的问题(包括投诉和申诉)；

九是与零售业务客户签订的具体产品或服务合同、协议以及国家法律法规所赋予的其他义务。

第三节 商业银行零售业务工作人员的服务规范

一、职业操守

职业操守是商业银行零售业务工作人员在职业活动中所遵守的行为规范的总和,既是对从业人员在职业活动中的行为要求,又是对社会所承担的道德、责任和义务。

(一)正直、诚信

员工的诚信是商业银行声誉的基石。商业银行零售业务工作人员无论何时何地都应恪守诚实守信的原则,保持个人品行正直,严格遵守劳动合同规定的各项条款,履行劳动合同规定的各项义务。员工应确保经办或提供的工作资料和信息真实、准确、完整,严禁涂改、伪造、隐匿、毁坏原始记录和档案资料。工作人员应如实向上级汇报工作,不得弄虚作假。工作人员提供的个人资料和信息应当真实、完整并及时更新,不得隐瞒、欺骗。

(二)遵纪守法

每名商业银行零售业务工作人员都要遵守纪律和法律,尤其要遵守职业纪律和与职业活动相关的法律法规。零售业务工作人员每天面临的诱惑和考验都很多,务必踏踏实实地做事,清清白白地做人,遵守商业银行零售业务的相关规定,诚信合规,警钟长鸣,拒腐防变。学法、知法,增强法律法制意识;用法、护法,维护商业银行的正当权益,保护零售业务客户的权益;遵守劳动纪律、财经纪律、保密纪律、组织纪律。

(三)廉洁自律

银行从业之道贵在廉洁。无数事实表明,廉洁是一种品德,更是一种能力。尤其是在市场经济条件下,对于银行工作人员来说,如果不能坚持依法廉洁从业、遵守职业操守,就会失去拓展市场、赢得客户能力的基础;如果不能经受住物质利诱的考验,就会失去提高创新发展能力的保证。作为一名零售业务工作人员应时刻保持警醒和忧患意识,铸就思想道德防线,做到"常在河边走,就是不湿鞋"。

(四)爱岗敬业

记得一位哲人说过:如果一个人能够把本职工作当成事业来做,那么他就成功了一半。爱岗敬业指的是忠于职守的事业精神,这是职业道德的基础。爱岗就是工作人员应该热爱自己的本职工作,安心于本职岗位,稳定、持久地恪尽职守,做好本职工作。敬业就是要恪守"七多七少"的原则,即多一些踏实,少一些计较;多一些准备,少一些盲目;多一些奉献,少一些索取;多一些完美,少一些缺陷;多一些务实,少一些浮躁;多一些担当,少一些推诿;多一些认真,少一些糊弄。每名零售业务工作人员要把爱岗敬业牢记心中,苦练硬本领,甘于吃苦,善于实践,在学习和实践中不断地升华爱岗敬业的境界。

(五)关爱客户

"客户"主要指商业银行直接服务的对象。例如,在金融服务方面,"浦发卓信"钻石贵宾服务充分依托上海浦东发展银行完整的财富管理服务体系,为钻石贵宾客户配备资深理财顾问,提供一对一、全程理财服务;开设钻石贵宾客户服务专线,实现业务咨询等一站式服务;配备全球银行服务专员,为客户提供海外账户预先开设等境外金融服务;在客户关怀方面,浦发银行以"六心"即专心、全心、贴心、细心、安心、用心的服务精神全面关怀每位客户,展现"浦发卓信"贵宾理财品牌"稳健、睿智、细致、有品位"的个性。

(六)文明服务

要求零售业务工作人员始终坚持"想客户之所求,急客户之所需,排客户之所忧"的服务理念,为客户提供全方位、周到、便捷、高效的服务。在服务客户的过程中,做到操作标准、服务规范、用语礼貌、举止得体,给客户留下良好的印象,赢得客户的信任。优质、文明的服务永无止境,重在坚持,贵在落实。解决服务工作中存在的问题,确保规范化服务标准落实到每一个工作环节,树立文明、优质、高效、快捷的良好形象。

二、仪容仪表

为了使客户拥有愉快的服务体验,商业银行要求零售业务工作人员在上岗为客户提供服务期间,保持精神饱满、仪容整洁、着装得体、态度友好、举止有礼。

(一)服装

工作人员的服装不仅代表了个人形象,更是银行整体形象的展示,所以工作人员上班前要检查工装是否整洁、工牌是否佩戴等。男装包括春、秋、冬季节套装(衬衣、裤子、领带、外套)、男装夏季套装(短袖衬衣、裤子、领带);女装包括春、秋、冬季节套装(衬衣、裤子、领花或丝巾、外套)、女装夏季套装(短袖衬衣、裤子、裙子)。着装要求:袖长在手的虎口关节处,穿西装款的制服以衬衣袖长抬手时比西装袖长长出1.5至2厘米为宜;衣长约盖过臀部的4/5为宜;裤长以盖过鞋跟的2/3为宜;裙长在膝盖上下10厘米为宜。衬衣不能掉扣;男员工佩戴的领带、女员工穿有衬衫所佩戴的领花或丝巾,都应与衬衫衣领口吻合、紧凑而不系歪;工牌、行徽要全部佩戴整齐,固定,不能松垮、歪斜、左右晃动。银行制服应保持洁净、清爽、挺括,衣裤不起皱,应经常熨烫,包括领带、领花、丝巾清洗后一定要熨烫整齐。不应出现油渍、污垢、异味,特别是衣领、袖口尤其要保持干净。

(二)举止规范

举止又称举动、动作、姿态,人体的基本姿态是站、走、坐。举止礼仪的总原则是文明、优雅、礼貌。工作人员的举止要求是：尊重客人，遵循礼仪，尊重自我；做到：站立有相、落座有姿、行走有态、举手有礼。标准的站姿，从正面观看，全身笔直，精神饱满，两眼正视，两肩平齐，两臂自然下垂，两脚跟并拢，两脚尖张开60°，身体重心落于两腿正中；从侧面看，两眼平视，下颌微收，挺胸收腹，腰背挺直，手中指贴裤缝，整个身体庄重、挺拔。正确的坐姿应是上身挺直、收腹、下颌微收、两下肢并拢。如果有可能，应使膝关节略高出髋部。如坐在有靠背的椅子上，则应在上述姿势的基础上尽量将腰背紧贴椅背，这样腰骶部的肌肉不会疲劳。久坐之后，应活动一下，松弛下肢肌肉。另外，腰椎间盘突出症患者不宜坐低于20cm的矮凳，尽量坐有靠背的椅子，这样可以承担躯体的部分重量，减少腰背劳损的机会。正确的走姿应从容、平稳、直线，身体直立、收腹直腰、两眼平视前方，双臂放松，在身体两侧自然摆动，脚尖微向外或向正前方伸出，跨步均匀，两脚之间相距约一只脚到一只半脚，步伐稳健，步履自然，要有节奏感。起步时，身体微向前倾，身体重心落于前脚掌，行走中身体的重心要随着移动的脚步不断地向前过渡，而不要让重心停留在后脚，并注意在前脚着地和后脚离地时伸直膝部。

三、沟通交流

商业银行零售业务工作人员应主动了解客户的需求，根据客户的需求推介产品或提供服务。在与客户沟通交流的过程中，要吐字清晰、用语文明、语音柔和适度。

(一)沟通是一种通俗的说法，应属于传播中的人际传播

人际传播也称人际交流，是指人与人之间直接进行信息沟通的一类交流活动。交流主要是通过语言来完成的，也可以通过非语言的方式来进行，如动作、手势、表情、信号(包括文字和符号)等。

(二)沟通需要理解、尊重和善待对方

建立在诚信和理解的基础之上，站在客户的角度，用对方熟悉而能接受的语言与客户交流，用发自内心的理解和尊重去沟通，"做事留余地，伤人别伤心"，我们要从别人的利益和角度去思考、去交往。当员工的意见与客户的不一致的时候，可以试试"你看这样好吗？"

(三)沟通需要真挚，忍让对方

发自内心的真挚是人与人之间交流的无价之宝，要用心去沟通，不能在表面上下功夫，最忌讳的是用欺骗的手段和妒忌的心理去与人交往。真挚、宽容是人和人交往的重要基础，而忍让和关爱却能打开交流者的心灵之窗。真挚地对待他人能换来对方的信服，忍让对方更会换来对方的尊重。

四、履岗能力

商业银行对每一个工作岗位均有明确的任职要求,并使员工本人的工作经验、专业知识和技能与其岗位任职要求相匹配。

(一)拥有扎实的专业基础知识

零售业务工作人员需要的基本专业知识主要有金融类和会计类专业知识,可以辅助一些计算机知识、法律知识等。金融类专业知识包括金融学、证券投资、财政学、经济基础理论知识等。会计类专业知识包括会计基础、财务管理等。其他专业知识包括法律知识、计算机应用基础和银行系统操作能力、营销技巧等。

(二)积累岗位实务经验

积极参加银行内部各项业务培训,熟悉业务流程,精通零售业务;主动学习行内外各项业务产品知识,能够向客户熟练推介产品;强化从业合规意识,了解银行内部文件规章制度;全面练习手工点钞、传票速录、汉字录入三项基本功;向上级、周边同事学习思想方法、价值观、管理力、规划力、交际力;善于收集、整理工作中的相关资料,在工作中思考,在思考中总结。

第四节 商业银行零售业务服务渠道

商业银行向零售业务客户提供服务的渠道主要包括:营业网点、电话服务中心、自助设备和网上银行等。同时,商业银行重视建立和发展新的服务渠道(如手机银行),为客户更加便利、高效地办理零售银行业务创造条件。

一、营业网点

(一)标识和标牌

在每个营业网点门口,商业银行都设置了醒目的行标、行名、机构名称牌和营业时间牌。

(二)营业时间

营业网点按照营业时间牌所列时间对外服务。在规定的营业时间内,客户可到商业银行的营业网点咨询或办理相关业务。

(三)营业证照

各类营业证照在网点内部醒目位置悬挂,并保持整洁。

(四)营业环境和设施

1. 外部环境

网点营业建筑外观、标识和标牌以及网点门前地面保持整洁。

2. 内部环境

保持网点内部明亮、整洁,清晰划分客户等候区、业务办理区等不同功能区域。

3. 服务设施

在网点营业大厅设置相应的业务办理设施、宣传设施、意见收集和反馈设施以及安全监测设施等。

(五)人员服务

商业银行的网点工作人员在主动了解客户需求的基础上,根据相关流程向客户推介产品或提供服务。

(六)持续正常运营

根据《中国银行业营业网点服务应急处理工作指引》(银协发[2009]51号)要求,商业银行针对影响营业网点持续正常运营的各类情况采取了预防措施并制定了处理预案,以确保营业网点持续正常运营。

(七)告知和提示

对于主要产品的收费标准、利率、汇率(适用于开办外币、外汇业务的网点)以及服务电话等信息,商业银行在网点营业大厅醒目位置向客户公示;对于网点营业时间变更、暂停营业等情况,商业银行会提前公告。

二、电话服务中心

(一)服务时间

商业银行按公布的时间向客户提供电话银行服务。如客户有任何问题,可拨打商业银行的服务电话。

(二)语音提示

商业银行的服务电话均设置了清晰的语音提示菜单,以帮助客户进行相关的业务操作。

(三)人工服务

在客户接通商业银行的人工服务时,商业银行的工作人员会主动询问客户的需求,并根据客户的需求介绍相关产品或服务,帮助客户答疑解惑或解决问题。在与客户通话的整个过程中,商业银行的工作人员将保持热情礼貌,声音清晰,解答问题耐心、规范。为了确保人工服务的质量,商业银行可能会对客户的通话过程进行录音。

(四)交易安全

商业银行针对电话交易安全采取了一系列控制防范措施,包括:严格规范客户的签约环节;交易过程中进行密码验证或通过密码进行身份验证;加强对交易类来电的监控和对座席员的管理等。

(五)持续正常运行

为确保向客户提供持续正常的电话银行服务,商业银行针对影响电话服务中心正常运行的各类情况采取了预防措施,并制定了处理预案。

(六)告知和提示

对于系统维护、升级以及突发性系统故障等导致电话服务中心不能正常运行的情况,商业银行会通过其网站、电话服务中心语音提示系统、营业网点、手机短信或公共媒体等任一或多种方式向客户做出告知和提示。

三、自助设备

(一)安装地点

商业银行通常在营业网点以及部分人流较多、客户需求相对较大的商业设施和地段(如酒店、机场、商场、商业区等)安装自助设备,以方便客户办理自助银行业务。

(二)运行时间

自助设备每天24小时运行为客户提供服务,但当出现设备维修、加款维护或影响自助设备正常运行的各类突发事件时除外。此外,安装在网点营业大厅、商场等场所内的自助设备向客户提供服务的时间仅限于所在场所的营业时间。

(三)自助区域环境

自助设备所在区域保持干净、整洁,设备机体整洁、完好。

(四)卡种标识

在自助设备表面显著位置,商业银行粘贴了该设备可受理的银行卡种标识。

(五)交易安全

为了确保自助设备交易安全,商业银行在自助区域安装了监控设备,在显著位置提供了操作使用说明,并在操作界面设置了安全提示和服务电话号码。

(六)持续正常运行

为确保自助设备持续正常运行,商业银行建立了相应的运行监测和保障制度。当自助设备出现故障或缺钞等情况时,商业银行会尽快采取措施予以解决。

(七)告知和提示

自助设备出现故障或缺钞,设备屏幕会出现相应的提示信息;如遇系统维护、升级等导致自助设备不能正常运行的情况,商业银行会进行公告。

(八)吞没卡处理

如客户在用卡的过程中遇到吞没卡问题,请客户立即联系商业银行就近的营业网点或致电其服务电话。

四、网上银行

(一)运行时间

商业银行按公布的时间向客户提供网上银行服务(适用于已开通该项服务的

银行）。通过商业银行的网上银行客户可了解银行的产品或服务信息，并办理相关业务。

（二）交易安全

针对网上交易安全问题，商业银行采取了多种安全技术措施。同时，对网上银行交易的安全性进行持续监测和改进。

（三）持续正常运行

针对系统故障、重大灾害、网络攻击等突发事件，商业银行制定了应急预案。

（四）告知和提示

对于系统维护、升级以及突发性系统故障等导致网上银行业务不能正常运行的情况，商业银行会通过其网站、电话服务中心语音提示系统、营业网点、手机短信或公共媒体等任一或多种方式向客户做出告知和提示。

五、手机银行

按公布的时间向客户提供手机银行服务（适用于已开通该项服务的银行）。为了确保手机银行持续正常运行和交易安全，商业银行采取了相应的控制防范措施。若出现影响客户正常使用手机银行服务的重大事项，商业银行则会向客户进行提示。

第二章　中国银行业柜面服务规范

本章要点

- ★　银行柜员日常服务礼仪规范
- ★　银行柜面服务技巧

柜面前台是银行工作的第一窗口。这个窗口的工作质量,直接关系到整个银行的服务形象。本章将从银行柜员日常基本的服务礼仪规范及相关服务技巧来阐述柜面从业人员所应具备的基础知识。

第一节　银行柜员日常服务礼仪规范

银行柜员日常服务礼仪是银行柜员在工作岗位中通过语言、态度、行为、举止等,向被服务对象表达尊重和友好的行为规范。一名优秀的银行柜员不仅需要具备相应的专业技能,还必须掌握服务礼仪中的基本要求。

银行柜员日常服务礼仪规范主要包括四大要素:敏锐的观察能力、热情周到的服务态度、清晰准确的表达能力、规范高效的处理能力。

一、银行柜员服务礼仪仪容规范

头发保持清洁,不染发,不使用香味过重的洗发产品。女性若留有长发,则应盘起或束起,刘海碎发用发卡别好,佩戴统一的头花。男性不留长发(以是否遮挡眼睛为标准),不剃光头。

不留长指甲,注意指甲清洁,不使用浓郁香型的香水。女性宜淡妆,不浓妆艳抹,也不要使用香味过重的化妆品,不使用彩色指甲油。男性每日剃须,不留胡须。

根据不同季节统一着工装,佩戴工号牌,注意服装清洁,保持服装平整、挺括。女性穿肉色丝袜、黑色中跟皮鞋,鞋面不宜有饰物;男性穿深色袜子、黑色皮鞋。夏季皮鞋要做到前不露趾,后不露跟。

银行柜员,除婚戒、眼镜外,不佩戴其他饰物,特别是款式花哨、颜色夸张的饰物;男性除手表外尽量不佩戴其他饰物。

二、银行柜员服务礼仪仪表规范

(一)站姿

身体端正、挺胸、收腹,眼睛平视前方,双肩放平,表情平和,面带微笑,重心放在两个前脚掌。男性站立时双脚可并拢也可分开,分开时与肩同宽,双臂可自然下垂,也可右手放于左手之上,置于身前或身后;女性可右手放于左手之上,交叉放于身前,左脚跟靠右脚中部呈"V"字形站立,女性需表现出典雅、娴静的气质,给人以静态美的感觉。站立时不得背对客户,不宜倚靠其他物体,不宜双手插兜或做小动作。

(二)坐姿

上身需正直或稍向前倾,双肩放平,下颌微收,眼睛平视前方,表情平和,面带微笑,一般坐于座位的 1/2 或 1/3 处,女性如果穿着裙装,落座前需用手将裙子向前拢一下,两腿并拢,两脚向同侧倾斜;男性两腿分开,与肩同宽。无论是沙发或是座椅,落座时均不宜将座位坐满,落座后上身需保持挺拔,不宜向前弯曲,不宜跷二郎腿、抖动双腿或东张西望。

(三)手势

1. 指引手势

即为客户指引方向时使用的手势,这也是银行服务特别是营业厅服务中最常用的手势。左手或右手五指并拢,手掌微向上倾斜,以肘为轴,向所指方向伸出手臂。指示方向时,上身需侧向客户,待客户清楚后放下手臂,不可以食指指向他人。

2. 请坐手势

左手或右手屈臂向前抬起,以肘为轴,向座位方向伸出手臂,请客户落座。不宜用手指指点客户。

三、银行柜员服务礼仪语言规范

与客户交流时目光注视小三角区,面带微笑,表情神态谦恭、友好、真诚。谈话时语速保持在每分钟 110 字左右,声音音量以听者清晰听见、不超过客户音量为宜。认真倾听客户的要求,不东张西望、显出不耐烦,不中途打断,与客户保持情绪同步。手势不宜过多,幅度不宜太大。使用文明用语"金十字":请、您好、谢谢、对不起、再见。

四、银行柜员服务礼仪流程规范

(一)主要职责

柜台服务岗的主要职责包括:准确、高效地为客户办理业务,并提供令客户满意的服务。

（二）班前准备

提前10分钟到岗，检查仪容仪表是否符合基本要求；检查工作台是否清洁；检查工作必需品是否齐全；检查机器设备是否运转正常。

（三）服务流程规范

客户来到柜台，柜台服务人员应在距离客户3米以内时起身迎候客户，注视客户，面带微笑，主动问候客户"您好"，并请客户坐下。客户递交存折、现金、证件等物品时，服务人员需及时接过。服务人员需迅速按照客户的需求办理相应的业务，做到热情、耐心。

在办理业务的过程中，服务人员如果需要称呼客户时，应使用"某某先生/小姐（或女士）"。这种个性化的称呼，给客户以亲切感。

在办理业务的过程中，服务人员如果需要暂时离开座位时，应主动告知客户，并说"对不起，我需要离开一会儿，请您稍等"。回来后，服务人员需向客户致歉，说"对不起，让您久等了"。

业务办理完毕后，需要客户签名时，服务人员应递出凭条，并请客户核对后在指定位置签名确认。

如果客户办理的是比较大额的取款业务，服务人员需主动为客户提供信封等。客户离开柜台时，服务人员应礼貌地与客户道别，说"再见，欢迎下次光临"。

有形、规范、系统的银行服务礼仪，不仅可以树立银行柜员自身和企业良好的形象，更可以塑造受客户欢迎的服务规范和服务技巧，能让服务人员在与客户的交往中赢得理解、好感和信任。因此，作为银行柜员来说，学习和运用服务礼仪，已不仅仅是本身形象的需要，更是提高双效益、提升竞争力的需要。

五、如何能达到温馨、快捷的服务

（一）规范化服务十步走

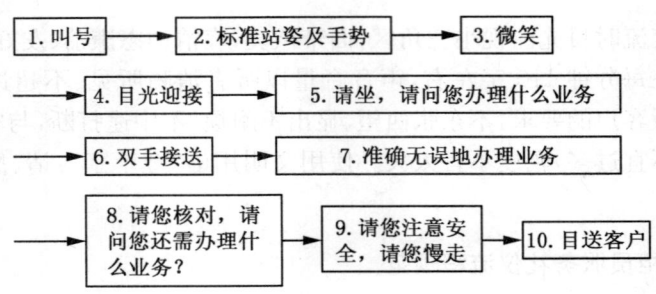

（二）快捷的效率——业务知识与技能

1. 主要职责

- 对外办理存取款、计息业务,包括输入电脑记账,打印凭证、存折、存单,收付现金等;
- 办理营业用现金的保管,登记柜员现金登记簿;
- 办理营业用存单、存折等重要空白凭证和有价单证的领用与保管,登记重要空白凭证和有价单证登记簿;
- 掌管本柜台各种业务用章和个人名章;
- 办理柜台扎账,打印扎账账单;
- 清理、核对当班库存现金及结存重要空白凭证和有价单证;
- 收检业务用章;
- 在综合柜员的监督下,共同封箱;
- 办理交接班手续,包含凭证等会计资料的交接。

2. 基本技能
- 点钞技术;
- 货币鉴别技术;
- 居民身份证及护照识别技术;
- 数字书写与错数订正技术;
- 计算器和计算机小键盘的使用;
- 传票算与账表算;
- 文字录入;
- 文字录入礼仪。

(三)整洁、优雅的形象与举止

1. 着装规范

上班要穿行服,佩戴工号牌。干净、无破损、无污迹、无异味、衣扣完好齐全。

穿制服的"四忌":忌过分杂乱、忌不洁、忌残破、忌不整。

按季节统一穿行服,扣好袖口,不得挽袖。

2. 面部表情

亲和、友善且面带微笑,微笑时眼光应注视客户两眼之间,鼻梁上方的三角区域;员工距离客户3米处开始微笑,在微笑时露出六颗牙齿。精神饱满热情;精力集中持久;情绪稳定平和。禁止冷笑、讥笑;禁止对客户紧绷着脸,萎靡不振或爱理不理。

3. 介绍的礼节

自我介绍应用简洁或风趣的语言,举止应庄重、大方,必须充满自信。表情应亲切、自然,眼睛应看着对方或大家,要善于用眼神、微笑和自然亲切的面部表情来表达友谊之情。

为他人作介绍的规则主要有:将男士介绍给女士、将年轻者介绍给年长者、将地位低者介绍给地位高者、将未婚者介绍给已婚者。

4. 递名片的礼节

在递送名片时,应用双手拇指和食指执名片两角,让文字正面朝向对方,恭恭敬敬地把自己的名片递过去。

接收名片正确的做法是:立即放下手中的事,双手接过名片,并点头致谢。当着对方的面,用30秒左右的时间,仔仔细细、认认真真地看一遍。有时还可有意识地重复一下对方的职务、学位及尊贵的头衔,以示敬仰,然后再把名片慎重地收藏起来。

5. 乘电梯的礼节

要按先出后进的秩序进行。按电梯键时,一次轻触就可以,不要连续按键。进电梯时,应该让客人、领导或年长者先进。到达时,按住"开"的按钮,请客人、上级领导先出。

在电梯里面不要大声谈论有争议的问题或有关个人的话题。

(四)贴心、舒适的语言

1. 说话的基本要求

首语普通话;语言亲和、清晰,音量适中;尽量避免使用银行内部术语或缩略语。

2. 待客"三声"

来有迎声、问有答声、走有送声。

3. 使用规范的礼貌用语

问候语:你好;请求语:请;感谢语:谢谢;抱歉语:对不起;道别语:再见。

4. 倾听的礼节

- 集中注意力,真心诚意地倾听,别一开始就假设明白客户的问题。
- 要有耐心,不能随便打断别人的话。
- 偶尔的提问或提示可以澄清谈话内容。
- 检验你对客户的表达、客户的需求是否理解。
- 检验客户对你的意思是否理解。
- 适当复述某些重要(对方重复或声调加重)的话语,注意突出主题和客户最关心的要点,表示你已明白和清晰理解客户的意思。我们可以这样说:

"你的意思是说……对吗?"

"那么,您现在要解决的问题有两个……对吗?"

5. 用客户喜欢的方式去说

- 用"我会……"表达服务意愿;
- 用"我理解……"平息顾客不满;
- 用"您能……吗?"提出要求;

- 说"为了……"以节省时间。

6. 电话礼仪
- 接听及时,尽量在电话响起三声之内接听。
- 电话旁准备好记录纸,左手握听筒,右手随时记录。
- 需在双方相互明白对方是谁的基础上开始交谈。

　　接电话:您好,××银行××分行××部

　　打电话:您好,我是××分行××部××(本人姓名)
- 避免说"喂"和"不知道"。
- 尽量缩短"持机稍候"时间。
- 接到打给他人的电话时,应讲"请稍等",中途因故暂时中断通话时,应说"对不起,请稍等"。
- 不能马上回答的,明确告知客户答复的时间和方式。
- 接到打给同事的电话,妥善转接或礼貌代接电话。对方寻找的人不在时,应说"对不起,××不在,您有事需要我转告他吗?"
- 通话结束时,等对方先收线。
- 在为客户服务的过程中,面谈比电话重要。

第二节　银行柜面服务技巧

　　银行客户群体具有特殊性,服务范围广,业务办理难,在柜台服务中,难免会遇到挫折。而服务又是柜面人员的基本职责,是银行提升竞争力的有效手段。那么,掌握良好的柜台服务技巧,就弥足重要。它既是规范文明服务和提升服务技能的关键所在,又是维护银行形象和保护自我的必要手段。

一、"我知道,我做到"是服务的第一步

　　"一站式"的服务,最能给客户对这家银行规范、快捷的服务留下愉悦的感受。但要想给客户愉悦的服务感受,一个愿意为客户全程跟进、负起责任、让客户满意的服务人员是必不可少的。若把客户当球踢,无人肯对他负责,则客户肯定会远离。"改变世界,从改变自己开始",若你自己开始改变成为那个负责任的人,则可传递这种负责任的态度来影响周围的人。

二、说到,一定要做到

　　柜员对客户的承诺就是银行对客户的承诺,做出承诺却没有兑现,客户自然会感到不满,影响这家银行在客户心目中的形象。

　　"谨守口的,得保生命。大张嘴的,必致败亡",我们应该慎重承诺,一旦承诺就不能改变。诚信是服务的核心，信守服务承诺是建立长期信任关系的前提。

三、真诚服务不是找借口，而是找办法

服务的宗旨是尽可能地方便客户。自我保护原则不应该成为"麻烦"客户的借口。事实上，在很多情况下，服务人员寻找借口，是因为怕"麻烦"自己。

"你手若有行善的力量，不可推辞，就当向那应得的人施行"，服务就是不求自己的益处，主动再主动。

四、你是专家，客户不是

银行业有许多专业术语、行话甚至内部人员熟知的语言，服务人员在面对客户时应尽量避免使用。用客户易懂的语言交谈，客户会更愿意接近你；否则，客户会在内心拒绝并远离你。

"知识叫人自高自大，唯有爱心能造就人"，我们不要因为专业知识让客户感到有距离，而要以所知道的来帮助人，以亲切而易懂的方式对待他人。

五、勇于承担

"爱能遮掩一切过错"，我们在工作中偶尔会有疏忽，但是认真对待所发生的问题，以服务的态度来解决所发生的问题，客户感受到的就不是过错，而是我们对客户的负责和关注。

如果认真了，请再认真一点！

可见，服务工作并非宏伟巨业，而是日复一日、时复一时均需认真、仔细处理的繁杂琐碎的小事，每次都必须做好一个个不被重视的细节。每件对我们来讲微不足道的小事，都有可能给客户带来巨大的不便甚至是不可挽回的损失。

"尽心、尽性、尽意、尽力地爱人"，用在服务上，不为过矣！亡羊补牢，为时不晚，反而会赢得一个更加牢固的羊圈。

任何银行服务都难免有出错的时候，出错后及时、真诚地补救非常重要。在补救中主动采取行动，主动承认自己的工作失误，采取最有效率的方法进行补救，事后适时地进行跟进问候。

做一个愿意承担责任的人，顾客才能对你产生信任感。

六、说"不"时，要给个理由

简单地拒绝客户，往往不为客户所接受，应站在客户的角度解释为什么不能受理，若受理了对客户或公众有什么不利。晓之以理后，客户不但会理解，还会增长专业知识。

"心中有智慧的必称为聪明人；动听的话能增加说服力"，拒绝客户是一门艺

术,应用客户理解的方式拒绝他,用乐于帮助的态度来传达否定的信息,更容易被客户接受。

不要简单说"不",而要告诉客户我们能为他做什么。服务人员应让客户感知到我们在努力帮他,并尽一切努力满足和接近他的期望,或者至少我们还能为他做些我们能做的,而不是仅仅告诉他我们不能做什么。

七、我们可以让客户喜欢规定

客户不愿意被"这是规定"的理由回绝。我们应当站在客户的角度,说明规定对客户的有益之处。规定是人制定的,也是为人制定的,不在乎我们的规定如何,更重要的是如何使规定为人服务。同样的规定,为什么会有不同的行为来遵循?这种差别取决于我们对待规定的态度,是以规定来敷衍客户,还是让规定来服务客户,让客户感受到你的服务和关爱,因为"爱超越了律法"!

八、冷漠是赶走客户的有力武器

快速响应客户的需求是服务的良好开端,主动、热情则应贯穿于服务的全过程,这是赢得客户美好体验的基本要求。客户的需要是我们一切工作的中心,如果客户到来,没有积极关注,就是在告诉客户他没有你手中的工作重要。不管你手中的工作是什么,客户都是第一要关注的对象,这是服务的基本法则。

冷淡、无理的态度是激怒客户的最好手段。但我们要做的是:留意观察客户的需要,给予他超过他所期待的关注和热情。

你和你的银行密不可分。当客户有紧急要求时,是及时帮助客户解决问题,还是向客户"自曝家丑",这是企业文化和员工素质的一个体现。因为不同的处理方法,可能导致客户对一家银行产生截然不同的感受。客户一般容易相信内部员工对本机构的负面评价。尤其是第一次上门的客户,会觉得这家银行"真的"不行。

要客户认同你的银行,首先需要自己认同。确保自己口中说出正面的言语,正面的言语会转化为积极的力量。

谁错不重要,客户满意最重要。不管是客户经理的差错,还是柜员的差错,都是银行的差错,都给客户带来了不便,并使客户对这家机构产生感知瑕疵。从客户的角度,银行中某个个体的错,都是整个银行的错。一旦发生差错,作为银行工作人员,第一时间应及时补救服务缺陷,安抚客户情绪,为客户解决问题,而不是互相推诿。

"遮掩别人的过错,得到别人的喜爱",我们要成为堵住破口的人。这是客户服务人员的义务和责任。

九、内部工作人员切忌在客户面前争论

内部人员对客户说法不一，往往会使客户对这家银行员工产生业务不熟、管理不上档次的感觉，这种体验常常会抹杀银行整体的美誉度。

发现伙伴说错了，应说出让客户听起来"有道理"的缘由，求得客户的谅解，并统一说法。"应对得当，自己也觉喜乐；合时的话多么美好"，美好的语言帮助我们赢得客户的心。

银行柜面服务的宗旨就是：贯彻"客户中心论"的思想，让自己变成客户，用心聆听与感受银行的服务和产品。

发生投诉时，要及时总结和吸取教训，做好后续的改进工作。

下面对十个典型柜面服务事例进行解剖，寻求对应技巧，供柜台人员参考。

事例一：没有细心了解客户

一位30多岁的瘦高男青年走到柜台。柜员说："先生，请问您办理什么业务？"客户说："开户。"他说话的声音很低，柜员几乎没有听见，于是柜员便不假思索地说："请您大声点。"客户很生气，并向行长投诉。谈话中，柜员才知道，客户刚做完手术，恢复不久。

【应对技巧】

当客户重复一遍后，柜员还没有听清，可以问："请您大声一点好吗？是不是哪里不舒服？"客户说："刚做完手术"。柜员要体谅他的痛苦，说："对不起，先生，请重复一下您的要求。"并在他重复的同时凑到跟前仔细倾听，然后快速地为他办好业务，并关切地说："先生，请慢走。"可见，细心观察客户非常重要。只要我们心中重视客户，把客户放在首位，善于发现客户的难题，用一颗真诚的心而不是一张冰冷的脸，用热情的服务而不是厌烦的语气，就能为客户提供更加优质化、满意化的服务。

事例二：接待老年人

一天，一位70多岁的老人来到营业网点，谨小慎微地说能否咨询一下业务，他已去过好多网点，虽然经过讲解，但他还是搞不明白怎么存钱；怎么样才能把钱存好。当时网点柜员正忙，于是大堂经理把他扶到座位上，倒了一杯温开水，为他详细说明、示范业务办理过程。经过一个多小时，这位老人才弄明白，事后把儿女的存款都放在了这个网点。

【应对技巧】

老年客户反应慢，需要柜员更加耐心的服务，在务工经济的农村更是农信社的主流客户。柜台人员要坚持客户的满意是银行生存与发展的基准理念不动摇，善于发现有需求的客户，提供及时、优质的服务，切不能主观排斥某类客户，更不能以

衣着、年龄论客户优劣。

事例三：凭证填写不规范

某企业出纳办理支票取现，柜员审核时发现日期"贰零零陆"写成"贰零零六"，柜员在对企业出纳说明情况后，要求其重填一张现金支票。企业出纳员回到企业填制一张新的现金支票后拿回，柜员再一次审核时发现，大写金额仍有误，并再一次要求企业出纳重填支票。企业出纳非常生气，认为柜员有意刁难，柜员说："我是按制度办事，不能给你取款。"双方僵持了好长时间，客户进行了投诉。

【应对技巧】

柜员在第一次审核票据时，应全面、细致地审核，将票据上所有不规范的地方向客户详细说明。要求客户重填票据，可以说："对不起，您的××有误（全面指明错误之处），麻烦您重新填写一张。"特别是对客户因多次填错而着急时，应以温和的态度，及时给予客户安慰，并提供帮助和指导。

事例四：大额取款未预约

某周六上午，吴先生到柜台办理一笔10万元定期到期取款业务。吴先生："我的存单到期了，给我清户吧！"柜员："今天是星期六，没有那么多钱，办不了。"吴先生："你们正常营业为什么办不了？"柜员："今天周六，你又没有预约，没法给你取。"吴先生生气地说："没钱你们开门干什么？"随即进行了投诉。

【应对技巧】

柜员不应当以库存限额为由，生硬拒绝办理客户业务，而是要主动想办法帮助客户解决问题。如可以说："取款五万元以上须提前预约，我们这没有那么多库存，我先给您少取一点钱，再给您联系其他营业网点看看有没有资金。"详细、耐心地向客户做好解释工作，说明由于周末库存少给客户造成的麻烦，还请客户多谅解。

事例五：假币收缴

张先生来银行办理10万元活期存款，当柜员清点时，发现有一张100元假钞。柜员："您的存款中有一张假钞，按规定要没收。"张先生："你怎么能说是假的，给我看一下。"柜员："一看就知是假的，假钞没收后不能再给客户了。"张先生："你把10万元钱给我，我不存了。"柜员："您不存了，发现了假币还是要没收。"张先生想要回假币未果，情绪激动。柜员不加理会，按章办事。

【应对技巧】

客户怀疑时，应由两位柜员当场验证该币，并向客户解释："对不起，按照中国人民银行规定，假币须没收，我们将给您开具假币收缴凭证，您可以向付款人追索。"若客户坚持拿回，柜员要安抚客户的情绪，可以说："很抱歉，真的不能给您。今天，您是假币受害者，但您一定不想让其他人再受这张假币的危害吧。我可以告诉您识别假币的方法，这样您就能避免再收到假币了。"

事例六:没有温馨提示

李先生在柜台取现10万元,离开约20分钟后,怒气冲冲地回来,到当时给其办理业务的窗口前。李先生:"我刚才取走的10万元钱,里面有一张100元假币,到底怎么回事,你给我解释清楚。"柜员:"您当时取钱时我已经提醒您钱款要当面点清,如果不点就视同认可正确。"李先生:"我当时是没点,那是我相信你们。"这时营业大厅内客户非常多,李先生的情绪越来越激动,说话声音很大。

【应对技巧】

由于柜员解释不到位,使客户的情绪越来越激动,对其他客户造成了不良的影响,使银行的形象受到了损害。事实上,客户付款时,柜员要在验钞机上过下细数和真伪,提示客户点准核清,客户离开时要站立服务,留意槽内现金是否全部取走。当事情发生时,应及时做好解释,避免客户情绪激动,查找出现问题的原因,妥善处理问题。

事例七:等待取款

客户:"我要取3万元。"柜员:"现在还没到上班时间,您8:30以后再来吧。"客户:"你们上班怎么这么晚啊?"柜员:"那我们平时都是7点多才下班,你怎么没看见呢?"客户很生气,拨打了投诉电话。

【应对技巧】

柜员没有使用文明服务用语,没有耐心解答银行的工作时间,回答客户问题没有从客户出发。针对上例,若是换一种沟通方式会更好,如,柜员(站立服务):"您好,先生,请问您办理什么业务?"客户:"我取3万元。"柜员:"不好意思,先生,现在款包还没有到,您能稍等一下吗? 您可先到休息区稍等,一会儿我再叫号。"

事例八:密码挂失(本人来不了)

某周日,76岁高龄的低保户王某的女儿帮其领取低保金,试了几遍密码都不对,于是询问柜员怎么办。柜员说:"办理密码挂失吧。"王某女儿问:"怎么办理挂失?"柜员回答:"本人持有效身份证件亲自到柜台办理。"王某女儿说:"不可以代理吗?"柜员说:"不可以代理。"王某女儿说:"她不能行走怎么办?"柜员说:"用车接来吧,否则我也没办法。"王某女儿马上火了:"你这是出难题,不是在解决问题。"争执一番后,王某女儿一气之下进行了投诉。

【应对技巧】

该柜员未能充分考虑客户本人不能到银行办理业务的实际难处,也没有采取有效措施予以解决,只是照搬照抄制度。或许能够这样:当柜员发现低保金密码不对,并知道本人不能前来办理密码挂失时,要在第一时间向行长报告,寻求解决途径。可以马上派人上门审核,现场办理密码挂失填单手续,或由户主出具委托××办理相关业务的委托书,由被委托人办理密码挂失业务。

事例九：兑换零钱

接近年末，很多客户需要兑换零钱，特别是对小面额零钱的需求比较大。一位客户来到营业大厅3号窗口，询问："能给我换200元钱一元的零钱吗？"3号窗口柜员回答："没有了。"他又去问4号和1号窗口，得到的答案也是"没有"。因为隔着防弹玻璃，外面客户听不到里面柜员之间的对话，三位柜员相互问话让这位客户错误地认为三人是商量好的，不想给他换零钱。他对此进行了投诉。

【应对技巧】

柜员完全是按章办事，但欠妥之处在于：向客户解释工作不到位，没有站在客户的角度考虑问题，无法兑换零钱应向客户致歉，并说明原因。可以这样做，柜员："对不起，年末换零钱的人太多了，现在实在没有零钱。"客户："我就换200元钱，帮帮忙吧。"柜员："这样吧，我明天早上给您从库里出，请您留个电话，您看行不行？"客户："这是我的电话，明天我再来吧！"

事例十：接待无理取闹的人

一日下午，客户李先生因密码多次输错无法取现。李先生便在营业厅大声诉说不满："你们银行就会骗人，密码是我的，钱也是我的，我想输几次就几次，你们凭啥不让我取钱，你们是不是想把我的钱骗走？"柜员："我们没有骗您，这是银行系统设置原因，目的是保护储户的合法权利。"李先生："你说这话啥意思，你说我是骗子，不是户主，你出来好好理论理论。"保安过来礼貌劝说，李先生喊道："保安打人！"营业厅顿时秩序混乱。

【应对技巧】

此事例中，李先生明显属无理取闹。对这类情绪激动、不讲事理的客户，关键是要稳住其情绪。如果客户的情绪一直保持如此激动，那么无论如何也解决不了实际问题，而且会给银行带来负面影响。我们应该及时将客户请到接待室，安抚客户的情绪，协调解决客户的问题，最终让客户满意，维护好形象。

简而言之，"注重细节，以人为本"是做好柜台服务的关键。迎接客户要热情、主动，办理业务要耐心、细致，办完业务要礼貌相送。要坚持"多一句"，即新客户多介绍一句，疑问客户多解释一句，问题客户多安慰一句，心急客户多关照一句，大客户多说明一句。

附录2—1 柜台中合适的服务语言

◆ 迎接客户时

您好，欢迎光临。

欢迎您光临。

◆ 寒暄语

早上(中午、下午、晚上)好!
今天天气不错。
天气开始暖和起来了。
天气开始冷起来了,您要多注意啊!
下这么大的雨,您还特意来我们行,辛苦了!

◆ 表示感谢的语言

谢谢,欢迎您再次光临。
大老远到我行来,真是太感谢了!
多谢您的帮助。

◆ 回答顾客

是。
是的。
知道的。

◆ 询问客户时

对不起,请问是……

◆ 有事要暂时离开客户时

对不起,请稍候,我有事情要离开一下。
抱歉,请稍等一下。
麻烦您等一下。
对不起,我离开一下,马上就回来。

◆ 被客户催促时

实在对不起,马上就好。
请再等一下。
让您久等了。
对不起,让您等候多时。

◆ 向客户道歉时

对不起,实在不好意思。
很抱歉。

◆ 使客户为难的时候

让您为难,真是不好意思。
给您添麻烦了。
真是过意不去,请原谅。

◆ 被客户问住的时候

不好意思,我去问一下,请稍等。
我有点搞不懂,让我去问问经办人。

◆ 收取现金的时候

谢谢,这是找您的××××元,请收好。

这是您的回单,请收好。

请您核对一下数目。

请拿好存单(折/卡),您慢走。

◆ 请客户坐的时候

您好,请坐。

请坐,让您久等了。

◆ 听顾客说不满时

不好意思。

实在对不起。

对不起,给您添麻烦了。

我给您马上查一查,请稍等。

今后,我们会多注意,请放心。

谢谢您指出我们工作中的不足,我们会改进的。

◆ 送顾客时

您走好。请慢走。

谢谢,欢迎再次光临。

◆ 当要打断客户的谈话时

对不起,我可以占用一下您的时间吗?

对不起,可以打扰您一下吗?

附录2－2 《中国银行业柜面服务规范》

为提升中国银行业柜面服务整体水平,树立行业文明规范服务形象,2009年7月7日,中国银行业协会以银协发〔2009〕50号印发《中国银行业柜面服务规范》(简称《规范》)。该《规范》分总则、组织管理、服务环境、服务标准、服务操作、服务培训、投诉处理、附则共8章37条,由中国银行业协会自律工作委员会负责解释和修订。

第一章 总 则

第一条 为提升中国银行业柜面服务整体水平,树立行业文明规范服务形象,提高客户满意度,根据《中国银行业服务文明公约》、《中国银行业文明规范服务工作指引》,特制定本规范。

第二条 本规范适用于中国银行业协会会员单位、准会员单位,以下简称各单位。

第三条　本规范所称柜面服务是指各单位在营业网点内柜面人员为客户所提供的各类金融服务,以下简称服务。柜面人员是在营业网点为客户提供金融服务的人员的统称。

第四条　本规范主要包括组织管理、服务环境、服务标准、服务操作、服务培训及投诉处理等内容。

第二章　组织管理

第五条　服务管理实行"统一标准,归口管理,分级负责"的体制。"统一标准"指各单位统一制定柜面服务的相关管理制度和标准;"归口管理"指各级机构应指定部门牵头负责服务管理工作;"分级负责"指各级机构应对辖内服务管理工作负责。

第六条　服务管理部门的主要职责有:

(一)负责制定服务相关制度办法及实施细则;

(二)负责辖内服务相关工作的组织与管理;

(三)负责服务相关部门之间的协调配合;

(四)负责服务相关岗位技能培训工作;

(五)负责服务检查与督导;

(六)负责服务档案管理。

第七条　各单位要合理设置营业网点服务工作岗位,明确岗位职责和分工。一般情况下,标准营业网点柜面人员可设置如下岗位(具体岗位名称可调整):

(一)大堂服务人员。大堂服务人员在营业前要做好各项准备,在营业期间要主动迎送、引导、分流客户,指导客户办理业务,提供咨询服务,积极为客户解决问题,维护营业秩序。

(二)柜员。柜员主要负责处理日常交易业务,要做到服务热情、操作熟练,及时、准确地回答客户问题。

(三)个人客户经理。个人客户经理要遵照监管部门的相关规定做好金融产品的销售工作,做到诚信、专业、严谨、周到。销售基金、理财产品、保险产品时,要做好客户风险评估,充分揭示风险,严禁误导客户和夸大产品收益率。

第八条　服务流程管理。各单位要根据自身业务特点,从客户角度出发,制定科学的柜面服务流程,积极进行新产品的开发、新技术的推广和新设备的应用,为客户提供更全面、更便捷的多元化服务。在防范风险的前提下,不断完善系统功能,优化服务流程,充分发挥自助设备、电子银行等渠道功能,大力推行离柜业务,提高服务效率。

第九条　各单位要完善激励约束机制,把服务作为重要考核内容之一,保证考核公平、公正,保持服务质量稳定。

（一）建立科学的多层级服务激励机制，定期开展服务考核评比和表彰奖励，倡导开展服务等级的动态管理。

（二）建立服务违规行为约束机制，对违反服务制度、规范的机构及人员进行相应的惩处。

（三）建立服务情况定期通报制度，基本内容应包括检查情况、客户投诉、服务奖惩、问题分析与建议等。

第十条　服务应急机制。各单位要建立服务应急处理机制，定期开展相关培训与考核，提高服务人员的应急处理能力。

第十一条　客户满意度管理。各单位要定期开展客户满意度调查。通过对客户满意度调查结果的分析和研究，发现问题，不断改进服务，创新服务内容、形式和手段，拓宽服务渠道和空间，提高服务质量和客户满意度。

第三章　服务环境

第十二条　服务环境的基本要求。营业网点要保持明亮、整洁、舒适。物品摆放实行定位管理。

第十三条　网点标牌和标识。各单位应制定营业网点视觉形象标准，行标、行名、营业时间等标识牌要规范统一，在规定位置悬挂营业执照、金融经营许可证等证照，在合适位置设置安全提示。

第十四条　客户服务设施。营业网点要合理配置客户服务设施及无障碍设施，可提供点(验)钞设备、书写用具、老花镜、等候座椅、防滑垫等服务设施，要提供书写整齐规范的单据填写范例，在网点醒目位置放置意见(评价)簿，并公示客户服务电话。

第十五条　金融信息及营销材料。营业网点要及时向客户提供准确的利率、外汇牌价、服务价格等公示信息。各种公告、海报、折页等宣传资料要符合有关规定，并及时更新。

第十六条　网点功能分区设置。各单位要根据营业网点实际情况合理设置功能分区，可设置现金区、非现金区、自助服务区、高端客户服务区和等候区等区域。

第十七条　自助服务区。自助服务区内应公示自助设备名称、操作使用说明、受理外卡等中英文对照服务信息；自助机具界面应显示安全提示和24小时服务电话。

第四章　服务标准

第十八条　基本原则。深入贯彻以客户为中心的服务理念，为客户提供优质、规范的服务。

第十九条　职业道德。

（一）忠于职守，爱岗敬业。

（二）精诚合作，密切配合。

（三）诚信亲和，尊重客户。

（四）求真务实，不断创新。

第二十条　服务要求。

（一）真诚服务。热情接待客户，语言文明，耐心解答客户的疑问，塑造以诚待人、以情动人的服务形象。

（二）文明服务。坚持微笑服务，提倡使用普通话，做到"来有迎声，问有答声，走有送声"。

（三）规范服务。严格按照相关业务规章及操作流程，准确、快速地办理业务。

（四）优先服务。当解决客户服务需求与处理行内事务发生冲突时，应先解决客户服务需求，然后处理行内事务。

（五）品牌服务。努力提高业务技能和综合素质，树立品牌服务意识。

（六）安全服务。保证客户信息及资金安全，维护客户的合法权益。

第二十一条　服务效率。各单位要从客户需求出发，在控制操作风险、保证服务质量的前提下，提高业务处理速度。

（一）根据业务量合理设置营业窗口。各单位可通过分析网点地理位置、客户群体性质及业务量历史数据，科学地设置营业窗口和调配人员，缓解客户排队现象，缩短客户等候时间。

（二）加强客户分流，维护营业秩序。各单位可在网点设置排队叫号设备，加强客户分流与疏导，保持网点内和谐有序。

（三）科学设置弹性窗口，缓解柜面服务压力。各单位可针对业务量时间性波动较大的网点，适时增减弹性窗口，降低员工劳动强度，提高服务质量。

第二十二条　服务形象。

（一）示牌服务。柜面人员上岗须佩戴规范挂牌（胸牌）或摆放统一服务标识牌。

（二）统一着装。柜面人员应按要求统一着装，保持服装整洁、合体。

（三）仪容仪表。柜面人员发式应端庄大方，佩戴饰物应简单得体，女员工应淡妆上岗。

第二十三条　服务语言。

（一）服务语言要以普通话为主；如遇使用方言客户，要以普通话首问，可根据客户回答情况调整用语。

（二）语言要规范、准确、简洁，语句清晰，音量适中。

（三）要善于倾听，言谈得体。

（四）要坚持使用"您好、请、谢谢、对不起、再见"等文明用语。

（五）避免使用专业术语，便于客户理解。

第五章　服务操作

第二十四条　各单位要规范营业网点柜面服务操作，加强服务质量的同时兼顾服务效率。

第二十五条　营业前操作。

（一）提前到岗做好准备工作，保持良好的精神状态。

（二）整理柜台和工作台。

（三）清洁并开启日常使用的设备机具，确认设备机具运行正常；发生故障，及时报修；检测各系统运行情况，确保处于正常状态。

（四）检查整理各类服务设施。

（五）营业网点负责人应在营业前召集全体人员召开晨会，检查仪表仪容，适时开展工作提示、文件传达、教育培训、服务讲评、情况交流等，并做好记录。

（六）网点开门时，大堂服务人员应站在岗位，微笑迎接第一批客户。如客户较多，应采取提前发号等灵活措施，有效疏导客流。

第二十六条　营业中操作。

（一）主动迎接客户。大堂服务人员应在见到客户的第一时间做出反应，主动上前询问业务需求，得到确切答复后做出具体指引。对老、弱、病、残、孕等特殊情况客户，给予优先照顾，提供人性化关怀服务。柜员在接待客户时应面带微笑，有目光交流，向客户礼貌问候，主动向前倾身或站立，规范接交客户的单据、证件、现金等物品。

（二）分流、引导客户。对办理一定金额以下取款、特定缴费、查询、转账等业务的客户，大堂服务人员应引导其到自助服务区，必要时指导客户了解、掌握并自行完成自助交易；对其他客户，要询问客户业务需求、是否携带有效身份证件及资料，配合叫号分流至不同服务区或等候区，必要时指导客户填单。

（三）维护营业场所秩序。大堂服务人员应注意维护业务秩序和客户等候秩序，缓解柜面压力。临时离开岗位时，应安排其他人员替岗。

（四）主动识别客户。接待客户时应集中注意力倾听，有效询问、循序渐进地了解客户的需要，根据客户不同的需求类别，提供个性化服务。

（五）双手接递。交接钞、单、卡、折或有关证件时，双手自然接交，给予必要的提示，对需要帮助的客户指导填单。

（六）点验现金，确保无误。点验现金应在客户视线及监控设备范围内进行。

（七）妥善处理假币。发现假币时，应向客户说明判定为假币的依据，诚恳地向客户讲解识别假币的方法，按规定履行假币没收手续。

（八）中断服务及时明示。营业期间，柜员因故离柜中断服务，须及时明示，引导客户在其他柜台办理业务,避免客户在无人柜台前等待。

(九)利用间歇处理轧账。柜员轧账须在柜台无客户的情况下进行。不应出现柜员为轧账或处理内部事务而随意停办业务的现象,特殊情况须征得网点负责人的同意。

(十)主动提醒客户当面点验钱款。客户离柜前,必须主动提醒其在柜台前点验清楚,避免发生纠纷。如客户对现金数量提出异议,应为客户当面点验,确保无误。

(十一)对非受理范围内的业务主动引导。对不属于自己职责范围的业务,应主动告知或请大堂服务人员引导客户至相关窗口(部门)办理。

(十二)送别客户体贴提示。柜员办结业务,应向客户提示是否需要其他服务,微笑提示客户带齐各类物品、保管好财物并向客户告别。

第二十七条 营业后操作。

(一)登记待处理事项。

(二)登记工作日志,为次日工作做好准备。

(三)清理桌面,保持柜台环境整洁。

(四)关闭日用设备机具及电源。

第六章 服务培训

第二十八条 各单位要建立服务培训机制,定期组织服务培训和考核,主要包括服务技能和服务教育培训。

第二十九条 服务技能要求。

(一)持证上岗,定期考核。各单位要严格规定柜面人员上岗标准,要求持证上岗,定期对在岗人员进行考核,不合格者须离岗接受培训。从事基金、理财产品、保险等销售岗位工作的柜员,应取得相关销售资格及从业人员资格认证。

(二)业务规章,遵照执行。熟练掌握与柜面业务相关的金融业务知识和规章制度,能够运用并解决实际工作中遇到的问题。

(三)业务技能,勤学苦练。熟练掌握业务操作技能,准确识别假钞及伪造、变造的票据,熟练操作本岗位的各种机具、设备。

(四)特殊语言,倡导掌握。倡导掌握外语、哑语等服务语言,实现语言无障碍服务。

(五)加强学习,善于沟通。灵活掌握柜面服务技巧,具备良好的服务沟通能力。

第三十条 服务教育培训。

(一)培训形式与对象。服务教育培训应包括上岗前培训和在职教育培训。可采取授课、座谈、交流、问卷、短期脱产培训、集中听课、实地观摩先进网点或个人、集体讨论、撰写体会等多种形式。培训对象包括服务管理人员、柜面人员等。倡导采取建立档案、定期考核等形式强化教育培训的效果。

（二）培训内容。服务教育培训的内容应包括员工职业道德、职业操守、合规制度、服务规范、服务礼仪与语言技能技巧等。要以预防为主，加强教育培训，建立员工心理保健机制。

第七章 投诉处理

第三十一条 明确职责，及时处理。各单位服务管理部门是服务投诉的牵头管理部门，要明确相关人员的职责，制定并完善投诉受理流程。服务管理部门负责协调投诉涉及的各部门，全程督促相关部门在规定时限内处理投诉。做好客户投诉档案管理工作，做到有据可查。客户投诉和处理情况作为相关人员绩效考核内容之一。

第三十二条 受理投诉，规范操作。

（一）营业网点直接受理的客户投诉。

1.投诉登记。柜面人员接到客户投诉后，要耐心倾听、详细记录，积极做出正面解释。不与客户争论，避免矛盾升级，产生不良影响。网点负责人应视情况主动出面调解和安抚；若超出网点负责人处理权限，要及时向上级服务管理部门汇报。

2.投诉调查。通过询问当事人，了解客户投诉的原因，初步判断是否为有效投诉，形成书面调查及处理结果，必要时向服务管理部门汇报。涉及重大责任事故或案件时，要及时上报有关部门。

（二）服务管理部门受理的客户投诉。

1.投诉登记。各级服务管理部门接到客户投诉或相关部门转接的投诉，要认真对投诉情况进行登记，及时向负责人汇报。

2.投诉调查。服务管理部门要及时调查客户投诉情况，需要相关部门协助调查的，要及时通知相关部门，由相关部门了解投诉原因，形成书面调查结果，报服务管理部门。必要时服务管理部门可对投诉原因进行实地调查。

3.投诉处理。服务管理部门根据投诉调查情况，对责任人员提出处理意见，报相关部门进行处理。

第三十三条 及时沟通，反馈结果。各单位要规定客户投诉受理及反馈时限。投诉调查结束后，要将调查及处理结果及时通过电话或登门告知客户，并与客户进行有效沟通，求得客户对柜面服务工作的支持。受理客户投诉后，如无法当天给予客户处理解决的方案，应及时告知客户投诉处理的进度，并向客户承诺再次回复的时间。

第三十四条 总结完善，不断改进。要定期对客户投诉处理情况进行总结和分析，针对客户反映比较集中的问题，推动相关部门做好服务改进工作。

第八章　附　则

第三十五条　各会员单位应依据本规范制定实施细则,并组织落实。

第三十六条　本规范由中国银行业协会自律工作委员会制定,自律工作委员会常务委员会审议通过后实施。

第三十七条　本规范由中国银行业协会自律工作委员会负责解释和修订。

第三章 银行大堂经理服务规范

本章要点

★ 大堂经理岗位认知
★ 服务技巧及要点

本章从大堂经理角色定位入手,介绍银行大堂经理工作的基本内容及胜任该岗位的相关要求,将实际工作中可能出现的服务内容、具体操作规范、仪容仪表以及沟通服务技巧等相关内容尽可能展示出来,为初次接触银行大堂经理工作的从业人员提供参考依据。

第一节 大堂经理岗位认知

一、角色定位

大堂经理是专职识别和引导客户、为客户提供业务咨询和指导服务的人员,是客户进入银行营业网点时最先接触到的人员,代表银行给客户的第一印象。

(一)银行"服务员"

大堂经理是客户业务办理的"引导者",根据客户所办业务的不同,合理引导客户,分流业务,减少客户的等候时间。通过大堂经理的引导,让客户更加了解本行的各项业务,大大减少了客户的等候时间,使客户办理业务更加方便、快捷。

(二)金融产品"推销员"

大堂经理每天接待着形形色色、不同职业、不同群体的客户,要有针对性地对短信提醒、手机银行、网上银行以及信贷产品等业务品种实施最直接有效的推销。通过大堂经理与客户的沟通,让本行的业务快速"蔓延",提高市场占有率,当好客户理财参谋。

(三)客户"调解员"

尽管银行整体相对落后的境况正在逐步改变,但仍然不能满足客户的要求及业务发展的需要。在日常业务办理中,容易出现客户扎堆的情形,影响到正常业务的开展,若是处理得不好,容易对本行产生负面影响。因此,大堂经理的协调工作就显得十分重要,比如维护排队秩序;确保专用窗口畅通;对部分不理解工作的客户要对其耐心、细致地解释,消除客户与柜台人员的误会,避免发生直接争执,不让客户把不满情绪带出营业场所。

(四)大堂"安全员"

安全是银行的重中之重。大堂经理要具备一双能发现问题的"火眼金睛",时刻关注营业场所的动态,对安全隐患应做到及时发现并消除。比如,面对天气变化采取适当的措施,保持整洁的大堂环境,防止客户出现意外;在客户办理业务时,提示客户注意密码使用安全,提醒客户保持"一米线"的距离;对网点内张贴悬挂的标识牌、宣传画、告示牌等要及时更新维护。

二、岗位职责

不同银行大堂经理的岗位职责有所差异,归纳起来,大堂经理的主要岗位职责具体如下:

职责一:负责大堂营销咨询区和自助服务区的管理工作;维护大堂形象和大堂秩序,管理大堂环境及硬件设备,管理自助服务设备并负责报修。

职责二:识别优质客户,根据分层服务原则,给予特别关注和优先服务,并向客户经理推介潜在优质客户;认真记录待跟进优质客户的基本资料并递交给客户经理,以便后续维护。

职责三:负责分流、引导客户。客户进入大堂,根据客户需求,引导客户到相关区域办理业务。对普通客户,其大额现金业务引导到现金区办理;小额现金存取业务、代理收费业务、补登折业务等引导到自助服务区办理;非现金业务引导到非现金区办理。

职责四:指导客户了解和使用各种自主机具、电话银行和网上银行,积极开展渠道分流类产品的营销工作,鼓励客户使用自助服务渠道,逐步培养客户长期使用自助服务渠道的习惯。

职责五:为客户提供业务咨询服务,根据客户需要,主动宣传、推介本行各项产品和服务;了解客户需求,及时反馈有关信息。

职责六:维护大堂的正常营业秩序,及时、耐心、有效地处理客户的投诉意见,受理客户投诉和其他突发事件,保障大堂内外现场服务的有效性、高质量和高效率,提高客户满意度。

职责七:负责每日有关服务质量、内部协作水平的数据统计,并提交给网点负责人,主要包括每位客户经理接待的优质客户数量,大堂经理、现金柜员/非现金柜员识别出的优质客户数量,网点接到的投诉案件数量等。

三、职业道德

作为银行大堂经理,一定要遵守职业道德,具体如图3—1所示。

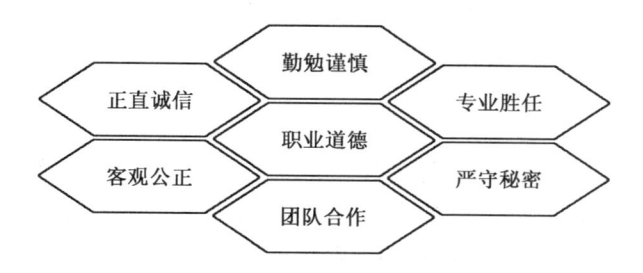

图3—1 大堂经理的职业道德

(一)正直诚信

大堂经理不能因为个人的利益而损害银行和客户的利益。如果大堂经理并非由于主观故意而导致的错误,或者与客户存在意见分歧,且该分歧并不违反法律,则此种情形与正直诚信的职业道德规范并不违背。

特别提示:

正直诚信不容忍欺诈或对做人理念的歪曲,要求大堂经理不仅要遵循职业道德准则,更重要的是把握职业道德准则的理念和灵魂。

(二)客观公正

客观是指大堂经理以自己的专业知识进行判断,坚持客观性,不带感情色彩。公正是指大堂经理在执业过程中应对客户、委托人、合伙人或所在的机构持公正、合理的态度,对执业过程中发生的或可能发生的利益冲突应随时向有关方面汇报。因此,大堂经理应摒弃个人情感、偏见和欲望,以确保在存在利益冲突时做到合理、公正。

(三)勤勉谨慎

大堂经理在提供专业服务时,要及时、彻底、不拖拉,在理财规划业务中务必保持谨慎的工作态度。具体来说,勤勉就是大堂经理在工作中要做到干练与细心,对于提供的专业服务,在事前要进行充分的准备与计划,在事后要进行合理的跟踪与监控;谨慎就是要在提供理财规划服务中,从委托人的角度出发,始终保持严谨、审慎的工作作风,注意细节,忠于职守,在合法的前提下最大限度地维护客户的利益。

(四)专业胜任

作为一名合格胜任的大堂经理,必须具备资深的专业素养,每年保证一定的学习时间,及时储备知识,以满足最新的知识需求。大堂经理有义务在提供服务的过程中,既要做到专业,同时又要尽职,秉承严谨、诚实、信用、有效的职业素养,用专业的眼光剖析理财方法,去帮助委托人实现理财目标。

(五)严守秘密

大堂经理不得泄露在工作过程中知悉的客户信息。大堂经理在工作中与客户建立个人信任关系,是基于客户相信提供给大堂经理的信息不会被大堂经理随意泄露。因此,大堂经理必须恪守职业道德原则,确保客户信息具有保密性和安全性。

(六)团队合作

个人理财规划贯穿个人或家庭的一生,是一项系统工程。对银行大堂经理来说,个人所掌握的知识、经验毕竟有限,在一定情况下必须要与其他领域的专业人士团结合作,才能为客户制订最佳的理财规划方案,让其实现最终的理财目标。

四、每日的基本工作

理解客户、接待客户、帮助客户、保留客户、培育客户服务环境,对于任何组织来说都是一个重大的举措。树立以客户为中心的意识,培育一个注重客户服务的环境会影响组织的利润率、增长速度和市场信誉。一个以客户为中心的零售银行大堂环境,不断提升的服务技能会帮助你树立信心、创造机会并奠定成功的基础。你将体会到制定大堂经理服务标准并贯彻这些标准的重要性,以及如何组建并领导一支优秀的大堂经理服务团队去不断提升客户服务水平。

(一)营业前,做好各项准备工作

(1)检查柜台及填单台签字笔能否正常使用,各类单据是否齐全、充足。

(2)检查叫号机及自助设备、电子显示屏是否正常运行,银行自助电话线路是否通畅。

(3)检查宣传海报、展架是否按规定正确摆放,折页品种是否齐全、数量是否充足。

(4)检查饮水机上的饮用水是否需要更换,水杯是否充足;客户座椅是否有损坏;消防设备是否合规摆放。

(5)检查告示栏内容是否过期,需要更新;检查客户意见簿、意见箱。

(6)检查网点大厅、接待台、网点门前是否干净、整洁。

(7)检查办公用品(名片、大堂经理工作日志、客户需求登记簿、产品说明书等)是否齐全。

(二)营业中,工作积极主动、文明礼貌

(1)热情、文明地迎送进出网点的客户。从客户进门起,大堂经理应主动上前迎接客户。

(2)识别、分流和引导客户。大堂经理通过主动询问客户需求,引导客户取号,指导客户选择交易渠道(柜台、自助设备、电话银行)办理业务;指导客户填写单据,引导客户到等候区等候。

(3)大堂经理应主动巡视。对于等待区的客户,大堂经理要主动询问客户是否有饮水、书报、杂志等需要;主动介绍我行的金融产品,向客户递上相关宣传材料,对感兴趣的客户给予进一步的深度讲解。

(4)回答客户业务咨询时要语言流畅、吐字清晰、微笑服务、耐心细致。在交谈中,仔细观察客户的行为举止,认真聆听并记录客户的意见和需求,从中获取客户的信息,发现潜在的优质客户。

(5)大堂经理要努力做好潜在客户的拓展工作,向其推荐我行的贵宾服务。及时将自己或柜台人员发现的潜在客户引见给个人客户经理,并说明客户需求,由客户经理与客户进行单独沟通,促使其成为我行的贵宾客户。对暂时不接受我行贵宾客户服务的,要向客户递送名片,若客户愿意提供姓名、联系电话、联系地址等信息,要认真记录,立即通知客户经理做好后续营销服务工作。

(6)贵宾客户到网点办理业务时,应请客户出示贵宾卡,引导客户到贵宾服务区或贵宾窗口办理业务。如上笔业务未办结,客户不能立即办理业务时,应引导客户到贵宾休息区,请客户稍等,并提供茶饮、杂志等,主动介绍我行的金融产品,向客户递上相关宣传材料,对感兴趣的客户给予进一步的深度讲解。贵宾客户业务办结后,大堂经理应上前询问,是否还有其他需求并给予协助。客户离开时要送至门口,并向其道别。

(7)做好大厅设施使用情况的巡查工作,及时发现并排除故障隐患。

(8)有效疏导、分流客源,指导查询、小额取款、代缴费的客户到自助设备办理业务,缓解柜台压力。

(9)发生纠纷时,要立即上前劝阻,调查原因,快速、妥善地处理客户的批评意见,避免发生争执,化解矛盾,减少客户投诉。

(10)对于急需帮助办理业务的客户或年龄较大、行动不便的老年客户,应根据情况安排在"绿色通道"提前办理。

(11)建立《大堂经理工作日志》,对客户提出的问题不能解释的要及时记录,注意检查客户登记需求,及时向客户反馈信息。

(12)对无故长期滞留的可疑人员,应上前询问原因,劝其离开。对寻衅滋事的不法分子,要在保证人身安全的前提下,对其进行安抚并稳住,提示同事及时报警。

(三)营业结束后

(1)检查大厅设备运行情况。

(2)关闭电子显示屏、饮水机等设备电源。

(3)查看客户意见簿、意见箱,及时处理客户意见及建议,经上级研究同意后,对提供联络方式的客户应提供反馈意见。

五、分流引导

(一)常规客户分流引导

客户走进营业网点后,应询问客户的需求,判断客户是否具有业务办理资格,如果不具备,则婉言谢绝客户或请客户带好相关证件再办理;如果具备资格,则引导客户到正确台席办理业务。

当营业网点内等候客户较多、等候时间较长时,大堂经理应主动上前询问客户办理什么业务,是否可以使用自助设备办理,如果可以,引导客户使用自助设备,及时分流客户。银行网点常规客户分流引导流程具体如图3-2所示。

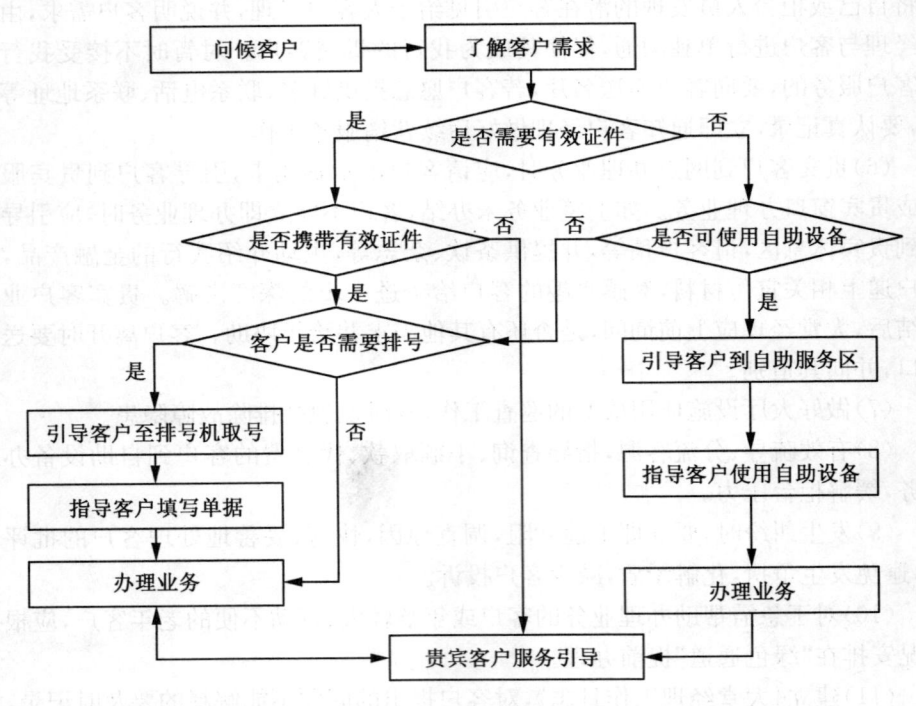

图3-2 银行网点常规客户分流引导流程

客户分流服务标准具体如表3-1所示。

表 3—1　　　　　　　　　　　客户分流服务标准

情景	情景描述	服务标准	标准应答
了解客户需求	客户走进营业网点,询问客户需求	看到客户走进网点,快步上前,站在客户左前侧或右前侧,面带微笑,询问客户需求	"您好,请问您办理什么业务?"要求语调上扬、态度热情、语速稍快
婉言拦截客户	得知客户没有携带办理业务的相关有效证件,拦截并婉言拒绝客户办理业务	站立,上身微微前倾,伸出右手,手掌向上,五指并拢,指向大门外,面带歉意微笑请客户带好证件再来办理	"不好意思,办理这项业务需要您出示身份证,请您下次带好身份证再来,谢谢!"要求语音略低、态度诚恳
客户取号	明确客户需要到台席办理业务,引导客户到排号机前取号	站在客户左侧,侧向客户和排号机,询问客户办理的业务种类,引导客户取号后,示意客户在休息区等候叫号	"请您在这里取号后,到休息区等候叫号。""请问您办的业务是……"要求语气亲切、态度诚恳、语速适中
询问等候客户需求	走到客户等候区或排队的队伍中询问客户需求	上身微微前倾,逐一询问客户	"请问您办理什么业务?"要求态度诚恳、语气亲切、语速适中

(二)不同时机分流引导

大堂经理需要把控好不同时机的分流引导,即最佳分流引导时机与较难分流引导时机,具体如图 3—3、图 3—4 所示。

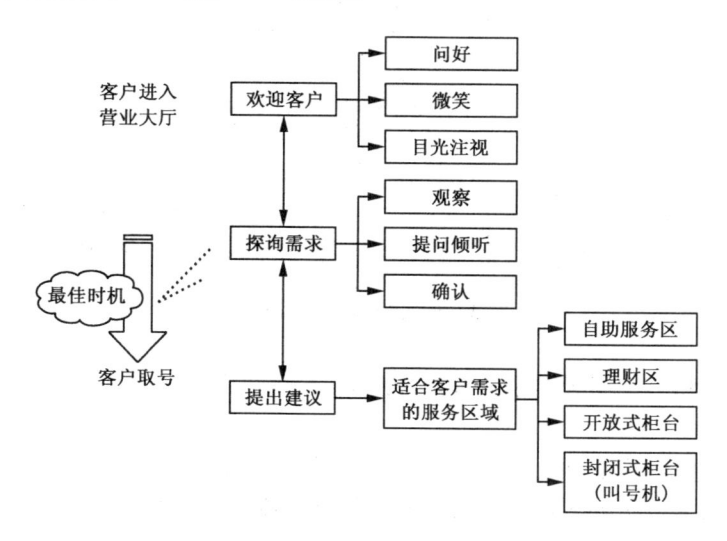

图 3—3　最佳分流引导时机

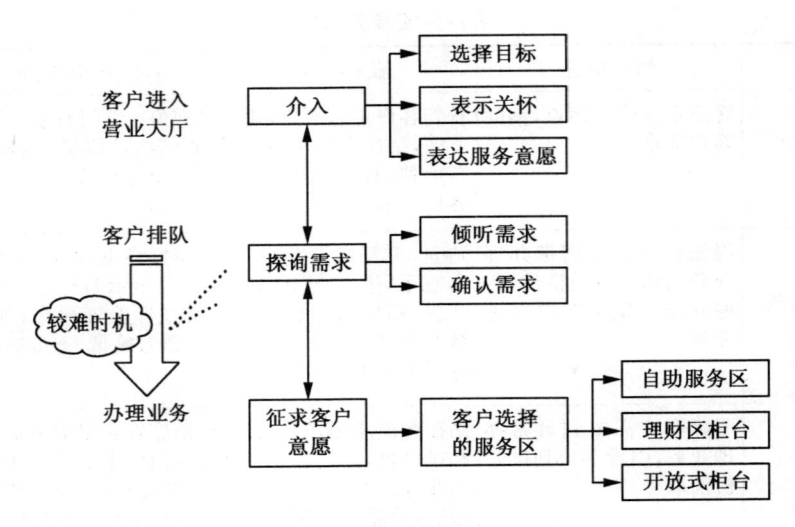

图 3—4　较难分流引导时机

1. 贵宾客户引导

大堂经理应询问客户是否已经与个人客户经理预约及需要办理业务的种类,然后根据客户的反馈和个人客户经理当时的忙闲程度进行引导,其主要包括以下四种情况,具体如图 3—5 所示。

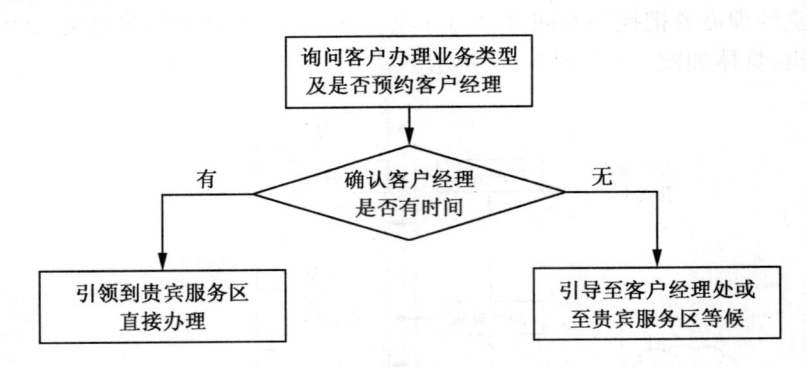

图 3—5　贵宾客户引导流程

情况一:将客户引导至个人客户经理处,并由个人客户经理再引导其获得优先服务;

情况二:将客户引导至贵宾服务区休息等候个人客户经理服务;

情况三:直接引导客户至柜台使其获得优先服务,同时需告知个人客户经理协同办理;

情况四:直接引导客户至各种电子交易渠道使其获得快捷的服务,同时告知个人客户经理协同办理。

大堂经理在引导贵宾客户时,要保证客户优先接受服务的同时,不引起其他客户的不满,努力创造贵宾客户与个人客户经理面对面接触的机会,保证贵宾客户的隐私。

大堂经理在引导贵宾客户时,应遵循以下引导原则:

原则一:通知个人客户经理陪同客户办理业务;

原则二:引导客户通过适当的渠道优先办理业务;

原则三:大额业务要求客户经理跟进服务;

原则四:如果客户有理财需求,引导客户至个人客户经理处接受服务,如果个人客户经理不能立刻接待,则可将客户引导至贵宾休息室等候;

原则五:个人客户经理服务的同时递上相关产品折页。

情景再现 1:贵宾客户办理小额存取款(已完成客户价值判断)

大堂经理:"您好,请问您办理什么业务?"

客户:"我要取 3 000 元。"

大堂经理:"好的,请您这边走。"(引导客户通过合适的渠道优先办理业务,随后通知个人客户经理陪同客户办理业务。)

情景再现 2:客户办理大额存取款业务

大堂经理:"您好,请问您办理什么业务?"

客户:"我要取 20 万元。"

大堂经理:"请问您预约了吗?"

(1)客户预约过

大堂经理:"好的,请您先在贵宾服务区休息,我帮您安排一下。"

(大堂经理通知柜台客户取钱需求,同时通知个人客户经理协同客户办理业务。)

(2)客户没有预约

大堂经理:"不好意思,您取款 20 万元是需要提前一天预约的。"

客户:"哦,这样啊,我不知道。"

大堂经理:"大额取现需要预约,转账可以吗?"

客户:"不行,我就要现金。"

大堂经理:"您可以少量取现,我今天帮你预约上,您明天就可以取了。"(大堂经理随后通知个人客户经理协同客户办理业务。)

情景再现 3:客户有理财需求(咨询或购买国债、基金、保险等)

大堂经理:"林先生,您来了,今天您要办理什么业务?"

客户:"我想买点基金。"

大堂经理:"好的。请您稍等,我这就帮您联系客户经理,让他帮您详细介绍。"

(1)个人客户经理有时间

大堂经理:"让您久等了,××经理正在等您,您这边请。"

(2)个人客户经理没有时间

大堂经理:"让您久等了,××经理正好有点事走不开,你先在贵宾室休息一下,他马上就过来。这里有份基金折页,您可以先看一下。"

2. 潜在贵宾客户引导

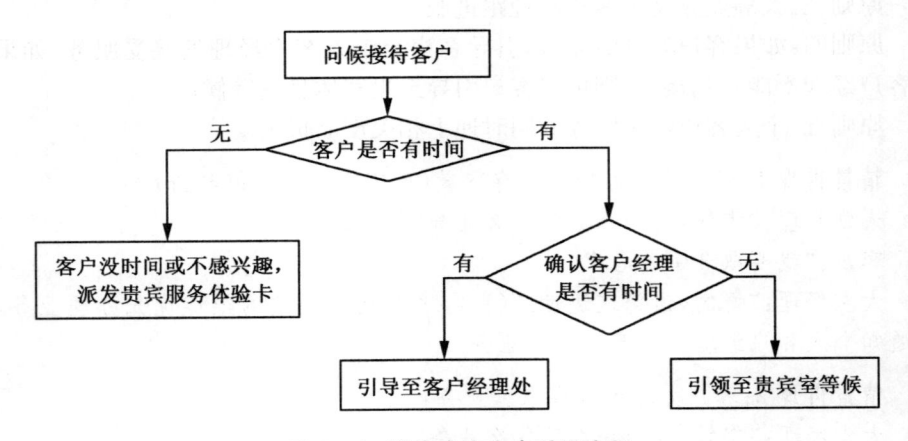

```
                    ┌──────────────┐
                    │  问候接待客户  │
                    └──────┬───────┘
                           │
                    ┌──────▼───────┐
              无    │ 客户是否有时间 │   有
            ┌──────┤              ├──────┐
            │      └──────────────┘      │
            │                            │
            │                     ┌──────▼───────┐
            │                有   │ 确认客户经理  │  无
            │               ┌─────┤ 是否有时间    ├─────┐
            │               │     └──────────────┘     │
  ┌─────────▼─────────┐     │                          │
  │客户没时间或不感兴趣,│  ┌──▼──────────┐   ┌──────────▼──┐
  │派发贵宾服务体验卡  │  │引导至客户经理处│   │引领至贵宾室等候│
  └───────────────────┘  └─────────────┘   └─────────────┘
```

图 3—6 潜在贵宾客户引导流程

情景再现 4:大额转账汇款的客户

对大额转账汇款的客户,在引导时可以突出贵宾卡手续费的优惠,吸引客户成为我行贵宾客户。

"针对您办理的业务,我们建议您开立我行的贵宾卡,可以享受手续费减免及其他专属服务。请客户经理给您介绍一下,好吗?"

情景再现 5:咨询理财业务的客户(咨询或有意购买理财产品、基金、保险)

对于咨询理财业务,特别是有意向购买较大金额产品的客户,在引导时可以突出强调我行产品品种丰富以及个人客户经理的专业性,吸引客户成为我行贵宾客户。

"我们的林经理是首席理财师,很专业,很多客户都愿意找他咨询。"

3. 普通客户引导

普通客户的分流引导流程,具体如图 3—7 所示。

情景再现 6:小额存取汇业务

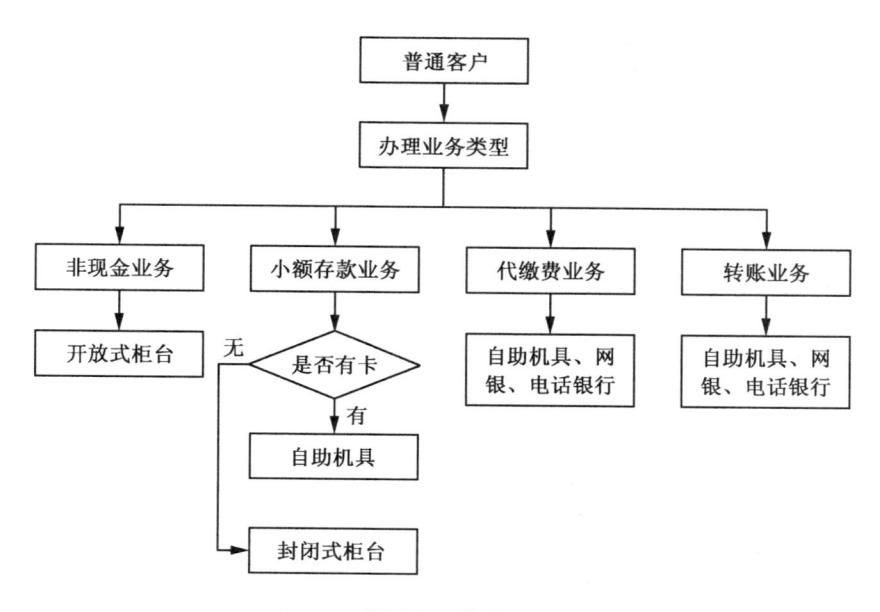

```
                    ┌──────────┐
                    │ 普通客户  │
                    └────┬─────┘
                    ┌────┴──────┐
                    │办理业务类型│
                    └────┬──────┘
      ┌──────────┬──────┴──────┬──────────┐
 ┌────┴────┐ ┌───┴────┐   ┌────┴────┐ ┌────┴────┐
 │非现金业务│ │小额存款│   │代缴费业务│ │转账业务 │
 └────┬────┘ │  业务  │   └────┬────┘ └────┬────┘
      │      └───┬────┘        │           │
 ┌────┴────┐  无 │         ┌───┴────┐  ┌───┴────┐
 │开放式柜台│ ←─ ◇是否有卡◇ │自助机具│  │自助机具│
 └─────────┘     │有        │网银、  │  │网银、  │
            ┌────┴────┐     │电话银行│  │电话银行│
            │ 自助机具│     └────────┘  └────────┘
            └────┬────┘
            ┌────┴────┐
            │封闭式柜台│
            └─────────┘
```

图3—7 普通客户的分流引导流程

有卡但无用卡习惯或不熟悉自助机具的客户,大堂经理要注意辅导客户使用,在使用的同时要注意介绍各种自助机具的用途,尽量保证对客户的每一次引导都能比较彻底。

大堂经理:"您看,操作很简单,而且不用排队。这些自助设备还可以转账、缴费,很方便,下次您就不用排队了。"

情景再现7:缴费类业务

大堂经理:"您看这边排队的人这么多,您可以和我到自助终端上缴费的,不用排队。"

客户:"好的。"

大堂经理:"你也可以办一个网银,以后在家足不出户就可以缴费,再也不用跑银行排队。"

客户:"好的,那我就办一个吧。"

情景再现8:非现金业务

普通客户办理非现金业务,大堂经理对于此类客户需让其回答初步的问题,在判定非潜在贵宾客户后,将客户引导给开放式柜台柜员,由开放式柜台柜员回答客户的详细问题并进行业务处理。

大堂经理:"您请跟我来。您的业务可以在这儿办理。"

第二节 精通服务技能

要想成为一名最好的大堂经理,掌握有效表达的艺术,无疑非常重要。每个人都以一定的方式进行沟通,可是能恰如其分地表达信息的大堂经理却不多,因此掌握表达的一些基本技巧可以使作为大堂经理的你表达得更加清晰。

一、有效表达的基本要求

有效表达的基本要求具体如表3—2所示。

表3—2　　　　　　　　有效表达的基本要求

序号	类　别	要　求
1	浓缩的才是更好的	大堂经理要想说话简短、写作精练,就要学会浓缩。浓缩就是语言的提炼,浓缩的语言是精华
2	要实在,不要花言巧语	说话和办事一样,都讲究实在,不要一味追求使用华丽的词语来装饰,更不要哗众取宠
3	要通俗,不要故作姿态	说话要避免深奥,尽量使用大众化的语言,像俗语、歇后语、幽默笑话等,这样,你办起事来可能会事半功倍
4	要简明,不要模糊不清	说话要简明扼要、条理清楚,不要长篇大论、言之无物,这会让别人听不懂你说的话
5	要谦虚,不要摆架子	假如你在言语中有"摆架子"的表现,倾听的人会十分反感,这样,你不但达不到说话的目的,还会影响听话人的情绪。希望大堂经理能牢记:谦虚是说话人的美德

看完下面的案例,你就知道什么是有效表达了。

几百年前,一位聪明的老国王召集一群聪明的臣子,交代了一个任务:"我要你们编一本《智慧录》,好留传子孙。"

这群聪明人离开老国王以后,便开始了艰苦的工作。他们用了很长时间,最终完成了一部十二卷的巨著。他们将《智慧录》交给老国王。老国王看了后说:"各位大臣,我深信这是各时代的智慧结晶。但是,它太厚了,我担心没有人会去读完它,你们再把它浓缩一下吧!"这群聪明人又经过长期的努力工作,删减了很多内容,最后完成了一卷书。可老国王依然认为太长了,命令他们继续浓缩。这群聪明人把一本书浓缩为一章、一页、一段,最后浓缩成一句话。当老国王看到这句话时很高兴,说:"各位大臣,这才是各时代的智慧结晶。各地的人只要知道这个真理,我们一直担心的大部分问题就可以顺利解决了。"

这句经典的话就是:"天下没有免费的午餐。"

这句话告诫人们:即使是满足自身生存的最基本需要,也必须自己去做;即使你的祖辈、父辈能为你提供丰厚的物质基础,也需要自己去做;否则,你就只能坐吃山空。

体态语言,又称态势语言,就是运用人体的一些部位做出不同的姿态来表达思想感情的一种无声语言。

(一)头部

不同的头部动作所表达的意思是不一样的,具体如图3-8所示。

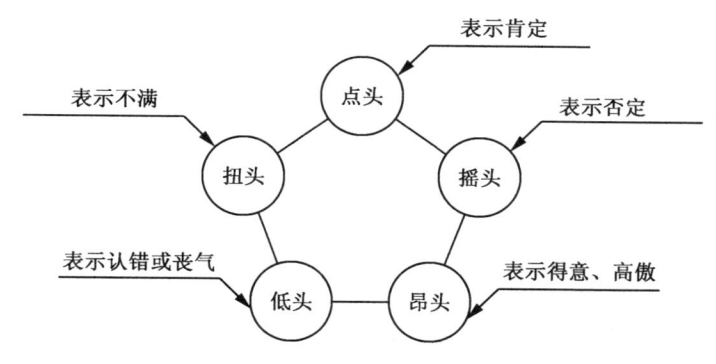

图3-8 头部动作表达意思

(二)面部

至于面部所表达的感情就更丰富了。人们常说眼睛是心灵的窗户。我们可以通过不同的词语来展示面部表情,具体如图3-9所示。

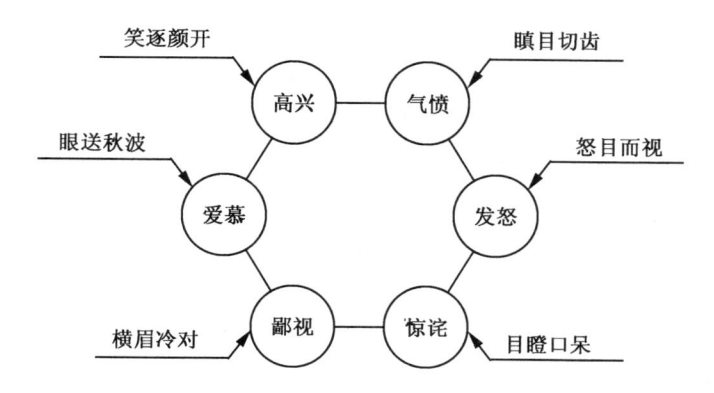

图3-9 不同面部表情词语展现

(三)嘴巴

嘴向上翘一下,表示不满;把嘴鼓起来,表示愤怒;表示鄙视的时候,嘴就一撇等。这个面部表情肌完全是表达思想感情的专门部位。俗话说:出门看天气,进门看脸色,成语"察言观色"就是这么来的。

(四)手和脚

手和脚是态势语言的重要组成部分,人们用招手表示向这边靠拢;学生在课堂上举手,一个意思是发问,另一个意思是回答;开会的时候举手是表态。

人们用摇手表示否定,而用挥手表示"再见"或者"答谢"。再说拳头,把拳头举起来,这表示什么？一是表示愤怒;二是喊口号;三是表示激动。

人们鼓掌一是表示赞同,二是表示欢迎。人们用跺脚来表示气愤,用跳跃表示欢快。

二、灵活运用体态语言

大堂经理要掌握体态语言的运用,以便有效地表达个人的意思。

(一)手势的运用

1. 手势的基本含义

手势有不同的种类,不同的手势其含义不同,具体如表3—3所示。

表3—3　　　　　　　　　　手势的基本含义

序号	种类	
1	情意手势	主要是表达演讲者的情感,通过这个手势把情感具体化了
2	指示手势	就是它有具体的指示对象,通常是伸出食指,但是他这个手势只能指听众的视觉所能达到的范围内的方向
3	象形手势	主要是用来模拟形状物,给听众一种形象的感觉
4	象征手势	就是它具有象征性,能引起听众的联想,能启发听众的思维,这种手势比较抽象,比如说你把右臂抬起,手摸着自己的心区表示忠诚
5	号召手势	就是你的右胳膊向斜上方打手势,掌心向外,表示决心和力量,有时一只手,有时两只手

2. 手势的活动范围

手势的活动范围包括上区、中区、下区,具体如表3—4所示。

表3—4　　　　　　　　手势的活动范围所表示的意思

序号	区域划分	活动范围	表示意思
1	上区	肩部以上	手势在这个区域活动多表示理想的、想象的、宏大的、张扬的内容和情感。比如说,我们表示殷切的期望,你和同事们说"我真诚地期望你们都能拿到高工资,你们加把劲是可以的呀";表示胜利的喜悦;表示对幸福的祝愿;表示对未来的期望
2	中区	肩部到腹部	这个区域多表示记叙的事物、说明的事物

续表

序号	区域划分	活动范围	表示意思
3	下区	腰部以下	多表示憎恶的、不高兴的,还有不齿的内容和情感

3. 手势的运用要点

手势的作用就表现在手掌、手指、拳的运用上,人的手掌、手指、拳的不同运动方向和不同的姿势表达不同的意义,具体如表3-5所示。

表3-5　　　　　　　　　　　　手势的运用要点

序号	手势动作	运用要点
1	手掌	(1)手心向上,胳膊弯曲,手掌向前伸。这个手势主要表示请求,或者许诺,或者欢迎,只要是表示诚实的都用这种手势 (2)倒过来,手心向下,胳膊微屈,手掌还是稍微向前伸。这个手势主要表示很神秘,也表示压抑、制止、反对、别这样做,还表示不愿意、不喜欢 (3)两手由合而分,主要表示空虚、失望,也表示消极、无奈 (4)两手由分而合,这个手势主要表示团结,也表示亲密、联合,还可以表示同事之间会面或接洽
2	手指	(1)表示人格。伸出大拇指表示钦佩、赞许,而竖起小拇指表示低贱、无足轻重 (2)指点事物或方向 (3)表示斥责、命令 (4)表示数目
3	握拳	多表示愤怒或者决心或者警告或者宣誓。在用拳的时候可以直捶,也可以斜击,宣誓时要高举

(二)表情的运用

在表情运用上,大堂经理要以热情、大方为原则,要多微笑,讲究自然流露,不能矫揉造作、刻意装扮,不能让别人产生虚情假意之感,因为大堂经理的面部表情传递的信息最容易进入客户的视线,并且能影响客户的情绪,从而影响柜台人员的工作效率。

托马斯需要继承数目庞大的家产,为了锻炼他的能力,父亲把他安排在自己的公司做部门经理。托马斯聪明并且才华横溢,但他似乎过分自信。身上多少带有一些富家子弟的气息。

他一身名牌装束,手腕上总是戴着劳力士金表,这一切使他看起来颇为招摇。而且,他平时为人也非常傲慢,总是一副不可一世的样子。同事们背地里都非常讨厌他。

但是最近发生的事情却改变了托马斯。一个月前,他前往一家大型百货公司,想为母亲买一件生日礼物。当他停好他的高级跑车走出停车场,一位身材矮小、粗壮的男人从侧面撞了过来。这个男人不仅没有道歉,还非常无礼地瞪着托马斯。

如果在平时,托马斯肯定会破口大骂。但他那天心情好,况且是来为母亲买礼物的,所以他并没有发火,反而还像遇到老朋友般向那位男子点头,并说了一句:"对不起啊!"那位男人似乎有些吃惊,露出了一种不可思议的表情。就在那一瞬间,他凶恶的表情一点点地消失了。突然间,他一扭头,转身向外跑开了。

但是事情并没有结束,晚上回家后托马斯在家看电视,新闻报道当天中午,在某幢大厦的地下停车场里发生了一起重大抢劫案。劫匪砍伤了一位驾驶着豪华跑车的老板,抢去了许多贵重物品。

当屏幕上播出这个劫匪的照片时,托马斯惊呆了。劫匪正是那个碰撞自己的男人。望着电视上案发现场的悲惨情景,他不禁后怕,如果当时自己对劫匪"发威",自己现在是不是该在医院抢救,或者直接躺在医院的太平间里……

他感觉自己太幸运了,但究竟是什么救了自己呢?他确定是他当时的微笑——像多年的老朋友般真诚的微笑。

第二天,同事们惊讶地发现,平时总是一身名牌的他,竟然只穿了一件非常普通的T恤,手腕上也没有那只耀眼的金表。而他的态度也变得十分随和,脸上总是带着善意的微笑。

托马斯的改变是令人欣慰的,很多人在工作中总是傲慢自负,爱对人发脾气,感觉这样才能体现自己的能力和地位。每个人都希望得到友好的认可,即使自己犯了错误,或者有一些不足,但也不希望自己被人批评或者教训。聪明的人总是懂得微笑着面对同事,以一种亲切、谦虚的形象出现在大家面前。

(三)眼神的运用

在面部表情中,眼睛能传神、会说话,最能表达细腻的感情。眼神反映着人物的内心活动、内在情感。从每个人的眼睛中就可以清楚地了解其个人的格调、气度、仪态、素养。古人云:目不斜视。大堂经理在面对他人时,黑眼珠一定要放在眼睛的正中,不管在任何时候不可以斜视对人,否则会让人感觉心术不正。目光要专注,眼神千万不能游离。

(1)与一般人交谈时,视线接触对方脸部的时间应占全部谈话时间的30%~60%。超过这一平均值,可认为对谈话者本人比谈话内容更感兴趣;低于这个平均值,表示对对方不感兴趣。

(2)回避对方视线或眼睛闪烁不定者一定是不诚实或者内心有愧疚,不愿意对方察觉到自己的行动。

(3)瞪大眼睛注视,是对对方感兴趣,说明注意力集中。从这个眼神可以了解到你的谈话是否受他人欢迎。

(4)眨眼一般每分钟5~8次,眨眼时间如果超过1秒,则表示对对方的厌烦、不满,有藐视和蔑视的意思。大堂经理在沟通中一定要避免,否则会给他人带来心理上的刺激。

(四)把握好空间距离

在工作中,双方的空间距离也具有非言语行为的特征。每个人都拥有一个自己的空间,以满足自己的独立、安全和隐私的需要,具体如下:

1. 亲密距离

这个距离为0~45厘米,即可以用手互相触摸到的距离,处在这个区域中的人必须有相当亲密的关系。如果陌生人进入这个区域,则可认为存有敌意。如果大堂经理在交流中经常接近这个距离,则能改善两人之间的关系。

2. 个人距离

这个距离是40~120厘米,这是双方手臂伸直可以互相接触的距离。在这个距离内,可以造成对人的伤害和威胁,这属于个人距离。这个距离一般可用于同事之间、朋友之间。

3. 社交距离

这个距离是120~360厘米,通常用来处理公共关系,如上级对下级布置工作。一般身份越高,距离应越大。

4. 公众距离

这个距离为360厘米至无限远。一般适用于公众场合,如演剧、开大会等。

三、倾听百分百专注

不同的方式和方法,将产生巨大的效果差异。因此,大堂经理在倾听时应该给予表达对象充分的尊重、情感的关注和积极的回应等,力求达到最佳的沟通效果。

(一)什么是倾听

倾听是一种情感活动,它不仅使耳朵能听到相应的声音,还需要通过面部表情、肢体的语言,还有用语言来回应对方,传递给对方一种你很想听他说话的感觉。因此,我们说倾听是一种情感活动,在倾听时应该给予对方充分的尊重、情感的关注和积极的回应。

倾听的"听"其繁体形式有一个"耳"字,表示用耳朵去听;"听"字的下面还有一个"心"字,说明倾听时要用"心"去听;"听"字里还有一个"目"字,说明你听时应看着别人的眼睛;在"耳"的旁边还有一个"王"字,代表把说话的那个人当成帝王来对待,具体如图3—10所示。

从听字的繁体结构中可以看出,倾听时不仅要用"耳朵",还要用"心"、用"眼睛",更重要的是要把你对面的那个人当成帝王,充分地去尊重他。

(二)倾听的内容

倾听不但要听清楚别人在讲什么,而且要给予别人好的感觉。那么倾听时大堂经理需要听什么呢?对大堂经理来说,需要听两点,具体如下:

"耳"：用耳朵听

倒置的"目"：

"一""心"：一心一意，专心去听

"王"：对方至上

图 3—10

1. 听事实

倾听事实意味着需要能听清楚对方说什么。要做到这一点，就要求大堂经理必须要有良好的听力。

2. 听感情

与听事实相比，更重要的是听情感。大堂经理在听清对方说事实时，还应该考虑客户的感受是什么，需不需要给予回应。

A 对 B 说："我昨天看中一套别墅，决定把它买下来。"

B 说："哦，是吗？在哪里呢？恭喜你呀。"

A 看中了别墅，想买下来，这是一个事实。B 问别墅在哪，这是对事实的关注；"恭喜你"就是对 A 的情感关注。

A 把事实告诉 B，是因为他渴望 B 与他共同分享他的喜悦和欢乐，而作为 B，应该对这种情感去加以肯定。

对于大堂经理而言，就是运用倾听的技巧，通过你的面部表情、肢体语言，给予客户恰当的及时回应。如大堂经理对客户说："现在你就是这方面的专家，你真的很内行"。这就是对客户的一种情感关注。而在这种关注之前，大堂经理在听到客户谈话时应该分辨出哪些是情感的部分、哪些是事实的部分。

（三）提升倾听能力

大堂经理如何才能提升倾听能力呢？其实，其中是有技巧可循的，具体如图 3—11 所示。

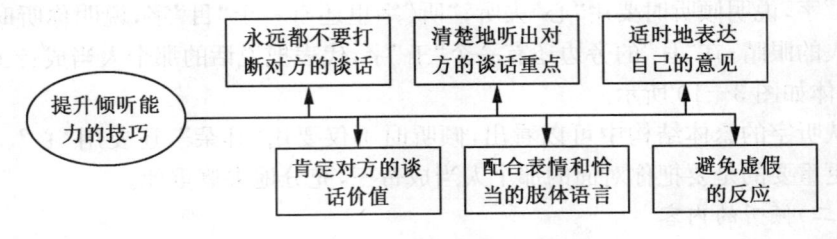

提升倾听能力的技巧：
- 永远都不要打断对方的谈话
- 清楚地听出对方的谈话重点
- 适时地表达自己的意见
- 肯定对方的谈话价值
- 配合表情和恰当的肢体语言
- 避免虚假的反应

图 3—11　提升倾听能力的技巧

1. 永远都不要打断对方的谈话

可以这样说,在这个世界上没有一个人喜欢或习惯打断别人的谈话,很多时候一些人的倾听能力是很差的,他们都不是有意识地打断,而是无意识地打断对方的谈话。

无意识的打断是可以接受的,有意识的打断却是绝对不允许的。大堂经理无意识地打断客户的谈话是可以理解的,但也应该尽量避免;有意识地打断别人的谈话,对于客户来讲是非常不礼貌的。

特别提示:

当你有意识地打断一个人说话以后,你会发现,你就好像挑起了一场战争,你的对手会以同样的方式来回应你,最后你们两个人的谈话就可能变成了吵架。因此,有意识的打断是绝对不允许的。

2. 清楚地听出对方的谈话重点

当你与对方谈话时,如果对方正确地理解了你谈话中的意思,你一定会很高兴。至少他知道你成功地完成了"听事实"的层面。

能清楚地听出对方的谈话重点,也是一种能力。因为并不是所有人都能清楚地表达自己的想法,特别是在不满、受情绪影响的时候,经常会有类似于"语无伦次"的情况出现。除了排除外界的干扰,专心致志地倾听以外,大堂经理还要排除对方的说话方式给你带来的干扰,不要只把注意力放在说话人的咬舌、口吃、地方口音、语法错误或"嗯""啊"等习惯用语上。

3. 适时地表达自己的意见

谈话必须有来有往,大堂经理要在不打断对方谈话的原则下,适时地表达自己的意见,这是正确的谈话方式。这样做还可以让对方感受到,你始终都在注意地听,而且听明白了。还有就是可以避免你走神或疲惫。

4. 肯定对方的谈话价值

在谈话时,即使是一个小小的价值,如果能得到肯定,讲话者的内心也会很高兴,同时对肯定他的人产生好感。因此,大堂经理在谈话中一定要用心地去找对方的价值,并加以积极的赞美和肯定,这是获得对方好感的一大绝招。如果对方说"我们现在确实比较忙",你可以回答"您作为公司的负责人,肯定很辛苦"。

5. 配合表情和恰当的肢体语言

当你与对方交谈时,对对方活动的关心与否直接反映在你的脸上,所以,你无疑是他的一面镜子。光用嘴说话还难以造成气势,因此必须配合恰当的表情,用嘴、手、眼、心等各个器官去说话。不过千万不可过度地卖弄,如过于丰富的面部表情、手舞足蹈、拍大腿、拍桌子等。

6. 避免虚假的反应

大堂经理在对方没有表达完自己的意见和观点之前,不要做出比如"好!我知道了,我明白了"、"我清楚了"等反应。这样空洞的答复只会阻止你去认真倾听客户的讲话或阻止客户进一步的解释。

在对方看来,这种反应等于在说"行了,别再啰唆了"。如果你恰好在他要表达关键意思前打断他,被惹恼的客户可能会大声抗议"你知道什么?"那就很不愉快了。

(四)学会积极倾听

积极倾听是一种非常好的回应方式,既能鼓励对方继续说下去,又能保证你理解对方所说的内容。要熟练地使用这种技巧,首先要知道,当别人和你说话时,发生着什么样的事情。

积极倾听在当你不确定对方的意思时或者当对方给予的是重要的或者感情上的信息时尤其有用。在你试探性地向对方做出回应时,你通常会用"你"这个字开头,在结尾会加上"是吗",要求对方给出直接的回答。这样的话,如果你的结论是正确的,你会得到证实;如果你的结论是错误的,对方的回应通常会直接解释清楚存在的误解。总而言之,积极聆听的技巧具体如表3—6所示。

表3—6　　　　　　　　　积极聆听的技巧

1	倾听回应	当你在听别人说话的时候,你一定要有一些回应的动作。比如说,"好,我也是这样认为的"、"不错"。在听的过程中适当地去点头,这就是倾听回应,是积极聆听的一种,也会给对方带来鼓励
2	提示问题	当你没有听清的时候,要及时去提问
3	重复内容	在听完了一段话的时候,你要简单地重复一下内容
4	归纳总结	在听的过程中,要善于将对方的话进行归纳总结,更好地理解对方的意图,寻找准确的信息
5	表达感受	在聆听的过程中要养成一种习惯,及时地回应对方,表达感受"非常好,我也是这样认为的",这是一种非常重要的聆听技巧

第四章　银行个人客户经理服务规范

本章要点

★　个人客户经理的岗位职责、工作目标和基本职能
★　个人客户经理的品德素质、业务素质、心理素质及人际沟通素质
★　个人客户经理如何开发和维护银行客户
★　个人客户经理的仪表、言语表达等礼仪规范

第一节　银行个人客户经理的角色定位

一、个人客户经理的岗位职责

银行个人客户经理是银行从事个人客户关系管理与维护、新客户拓展以及个人金融产品营销和服务的专职人员。个人客户经理既是银行与个人客户关系的代表,又是银行对外业务的代表。其职责是全面了解个人客户需求并向其营销产品、开展业务,同时协调和组织全行各有关部门及机构为个人客户提供全方位的金融服务,在主动防范金融风险的前提下,建立和保持与个人客户的长期密切联系。

个人客户经理代表银行稳定发展与客户的关系,向客户营销银行产品和服务,最大限度地调动行内资源,为客户提供优质、高效的服务,其职责主要包括:

(一)联系客户

客户经理是全权代表银行与客户联系的"大使"。客户有金融需求只需找客户经理,客户经理应积极、主动并经常地与客户保持联系,发现、引导客户的需求,并及时给予满足,为客户提供"一站式"服务。

(二)开发客户

对现有的客户,客户经理与之保持经常性的联系;而对潜在的客户,客户经理要积极地去开发。这里包括两层含义:一是客户现在还不是银行的客户,有待开发;二是客户虽然现在是银行的客户,但客户自己未发现某些金融需求,有待引导。

(三)客户关系管理与维护

利用各种机会收集并及时更新所管理客户的各种信息,包括客户个人信息、家庭信息、财务信息、单位信息等,及时将客户信息录入客户管理系统,完善客户档案;经常性地与所管理客户进行沟通和联络,不定期地约见或拜访客户,了解所管理客户的需求,关注客户交易动态和需求动态,及时与客户沟通,提供建议和解决方案,维护和提升客户关系,推动客户升级。

(四)营销产品

在与客户的交往中,客户经理要积极推销银行产品。客户经理首先应进行市场调研,掌握辖区客户结构,进行市场细分并确定目标市场,对所联系的客户建立客户金融需求及其变化的档案资料,研究和分析客户的金融需求并为商业银行业务决策提供依据。根据银行的经营原则、经营计划和对客户经理的工作要求,对市场进行深入研究,并提出自己的营销方向、工作目标和作业计划。另外,还要善于发现客户的业务需求,有针对性地向客户主动建议和推荐适用的产品。对客户的新需求,要及时向有关部门报告,探索为其开发专用产品的可能性。客户经理营销产品的手段主要有:广为宣传金融产品,面向重点客户宣传金融产品,市场公关和产品推销等。

(五)内部协调

客户经理是银行对外服务的中心,每一个客户经理都是银行伸向客户的友好之手。因此,客户经理"握住"的每笔业务都是银行的财富,需要所有相关部门的全力协助,客户经理有责任发挥协调中心的作用,引导客户的每一笔业务在银行中顺畅、准确地完成。

二、个人客户经理的工作目标

(一)为客户服务目标

个人客户经理在为客户服务的过程中,要起到"金融百货公司"和"金融专家"的作用,能够满足客户的多种需求,能够对客户所接受的服务有透彻的了解和详尽的说明,并力求创造性地解决客户的金融问题,促进客户实现其发展目标。

(二)扩大市场需求目标

客户经理的一项重要职责就是要有效地启迪与刺激市场金融需求。客户经理要通过宣传普及金融知识,增强客户的金融意识,启迪客户转变金融消费观念,把客户的潜在需求、模糊需求转变为现实需求和明晰需求,从而不断地扩大整个市场的金融需求。

(三)揽存及贷款管理目标

客户经理随时了解和掌握客户的资金变化,努力增加本行的存款;同时负责本行个人贷款的使用和利息的清收。

(四)风险防范目标

客户经理要在主动开发市场、选择优质客户、及时准确判断市场信息和客户的经营收入变化情况的基础上,及时发现风险并采取有效措施化解风险,发挥防范风险的"第一道屏障"作用。

三、个人客户经理的基本职能

个人客户经理的基本职能是其在商业银行经营中地位和作用的重要体现。科学、合理地界定个人客户经理的基本职能,是确定其理论知识体系,建立个人客户经理的管理体制的基础。根据个人客户经理应有的工作内涵,个人客户经理的基本职能主要有:客户管理职能、金融产品市场营销职能和内部协调职能。

(一)客户管理职能

客户管理职能是客户经理最基本的职能。这里所说的管理,是指在平等主体的基础上对客户关系所进行的管理。它是商业银行通过金融营销服务,建立与客户的沟通、联系、协调等服务关系的特定过程。这种管理是通过客户营销来实现的。客户经理是商业银行专门从事客户关系管理的专职外勤人员,一切工作都必须体现以客户为中心的思想,通过特定客户的关系联系,对客户的金融行为和金融需求进行计划、组织、协调、控制和服务等一系列活动,达到密切客户关系、建立优质和稳定的客户群体的既定目标。以客户关系管理为主要工作内容,是客户经理工作的最大特点,是其赖以产生和发展的根本,因此它是客户经理最基础、最根本的职能。

(二)金融产品市场营销职能

金融产品市场营销是商业银行客户经理的重要职能。金融产品不仅能满足客户的各种需求,而且是商业银行重要的经营资源,是获取利润的重要基础。商业银行只有开发出更多的可供客户选择的金融产品,使客户购买更多的金融产品,才能在满足客户需求的同时,实现其自身的经营目标。因此,商业银行在市场营销中首要的任务,就是要解决提供什么样的金融产品去满足客户的金融需求,这就要制定好产品营销策略;其次是如何把开发出来的金融产品提供给客户,这就需要运用市场营销的产品定价策略、产品分销策略。金融产品营销的各个环节都起着重要的作用。具体来说就是:

(1)根据商业银行的经营原则、经营计划和对客户经理的工作要求,对市场进行研究,并提出自己的营销方向、工作目标和作业计划。

(2)根据商业银行的客户发展战略,主动寻找客户并通过各种渠道与客户建立业务联系。

(3)详细搜集客户的各种信息,包括财务信息、收入变动信息、管理资源信息和家庭其他信息等,并根据资料建立客户档案,写出客户综合评价报告及风险分析报告。

(4)根据双方业务合作方案写出业务建议报告和风险控制报告。

(5)对银行风险控制部门、相关产品作业部门和综合管理部门提出的问题或要求,及时作出回答或提案。

(6)负责做好产品售后服务工作,及时发现双方合作中的问题,反馈客户的动态信息,对客户的相关经济状况进行动态监控,并及时提出建议报告。

(7)研究客户的现实情况和未来发展,发掘客户对银行产品的潜在需求,并根据客户的需求,与客户探讨业务合作方案。

(8)定期访问客户,保持与客户的良好关系,根据客户现有业务量、未来发展和可能带来的综合业务收益,定期对客户价值做出判断。

(9)在选定目标市场的基础上,要根据重点客户的金融需求,提供相应的金融产品和金融服务以及组合型的金融产品。

(10)积极推销金融产品,力求把客户对金融产品的认识和对银行的理解变为对金融产品的实际购买能力。

(三)内部协调职能

个人客户经理的内部协调职能是根据其工作分工和定位,利用自身的工作特点和长处,融洽业务部门之间、银行与客户之间的关系。客户经理全方位的金融服务必须建立在银行内部各部门协调配合的基础上,客户的许多金融需求还必须由银行内部有关部门具体提供金融产品和金融服务才能满足。银行内部各部门的密切配合和支持,是客户经理有效开展工作的基本条件。客户经理搞好内部协调工作主要有以下四个方面:

1. 前台业务窗口与二线业务部门之间的协调

前台业务窗口除分销部分金融产品外,主要的任务是为客户提供各种柜面服务。这些服务的好坏不仅直接反映了商业银行窗口服务的质量,而且对商业银行的市场形象和金融产品营销有着重要影响。二线业务部门除承担直接分销金融产品的职责外,还有为前台服务的部分管理职能。前台业务窗口与二线业务部门之间存在密切关系,只有两者协调配合、共同努力,才能充分发挥商业银行的整体优势。因此,客户经理在工作中要注意前台业务窗口与二线业务部门之间的协调。

2. 各部门之间的协调

商业银行各部门是按照商业银行的职能要求进行的分工,各部门在商业银行经营中既有相对独立性,又有密切的联系。客户经理在工作中是全方位面向客户,需要内部各部门的共同配合。客户经理在搞好各部门的协调中,既要重视各部门职能作用的发挥,又要注重各部门工作的联动性和配合的有效性。

3. 上下级之间的协调

商业银行上下级之间的协调不仅有利于制定正确的经营目标和经营策略,而且有利于根据市场情况及时调整经营策略,做到在竞争中有效决策,灵活经营。上下级之间的协调一方面是上级的经营决策和经营策略及时、有效地在各基层行得到贯彻执行;另一方面是基层行把在实际经营中在金融产品营销和金融服务中反映出来的问题和市场信息及时反馈给上级行,在上下级之间形成一个快速传导机制。

4. 经营资源分配的协调

由于银行的经营资源停留、分布在不同的环节和层次上,各种资源的优劣、长短不尽相同,加之不同客户的金融需求的规模、金融贡献的大小千差万别,面对各种资源,商业银行以多少数量、什么方式,在什么时候分配给各个客户,直接决定着商业银行的经营效益,这也迫切需要客户经理在银行内部进行有效的协调。

第二节 银行个人客户经理的素质要求

银行个人客户经理肩负着拓展市场、服务个人客户、构筑银行与个人客户之间桥梁的职责,组织与实施银行的市场营销策略。个人客户经理既需要有全面的综合素质,又必须具备相应的品德素质、心理素质,以及相关银行业务与个人客户投资理财专业业务和人际沟通等综合性的知识素质,才能为个人客户提供全方位的优质服务,以争取个人客户、拓展市场,做到"银行业务一人通",使自身真正成为"流动的银行",从而更好地建立与个人客户之间的业务关系。

合格的个人客户经理必须具备良好的社会交际和组织协调能力,具有时间管理和团队精神的现代管理意识,性格上要热情开朗,有责任感,并且要熟悉各种金融产品的功能与具有较多的市场研究和客户开发的管理经验。

一、个人客户经理的品德素质

金融业是特殊的行业,时刻同金钱打交道,如果没有过硬的品德素质作保证,业务水平再高也难保不出问题。无论是一个行长,还是一个普通的客户经理,良好的品德素质都来自坚持不懈的学习;否则,就会迷失方向,出现重大失误。一个客户经理,政治思想好,品德素质高,又能全身心地投入工作,必然会想办法把事情做好;即使一时水平低一点,也会全身心投入去研究学习,从而不断地充实、提高。客户经理要具备与银行业务相适应的品德素质,必须要加强品德素质的修养。

客户经理的品德素质是指对客户经理在思想品德、责任感、政策水平等方面的要求,是客户经理的素质中最重要也是最关键的内容。

(1)具备良好的职业道德和敬业精神,爱岗,能吃苦耐劳,有责任心、事业心、进取心和纪律性。

(2)具备强烈的社会责任感和使命感,竭诚服务客户;尽最大可能向客户宣传公司文化。

(3)具备诚实守信的良好品德,全心全意为客户服务,不作误导性或不诚实的业务介绍,也不可不负责地随意承诺,更不能超越权限行事。

(4)具备团队合作精神,能够积极与同事相互配合,进行上下协调、内外沟通。

(5)具备开朗的个性和坚毅的品格,不言气馁。

(6)具备努力向上的工作积极性,主动工作,少些抱怨。

(7)具备知法、懂法、守法的法律素养,能够自觉约束自己的行为,不做违规业务。

二、个人客户经理的业务素质

较强的业务素质是一名客户经理所必须具备的条件。客户经理必须熟悉本银行的产品与服务特色,能巧妙地将产品或服务品种进行整合营销。客户经理肩负着向客户提供全方位的金融服务以及为银行创造利润的重任,其服务对象以黄金客户和优质客户为主,又是拓展资本市场和负债市场的"公关前锋"。个人客户经理作为银行直接面对客户的窗口,其业务素质既是金融产品销售成功的关键,同时也是提高客户忠诚度、密切与客户关系的有效手段。个人客户经理业务素质要求主要包括以下几个方面:

(1)具备较为广博的知识水平。除深入了解和掌握国家金融法规、政策、制度、金融领域最新动态、国内外银行业务发展等方面的知识外,还需要具备经济学、管理学、会计学、统计学、营销学、公共关系学等方面的知识,以适应行业不断加剧的激烈竞争。

(2)具备运用各项基本法律知识的能力。保证银行和客户资产的安全,是个人客户经理的重要职责。因此,个人客户经理要学法、懂法和守法,特别是与银行业务关系密切的《人民银行法》、《商业银行法》、《经济合同法》、《票据法》、《公司法》、《贷款通则》和《民法通则》等法律。在商业银行与企业的经济交往活动中,严格按照法律规定,防止和避免由于法律条文执行不健全,使银行的资产遭受损失;另一方面,个人客户经理要积极为服务对象提供法律方面的咨询和服务,提高运用法律知识保护自身权益的能力。

(3)具备较为全面的银行工作经验。应有在银行业务中从事会计、出纳、储蓄、资金、信贷和风险管理等多专业的工作实践经历,对于银行的各种产品和运作过程有相当程度的认识,了解本行的金融产品和服务项目以及每一项服务的优点和特点,具备向客户提供包括投资理财业务在内的综合服务能力。个人客户经理必须是一个多面手,能够参与各环节的工作,包括市场分析、金融产品的开发、确立市场营销的目标、成本核算等。

(4)具有牢固的、以客户为中心的服务理念。在日常工作中能够做到真正从容户的角度考虑问题,以满足客户需求为先,在推广金融产品的同时,充分保证客户的利益,满足客户的需要,从而赢得客户的认同感,提高客户对银行的忠诚度。

(5)具备信息整合能力。个人客户经理应致力于获取与客户有关的各项信息,全面掌握客户情况,能够从深层次上把握客户的思想动态,能够识别信息的真实性。个人客户经理应完善信息渠道,及时进行信息的收集、整理工作,使自己始终站在业务的最前沿。

(6)具备较强的分析能力,善于根据银行的经营目标分析客户市场,具备了解客户问题和要求的能力,能提炼反馈信息。并且做到结合客户需求,适时提出相应的合作方案和金融服务方案,实现业务创新。

(7)具有高度的职业敏感性,密切关注市场动态、宏观政策方面的信息等,在出现变故时使银行掌握先机。同时注重寻找、发掘有潜力的优质个人客户。

(8)具备文字综合能力。个人客户经理在与客户往来的过程中,随时面临客户提出的与银行相关的各种复杂问题。客户经理必须借助自己对各种政策和法规的正确理解,对客户提出咨询的问题给予适当的答复。对于一时难以把握和需要请示的问题,应立即组织材料以书面形式迅速向有关部门反映情况,并给客户以及时、准确、全面的答复。

三、个人客户经理的心理素质

心理素质是客户经理做好本职工作的根本保障。客户经理工作是一项极富挑战性的工作,它不仅需要良好的业务素质,也需要较好的心理素质条件来保证。在业务工作过程中,胆怯、自卑的情绪不易产生创造意念,固执己见、自以为是的情绪难以求成,急功近利、操之过急的情绪往往半途而废,墨守成规、畏头畏尾的情绪一事无成。这些不良心理的存在,直接制约着客户经理目标与业绩的实现。个人客户经理的心理素质主要包括以下几个方面:

(1)外向、开放、包容的性格。
(2)对失败和挫折有较强的心理承受能力。
(3)不服输,吃苦耐劳,不断进取。
(4)头脑冷静,不感情用事,善于灵活变通。
(5)良好的竞争意识和服务意识。

四、个人客户经理的人际沟通素质

(1)有一定的文化艺术素养,知识面广,具有较为丰富的生活经历。
(2)培养好的形象与气质,注意衣着整洁,举止稳重大方。
(3)人际交往能力强,具有良好的协调和沟通能力,性格外向。
(4)善用诙谐、幽默的语言,能调节与客户会谈时的尴尬气氛,善用委婉的语言来拒绝客户。

(5)善于借用外部资源。

(6)团结同事,善于合作。

第三节　银行个人客户的开发与维护

长期以来,商业银行注重开发公司客户和机构客户,对个人客户的服务仅侧重于个人储蓄存、取款服务。但是,随着金融同业竞争的日益激烈和资金价格的市场化,存贷利差日趋缩小,盈利空间也日趋狭窄,而个人金融服务却能带来丰厚的利润。这种效益由近期效益和远期效益组成。在近期效益中,既有这些业务带来的低成本存款,又有这些业务带来的非利息收入;远期效益主要体现为市场份额的逐步扩大和银行品牌的逐步确立。在我国,随着经济的迅速发展,形成了一批具有一定知识层次和经济实力的白领阶层,他们需要银行为其提供个人金融服务。目前,个人金融服务已经成为新一轮的竞争焦点,因此商业银行要高度重视个人客户的开发,为客户提供多功能、多品牌的金融服务来增强市场竞争力。

一、银行个人客户的开发

开发客户就是客户经理按照银行经营策略和市场定位,寻找潜在客户并使其变为现实客户,以及向现实客户营销更多金融产品的过程。

(一)确定银行目标客户

目标客户是指客户经理在市场细分基础上确定将重点开发的客户群,是商业银行能够满足其现实和潜在需求并从服务中获得盈利和发展的客户群,也就是商业银行决定要进入的市场。

客户经理在选择目标客户之前,必须对各细分市场的需求潜力、发展前景、盈利水平、市场占有率等情况进行分析研究和预测,在此基础上选择理想的目标客户。

从理论上讲,所有的人都有可能成为银行的客户,但在现实生活中,某一个银行的客户或者说客户群体是有范围限制的,因为每个银行都有其特定的经营范围和经营战略,有相对应的特定的客户群体。因此,客户是分层次的,这是许多银行奉行的黄金原则。只有对客户进行准确的识别,才能让将来的工作做到有的放矢。客户的分类方法有很多种,有按客户创造的价值大小,有按客户金融需求的大小,有按客户性格偏好等。

识别客户的前提是对客户情况有深入的了解,能够给银行带来多少利润和营销的难易度,是选择客户的关键。综合分析后,应该将客户进行分类:哪些是大客户,哪些是小客户;哪些是现实客户,哪些是潜在客户;哪些是目标客户,哪些是间接客户。

没有一家银行有能力满足所有客户的不同需求,也没有一家银行能同时成为所有客户心目中的最佳银行,银行只有根据自身的特点、实力和外部环境,在市场上确定一个适当的位置,按实际业务状况把自己与其他银行区别开来,帮助客户了解银行间的差异并挑选最适合自己的、能为自己提供最大满足的银行。

(二)目标客户行为分析

商业银行根据客户拥有的可投资性资产的多少、年龄、教育程度、职业、所处地域等标准对其进行层次的划分,具有相对稳定和相对静态的特点。从客户的心理和行为的角度来划分,客户的类型具有相对动态和复杂多变的特点。因此,分析客户行为的产生、形成过程及其客观规律性,探索客户行为的制约因素,以此针对不同层次的客户提供适合他们需求的金融产品,使银行业务由同一化、大众化向层次化和专门化的方向转变。

银行按客户的生活方式、个性等心理因素来细分客户类型,其特点是相对动态的,具体因素是外向与内向、独立与依赖、乐观与悲观、保守与冒险;不同的个性对银行产品的需求有很大差异,如个性以保守型为主要特征的客户选择银行产品时,总是以安全、风险小的品种为主;个性以冒险型为主要特征的客户,往往更注重投资收益,愿冒风险,追求较大的利益。具有不同生活方式的客户,如崇尚时髦或热衷于经济实惠的客户对银行产品的偏好也不尽相同。经济实惠型的客户,较多关心购买银行产品的成本和收益;崇尚时髦型的客户,更注重银行品牌和新品种等。

银行按客户购买银行产品的行为变化,将个人客户细分成不同的客户群。其特点是复杂多变的:对银行产品的认知程度,有不同的利益追求;对银行品牌的忠诚度,有坚定、不坚定、常变化;对银行产品的使用频率,有少量、中量、大量;对价格的态度,有高度重视、一般重视、不重视;对服务质量的敏感度,有高度重视、一般重视、无所谓。根据个人客户对银行产品的不同利益追求细分的客户群,如对客户使用信用卡的行为分析,可知客户有着不同的利益追求,有的为方便、高效,有的为贷款或管理资金,有的为显示身份、地位等。

二、银行个人客户的维护

物超所值是商家最大的卖点。客户买下产品后,交易便完成了,这时做好后期维护,会让客户感觉物超所值。银行也是商家,卖的也是产品和服务,所以银行客户经理要以客户为中心,站在客户的角度,做好售后维护。总的来说,客户维护的内容主要包括两个方面:产品(服务)跟进维护和关系维护。

(一)产品(服务)跟进维护

客户经理与客户签订了协议之后,就要尽快履行协议。在此之后,银行还会陆续开发新的产品和服务,虽然在此前的协议中并没有包含这些,客户经理也应该主动提供给客户,让客户感受到银行每时每刻的关心。这就是产品(服务)跟进维护。

产品跟进服务是保证客户满意的重要机制,是维护客户的关键举措,它包括履行对客户产品(服务)的承诺、推介新的金融产品(服务)、提供超值服务三个方面。

1. 履行对客户产品(服务)的承诺

为保证银行承诺的产品(服务)履行到位,客户经理应充当连接客户与银行的桥梁,严格按照协议检查履行情况。对外及时了解客户对产品(服务)使用情况的意见,对内及时向客户部门和产品专家进行反馈,为双方沟通信息。在每次产品(服务)跟进活动后,客户经理要尽快更新原有的客户记录,完成访客报告,做好银行内部各有关职能部门的协调工作,并及时将银行采取的改进措施等有关情况反馈给客户,以确保银行与客户关系健康、稳定地发展。一旦出现问题,客户经理应立即协调解决。

2. 推介新的金融产品(服务)

银行要不断向现有客户提供新开发的产品和服务,扩大产品线,延长价值链。作为一种营销策略,扩大产品销售、扩展服务功能的明显优势,在于它能够减少客户寻求其他金融机构服务的需求,排斥竞争者,培养客户对银行的忠诚。银行可通过开发能提高业务一体化和客户便利程度的产品来扩大与客户的合作范围。为了帮助客户扩大销售,银行应该提供自动化信息查询系统,帮助他们获得有关信息。客户经理也应该了解每件新产品的性能、使用方法,了解哪些新产品适用于该客户。

3. 提供超值服务

在产品(服务)跟进维护中,客户经理一定要提供超值服务来赢得客户。所谓"超值服务",是指客户经理从参与市场竞争、赢得客户的角度出发,以自觉的行动、情感的力量、精神的感召、智力的支持、信息的传递、科技的手段为客户提供金融服务,超出客户对金融服务需求的心理预期,超出服务本身价值的,一种具有浓厚人情味的,给客户带来满足感,给银行带来高效率、高效益的服务方式。超值服务的作用形式包括:追求超常规服务的极限,使客户能够体验到银行深厚的文化底蕴;服务内容超出了常规金融服务的范围,使客户感受到从服务中得到的利益超值;提供高科技、现代化、多功能的现代银行服务。

(二)关系维护

银行与客户的关系是银行赖以生存和发展的基础。银行与客户签订合作协议以后,绝不能撒手不管,要认真履行协议,这样建立起来的客户关系就会变成银行与客户之间长期稳定的合作关系。因此,客户经理必须通过契约、账户、情感等方面巩固和发展与客户之间的关系,从而实现关系价值最大化。关系维护是客户维护非常重要的组成部分,主要包括客户关系维护和银行债权关系维护两个方面。

1. 契约关系维护

银行与客户之间的契约关系通常是经当事双方充分协商、达成一致后，形成书面记录，经双方签字同意后形成的。契约形式不定，包括凭证、合同、协议、联合文件等。这种书面契约一经形成就受到法律保护，任何一方不履行，就要承担相关法律责任。

2. 账户维护

账户维护是银行最基本的关系维护，是银行最基础的维护工作。一个客户在银行从开户到销户或者恢复开户的轨道，通常反映了银行与客户之间的关系从建立到终止或者再建立的过程。账户是客户资金的"晴雨表"。伴随着开户、结算，银行与客户之间的关系就已经建立并不断地变化。

3. 情感维护

客户经理在寻找客户、约见客户、与客户商谈及签约、为客户提供售后服务的全过程中，要全心全意为客户着想，以此来获得客户的认同，与客户建立良好的个人感情关系。客户生活中有困难时，客户经理要伸出援手，这是维护客户关系的最佳时机。比如，客户的孩子大学毕业后找工作有困难，客户经理可以多搜集关于人力资源的相关信息，让客户的孩子掌握更多面试技巧。虽然客户的孩子不一定会被录取，但是客户会记住你提供的帮助。

第四节　银行个人客户经理的礼仪规范

个人客户经理的潜在素质，需要通过一定的社会活动才得以体现，并取得客户的认同。即使才华横溢但不善于用言语表达和与客户沟通就不是一名优秀的客户经理。作为一名客户经理，除要具备良好的政治素质、业务素质、心理素质外，还要注重自身的礼仪规范，以健康向上的外在美与优质服务的内涵素质营造客户经理的良好形象，创造一种让客户感到可以信赖的气氛。个人客户经理的礼仪规范，一般包含仪表、言语表达、礼节规范等要素。

一、个人客户经理的仪表

个人客户经理是银行的营业代表，他们的仪表仪容不仅会影响客户对自己的印象，有时还会成为营销成功与否的关键。因此，客户经理必须重视自己的对外形象。

客户经理的仪表就是通过客户经理的仪容、姿态、举止和风度，使内在素质与外在美达到和谐统一。原南开中学教学楼前的镜子上印有镜铭：面必净、发必理、衣必整、纽必结、头容正、胸容宽、肩容平、背容直。颜色：勿傲、勿暴、勿怠。气象：宜和、宜静、宜庄。这就要求客户经理日常要养成良好的动作习惯，保持正确的坐、立、行姿势。

(一)仪容

一个人的仪容除受先天条件影响外,还要靠修饰维护。客户经理应该"内正其心,外正其容"。保持干净、整洁,坚持洗澡、洗头、理发、定时剃须。客户经理不能留怪异的发型,尤其要保持手部、口腔和发部卫生。化妆适度,体现自然、美化、协调(全身协调、身份协调、场合协调)原则,不在工作场合、公众场合、异性面前化妆,不借用他人的化妆品,保持发型美观。

(二)着装

营销专家认为,成功的穿着应当与所从事的工作相适应。着装要整洁干净、入时美观、自然得体,要根据不同的场合选择不同的服装,原则上在工作时间内应以穿着银行制服较为合适,这样行动起来既显得庄重、自然,也有利于银行形象的宣传和争取客户的信任。对于一些特别场合(如开业仪式、舞会、运动会等)应配合气氛需要选择合适的服装。无论何种场合,都要大方得体,切忌追求奇特、标新立异、花里胡哨。

(三)举止

人的行为举止不在乎其相貌的美与丑,而在于其是否文雅大方、稳健庄重、耿直爽朗。客户经理在社交中,举止要端庄稳重、自然得体、优美大方,男性要突出阳刚之气,女性要表现温柔之美。具体是坐姿要稳重,站姿要端正,走姿要优雅,举止要得体。注意站姿、坐姿和走姿,形成良好的风度。客户经理在参加谈判、会谈时,场合一般比较严肃,应正襟危坐,但不必过于僵硬。倾听他人教导、指示、指点时,坐姿除了要端正外,还应坐在座椅、沙发的前半部或边缘,身体稍微前倾,表现出一种谦虚、迎合、重视对方的态度。在比较轻松、随便的非正式场合,可以做得轻松、自然一些,也可不时变换姿势。吐痰、打哈欠、掏耳、挖鼻、剔牙、搔头皮、双腿抖动、频频看表等都是不好的习惯。

(四)表情

健康的表情留给人的印象是深刻的。一个善于通过目光和笑容表达美好感情的人,可以使自己富于魅力,也会给他人更多的美感。表情的表现要领是:友善坦诚,率直自然,适度得体,温文尔雅。切忌不修边幅、蓬头垢面、卑下俗陋、流里流气、粗鄙野蛮。微笑要发自内心,真诚地笑,做到四个结合:口眼结合,做到口到、眼到、神色到,笑眼传神;笑与神情、气色结合;笑与语言结合;笑与仪表、举止结合。以笑助姿,以笑促姿,形成完整、统一、和谐的美。

二、个人客户经理的言语表达

个人客户经理的言语表达要文明、礼貌、典雅、婉转。根据不同的场合使用不同的言语表达(包括用词、语气、态度),是客户经理与客户沟通、增进友谊的重要手段。俗语说:"话不投机半句多。"要找寻话题就要讲求言语表达,交谈的内容要积极、健康,让客户感兴趣,使客户从自己的言语表达中增进了解。对于客户经理的言语表达,我们并不是要求客户听后产生"与君一席肺腑语,胜我十年萤雪功"的感受,但起码礼貌用语要经常挂于嘴边,讲实话、诚恳、坦率,不要只讲"三分",也不要绕圈子、言不由衷、搞外交辞令。

个人客户经理谈话的内容、话音、语调,以及身姿、手势、表情等都会给客户留下一定的印象。客户经理应有意塑造自己良好的语言形象,最好形成独特的语言风格。一般而言,谈话要简洁精练、生动形象、幽默风趣、委婉含蓄。谈话还要配以表情语言,应遵循得体适度原则,既符合自己的身份,也符合客户的身份,并注重言谈的措辞达意、语气语调、情感色彩等。

与客户的言语沟通要讲究技巧,使用敬语、谚语、婉转及客套语言均能令你的谈吐典雅、温婉。交谈中要注意态度,言语表达要力求简洁、明快、生动、幽默,尽力避免粗俗、"肉麻当有趣"等一类容易刺激客户情感的语言。同时要集中精力听取客户的需求或意见,切忌心不在焉或出现"一言堂"、"冷场"等局面,不要一次达不到目的就悻悻然或不辞而别。

根据不同对象选择不同的客套话与敬辞。以下是客户经理常用的一些敬辞,客户经理应该分清每个敬辞的使用场合。"久仰"用于初次见面,"久违"用于很久不见,"指教"用于请人批评,"包涵"用于求人原谅,"劳驾"用于请人帮忙,"借光"用于请给方便,"打扰"用于麻烦别人,"恭贺"用于向人道喜,"请问"用于求人解答,"高见"用于赞人高见,"拜望"用于看望别人,"光临"用于宾客到来,"拜托"用于托人办事,"赐教"用于请人指点,"恭候"用于等候客人,"留步"用于请人勿送,"稍候"用于让人等候,"奉还"用于归还原物,"惠书"用于对方来信,"对不起"表示歉意,"没关系"表示原谅他人。

三、个人客户经理的礼节规范

银行个人客户经理在注重仪容仪表的同时,还应注重日常礼节规范。在交往中,给对方留下美好的第一印象非常重要。与客户初次见面,客户经理既要主动、热情,又要礼貌得体。

(一)介绍

介绍是社交的第一环。介绍有正式介绍和非正式介绍、他人介绍和自我介绍,都有其特点和不同的要求。在社会交往日益增多的今天,自我介绍往往很重要。有时为某事需要结识某人,最好能找出对方和自己的某种联系作介绍,如果没有联系,也可以直截了当地介绍自己。例如,客户经理选择一个素未谋面的客户上门发动存款、寻求合作或推介新业务,事前最好能从自己的社交网中找出与该客户有某种联系的人,由其带领或事先让他给对方一个电话,为自己作一个介绍,登门之后,可以微笑地递上自己的名片,说:"您好,我是某某银行的业务员。"然后报上自己的姓名，再递上自己的工作证，说明来意，让客户方便与你交谈。

当出现以下情况时，客户经理需作自我介绍：作为主人在陌生人面前作自我介绍以示尊重；置身于陌生人前或新地方又无人为自己作介绍；介绍人的介绍过于简单，应接过话茬予以补充或幽默地自我介绍；主人忘记介绍时，应在适当的时候介绍自己，但不可流露出不满情绪。自我介绍时，要注意以下几点：

- 及时、清楚地说明自己的姓名和身份，并双手送上自己的名片。
- 面带微笑，温和地看着对方，辅之以"您好"的话语。
- 自然语言与体态语言巧妙配合，口头谦虚，职务、头衔让名片补充。
- 如果自己的名字中有的字不容易认或者自己的名字有着特殊的意义，应向对方讲明，以加深对方对自己名字的印象。

如果自己处于主持人地位或充当中介人，应给互不相识的人作介绍。介绍时，先提某人的名字是对此人的尊重，然后还可以附加简要的说明，如职务、职称、工作单位，甚至特长、爱好等。如果客户正在谈话，可以稍等片刻；假如人不多，便要先介绍后进场的那一位，然后再逐一介绍原先在场的人。介绍他人时要注意以下几点：

- 要尊重长者，尊重女士，尊重领导，尊重知名人士。
- 男女之间，先把男士介绍给女士。
- 在同性别的人之间，先把年幼的人介绍给年长的人。
- 在已婚的人和未婚的人之间，先把未婚的人介绍给已婚的人。
- 上下级之间，先把下级介绍给上级。
- 在名人和一般人之间，先把一般人介绍给名人。
- 把家庭成员介绍给客户。
- 如果双方年龄、身份都相差无几，应当把自己较熟悉的一方先介绍给对方。
- 介绍的信息量要适中，包括姓名、工作单位、职务或者特长即可。
- 介绍语言要热情、文雅并配以恰当的体态语，切忌不冷不热、毫无生气。
- 用敬语、客套话、赞美语进行介绍，如"我非常荣幸地向各位介绍×××"。

(二)握手

握手是现代社会里通常采用的一种礼节。与人首次谋面要握手；熟悉的人久别重逢要握手；与此人告别时最好也要握手。握手时神态要专注、热情、友好、自然，切忌傲慢冷淡、敷衍塞责、漫不经心，也不要点头哈腰、滥用热情。当两人正握手时，不能跑过去与正在握手的人相握。切忌应先伸手时不伸手，不能戴着手套与别人握手。

首先要掌握握手的伸手顺序，遵循"尊者先伸手"的原则。

- 上下级之间，上级伸手后，下级才能接握。
- 长辈和晚辈之间，长辈伸手后，晚辈才能接握。

- 男女之间，女方伸手后，男方才能接握。如男方为长辈，则应遵循长幼原则。
- 作为主人，应主动伸手相握，以示欢迎。
- 作为客人，在告别时要主动伸手与主人相握，以示勿送。

其次要注意同客户握手的力度、姿势与时间长短。这要根据与对方熟悉的程度而定。一般要求是力度较大，姿势显得自信，时间不宜过长。在社交场合，要主动与每个人握手。在握手的时候要有意识地赞美对方，如果对方是较为熟悉的人，还可同时用左手拍一下对方的肩膀。

从客户握手的力度、姿势与时间长短判断客户的态度。客户经理也可根据握手的不同姿势所表达的不同含义，对客户采取不同的握手姿势：

- 紧紧地握手，表明真诚与热情。
- 轻轻地握手，表明对方的性格软弱。
- 用指尖握手（女性除外），表明对你冷淡。
- 长时间握手，表明双方的关系已到了比较紧密的地步。
- 蜻蜓点水，一握而释，说明仅仅出于礼貌。
- 用掌心向下握手，表明对方支配欲很强。
- 手掌保持垂直，是平等、友好、尊重的表现。
- 掌心朝上握手，是顺从、谦恭的表现。
- 伸出双手相握，是诚恳、热情、真挚的意思。
- 握手力度适当，是善意的表现，力度均匀显示出情绪稳定。

（三）电话

电话是现代化的交往工具，是现代社会里互通信息最便捷的手段。电话语言要礼貌、简洁、明了，能准确地传递信息。打电话应当注意有关礼仪：要有礼貌，声音自然，口齿清楚，语速适中，使人听得清晰明了。多使用肯定语，少使用否定语，酌情使用模糊语言，多使用礼貌用语、致歉语和请托语，少使用傲慢语、生硬语，切忌东拉西扯，让人不知所云。通电话时，态度要诚恳，讲话要自然，速度不要过快、过高。无论接电话，还是打电话，在结束时都应让对方先挂断电话。在工作场所，最好不要拨打私人电话；当着客户的面，也不要主动拨打与客户洽谈事情无关的电话，接听与客户无关的电话以后，要对客户说一声"对不起"。

接听电话：

- 迅速接听，必须在电话铃响过三声之内拿起电话接听，并在客户开口前说出"您好，我是××银行××部门，请讲（请问）……"
- 对打电话的客户应热情，并对客户的询问尽可能快地给予满意的答复，严禁说"不知道"、"不能办"、"这事不归我负责"之类口气生硬的话。当接到对方的邀请或通知时，应热情致谢。若听不清或对方意思不明确，则要立即告诉对方。

● 即使努力也无法满足客户的要求时,应主动向客户解释清楚不能满足要求的原因并表示歉意。

● 对因拨错号而误打入电话的客人,也应以礼相待,绝不能呵斥对方,因为对方很可能是一个潜在的客户。如果对方请你代转电话,应弄明白对方是谁、要找谁,并热情代转,同时告知对方"稍等片刻"。

● 因线路、客人等原因而造成客户话语不清晰时,应委婉地向客户说"对不起,请您重复一遍好吗?"

打电话:除非事情特别紧急,打电话应尽量避开清晨 7 点以前和晚上 10 点以后以及吃饭时间。在打电话以前,打好腹稿,最好写出谈话及询问要点。通话过程中注意礼貌,以"您好"开始,以"谢谢"结束。

(四)待客

待客之礼,强调主动、热情、周到。当客户来临时,要主动起立迎接,请坐、献茶,如早已预约,更应在门口恭候,以体现以诚待人。客户稍微休息,客户经理应主动为客户提供力所能及的服务客户告辞,热情送别,并适时对服务不周之处表示歉意,同时欢迎客户再次来临,送到门口时要礼貌地说"再见"。

● 不熟悉的客户到达时,应在客户到达前去门口迎接(重要的老客户也应如此),并上前主动询问"是不是××先生/女士",得到确认后,主动引导到会谈室。附加服务包括安排车辆就位、帮助客户提拿手中物品、在到会谈室的过程中向客户介绍有关情况等。

● 引导客户时,应站在客户的侧前方两三步处,注意不要挡住客户的视线,随客户轻步前进,遇拐弯或台阶处要回头向客户示意。上电梯时,一只手为客户挡住电梯门,另一只手示意请客户先上;出电梯时,一只手为客户挡住电梯门,另一只手示意请客户先出。上楼梯时请客户先上,下楼梯时请客户先下。注意"请跟我来""这边请""里边请"等话语的使用。

● 按座位依次介绍同时参加会见的客户经理。客户经理的位次一般按职务、级别来安排。

● 与客户洽谈时,不可做抓头、搔痒、剔牙、挖耳、打哈欠等不文明举动。如因生病而擦鼻涕、打喷嚏,应侧过脸并向客户表示歉意。

● 准备好本银行的宣传品及必要的赠品,在客户离开时交予客户。

● 客户离开时,协助车辆管理员将车导引至方便客户乘车的地方,与客户握手,并对客户的来访表示感谢。

● 客户离开时,为客户打开车门,注意不要夹住客户的衣、裙等物件。待客户上车且车发动后,予以引导离开。与客户挥手告别,目送客户离开。待客户车开出了银行大门再返回工作岗位。

（五）访客

访客前，应事前与客户取得沟通并征得同意，约定时间。到客户处做客或上门服务，要按时到达，遇有特殊情况不能如约前往，应及时通知客户说明因由。初次到客户处拜访，在赴约前，应主动做好"功课"，即客户的基本情况、爱好、需求、银行提供给他的服务种类有哪些、应从何处入手等。交谈要主次有序，步步深入，切忌急于求成。无特殊原因，访客时间不宜太长。告别时，注意向客户及其相关人员招呼"再见"，并诚意约请客户到银行做客。同时，应该就不同的访客地点进行区别对待：

到工作场所主要是谈工作，不可一味闲聊而不顾对方是否在工作。如对方正在开会或者已有其他客人，应安静等待，切忌走来走去，妨碍别人。等对方请你入座后，你再入座。如对方站着讲话，你也应该站立，但不要斜靠在别人的办公桌上。他人端水递茶时，要稍欠身体以示感谢。打招呼、谈话时，不可声音太大。公事谈完，即可告辞，不应久留。同时道声"感谢"，并邀请对方届时来自己单位参观、小坐。

到住宅拜访，应事前约好时间。到达后，不应贸然进入，应按门铃或敲门。进屋后，应与每个人打招呼，主人招呼坐下后才可入座。如果主人较忙，或者谈话中间又有客人来访，应尽快结束谈话，以免他人久等。去他人家里拜访，一般不要选在吃饭、休息时间，除非另有约定。离开时，应说"留步"、"再见"。

去医院探访病人，应在探视时间内探望，不可选在休息或治疗时间，且不可逗留很久，最好不超过半小时。应用宽慰的语言相劝，带一束鲜花或一些营养品，效果更好。告辞时，应谢绝病人相送，还应询问病人有无事情相托办理，并再次表达希望病人早日恢复健康的愿望。

（六）回答客户要求

除个人能处理的事项外，对客户的任何业务上的要求，客户经理必须在内部取得一致意见后才可回复，并注意使用标准化语言，要尽量委婉地拒绝客户的要求。以下是客户经理在不同情况下可选择使用的回答。

● 当客户提出某项本银行尚未开办的业务需求时：

非常感谢您的信任，此项业务我行目前正在筹备之中，等此业务一开通，我将尽快告知您，目前您可通过其他方式解决您的困难。对不能及时满足您的业务要求，我真诚地表示歉意。

非常感谢您对我行的信任，您的业务要求我行暂时还难以满足，但我行可为您提供其他服务。相信我行的优质服务会让您满意的！

● 当本银行资源有限不足以支持某项业务开展，暂时又无法得到外部资源的支持时：

我们认为此项目非常好，我们也愿意支持。但非常遗憾，近期需全力支持那些计划内的项目,所以暂时还无法满足您的此项需求。我们可以先就其他一些方面进行合作。

- 当客户提出的业务需求不符合银行制度的规定时:

非常抱歉,按我行规定,您目前准备的材料还不是十分完备,希望您尽快完善,我好再向行里汇报。

我们咨询了很多专家,他们都认为你们的这个项目存在一些问题。作为银行,我们如果进入,风险会较大。如果需要投资咨询方面的服务,我们将非常愿意效劳。

- 当准备否决客户的融资需求时:

您的融资需求,经我们认真研究,近期内尚无法满足。为了不耽搁您的宝贵时间,希望您尽快选择其他办法。同时,我们认为我行在战略顾问、信息咨询等业务方面具有很大的优势,如能在这些领域开展合作,我们将非常高兴。

- 当向客户提交产品组合方案时:

为了更好地为您提供金融服务,我们根据您的金融需求,为您设计安排了如下产品组合方案。请将您的意见要求告诉我们,以便在相互沟通的基础上不断地完善为您提供的产品组合。

(七) 馈赠客户礼品

客户经理如能恰当地运用礼品赠送技巧,则有利于拉近与客户的距离。选择礼品的标准:能够传达送礼者的友好情谊;新、奇、特,能够与众不同,反映时代风尚;与对方喜好相一致,能博得对方认可,不能触犯对方的禁忌。对于礼品,要进行恰当的包装。现场赠送礼品时,要神态自然,举止大方,表现适当,双手将礼品送给对方,并就礼品的内涵、寓意做详细说明。

如果是接受对方礼品,也要受之泰然,并当面拆封,显示出对礼品的欣赏。如果由于某种原因,不能接受对方相赠的礼品,也不能粗暴地拒绝,应该讲究方式、方法,处处依礼而行,给对方留有退路,使其有台阶可下,切忌令人难堪。拒绝后,也要对对方表示感谢。

(八) 参加宴会

接到邀请,能否出席应尽早答复对方。允诺后不要随意改动,如果不能按时赴宴,应尽早提出,最好能登门致歉。接受邀请时,要核实好时间、地点及主人的特殊要求。出发前应梳洗打扮,保持整洁、美观、大方,必要时要给主人带些礼品。

出席宴会,重要客户宜略早些到达,一般客户可晚些到达。到达后应依主人安排入座或按座签入座,如无特殊限制,应找与自己身份相当的地方坐下,不可随意入座。

入座后不应把玩酒杯、刀叉、筷子等餐具,不能用餐巾擦餐具。坐定后要与左邻右舍交谈。若不认识,应首先介绍自己。交谈内容要视对象而定,不可自顾自夸夸其谈。主人致祝酒词时,应停止谈话,注意倾听。吃饭时要举止文雅。热菜勿用嘴吹,可等凉后再吃。嘴中有食物时不可谈话。若是自助餐,则吃多少取多少,不可浪费。席间如无特别紧急事项,一般不能提前退席。宴会结束后,应向主人致谢,并礼貌离开。

第五章　商业银行客户服务中心服务规范

本章要点

★　客户服务中心设置的必要性
★　客户服务中心服务的基本要求
★　客户服务中心制度流程
★　服务质量指标
★　客户满意级度
★　客户满意度调查方法
★　客服人员行为规范

随着经济的发展,银行在经济发展和人们的日常生活中发挥着越来越重要的作用,但银行也面临着越来越多的挑战。科学技术的发展、用户需求的增多,要求银行提供的服务质量不断提高;银行也日益认识到优质的客户服务可以提升自身的竞争力和市场占有额。为了满足客户日益增多的各式服务要求,商业银行纷纷设立客户服务中心,从多个渠道为用户提供客户服务。

第一节　概　论

一、定义

客户服务中心(Customer Service Center),也称呼叫中心(Call Center)、客户关照中心(Customer Care Center)、客户联系中心(Customer Connect Center)、客户支持中心(Customer Support Center),是指利用先进的通信和计算机技术,通过电话、手机、传真、Web等方式接入,以人工、自动应答、Web等多种形式为客户提供信息支持、业务处理,并提供售前和售后服务而搭建的、企业与客户沟通交流的组织平台。

商业银行客户服务中心,是银行建立的,利用电话、传真、手机、邮件及互联网等远程方式为客户提供各类金融服务的综合性服务机构,是银行电子银行体系的重要组成部分,是融自助语音和人工服务为一体的多渠道、全天候(7×24小时)、一站式的综合客户服务机构,与营业网点、自助机具、客户经理等渠道一起构成的客户服务体系。同时,通过对客户关系的管理,能够达到直接创造效益的目标。

二、设立客户服务中心的必要性

传统的银行业务开展是围绕着"以资金为中心"的思想来运营的。随着金融资本的全球化、金融竞争和风险的加剧,这种运营的模式逐渐不适应银行的发展。现代的银行业务都逐渐向以"客户为中心"的运营模式转变,根据客户的具体需求向客户提供相应的金融服务。

随着一些新兴银行的加入和金融行业界限的模糊(例如邮政储蓄业务的开展),银行业的竞争较之以往更趋激烈。市场竞争的日益激烈,使银行对客户的争夺加剧,今天已经很难看到一家银行在某个市场上完全垄断。而经济全球化的发展也将使国外商业银行很快加入对国内银行客户的争夺。赢得客户的信赖,拥有一个稳定、忠实的客户群,并不断地争取更多的客户是银行在竞争中获胜的关键所在。为了跟上银行业这种发展潮流并处于领先地位,就需要了解客户,尤其是他们的资信活动行为,以及这些行为对银行效益带来的影响,这二者之间存在着直接的联系。只有获取完整的客户信息,并根据不同的客户行为对其进行类别划分,才能进行有效的决策,影响客户行为并最终达到提高赢利的目的。这就是:客户永远是银行的第一资产。

三、客户服务中心设立的意义

客户服务中心是银行维系已有的客户和吸引新的客户而设立的服务体系的重要组成部分,为银行客户提供个性化服务以及解决客户在办理和使用银行业务过程中遇到的各类问题,接受客户的意见反馈,同时分析客户需求,为银行决策提供支持。银行通过客户服务中心来加强和完善客户关系,为客户提供优质服务,并且提高客户服务效率,使银行能在快速变化的市场竞争中把握客户的需求,赢得更多的客户,整体上降低银行的运营成本。建设完善的银行客户服务中心可以为银行的发展带来以下好处:

(一)产品/服务推广,增加银行的业务量

由于客户往往对银行的业务品种、金融环境等方面的情况缺乏全面的了解,因此,要他们把自己的服务需求自行加以分解,自行选择银行所提供的服务品种往往是勉为其难的,于是不可避免地导致客户放弃一些潜在的服务需求,也使得银行损失了潜在的市场。而客户服务中心的存在,使银行客服人员能够根据客户的需要,综合设计服务方案,注重向已有客户推销银行的其他服务品种,从而最大限度地挖掘客户的潜在需求。这一方面使得客户获得全面的服务,另一方面将必然增加银行的业务量。

(二)拓展了服务项目、范围以及服务的深度

规范、完善的银行客户服务中心不仅可以拓展银行传统的负债、信贷、租赁、清算等业务的服务范围和深度,还可以在银行原有业务的基础上灵活、快捷地开发新型的中间业务,快速响应市场。中间业务的增长并不是依靠存贷款利差,因为当前利差在缩小,利差收入是有风险的,而中间业务没有风险。因此,随着存贷款利差的缩小,中间业务将会逐渐成为主要的增长点。

(三)降低服务成本

传统的客户联系渠道,如面对面、信件等由于其不方便性以及客户信息不完整,使其无法实现对客户关系的有效管理。随着计算机技术和通信技术的发展,电话和Internet已经成为最广泛的通信联系方式,电话、家用电脑、智能手机、各类掌上电脑的普及使人们能方便地联系而无时间和地点的限制。这为银行向客户提供服务提供了良好的联系手段。

(四)充分管理好银行的"客户资产"

通过运营良好的客户服务中心,银行能充分利用其"客户资产",不断地进行客户信息的分析和客户服务策略的改善,为客户提供优质服务,实现"客户资产"的增值。在银行为客户提供完善的服务,保证原有客户群的同时,吸引新的客户群。

(五)为银行产品定位、市场决策提供支持

通过客户服务中心良好的服务,银行可以建立良好的客户关系,能够快速地了解客户的需求变化,预测未来一定时期客户的需求,从而在银行的产品定位和市场决策上能适应这种需求的变化,使银行能够提供客户最需要的业务和服务,进而达到引导客户消费和吸引客户的目的,不断地巩固银行在市场竞争中的优势地位。

四、客户服务中心的功能

目前通过银行客户服务中心可以实现的主要业务功能包括:

(一)咨询

(1)网点信息;

(2)ATM分布;

(3)特约商户分布;

(4)银行业务资料;

(5)金融信息;

(6)其他。

(二)查询

(1)个人账户(储蓄、信用卡、公积金等)的余额、明细、交易结果；

(2)对公账户(公积金等)余额、明细、按金额查询明细；

(3)利率；

(4)汇率；

(5)费率；

(6)顾客签约资料；

(7)其他。

(三)个人转账

(1)定期一折通账户转存信用卡(本人)；

(2)信用卡账户转存定期一折通(本人)；

(3)活期(本人)转存定期一折通(指定他人)；

(4)活期储蓄账户转存活期储蓄账户(本人)；

(5)活期储蓄账户转存活期储蓄一折通(本人)；

(6)活期储蓄账户转存定期储蓄一折通(本人)；

(7)活期储蓄账户转存信用卡账户(本人)；

(8)定期储蓄一折通本息全部或部分转存活期账户；

(9)定期储蓄一折通本息全部或部分转存不同存期；

(10)信用卡账户转存活期储蓄账户(本人)；

(11)信用卡账户转存信用卡账户(本人)；

(12)活期储蓄账户(本人)转存活期储蓄账户(指定他人账户)；

(13)活期储蓄账户(本人)转存信用卡账户(指定他人账户)；

(14)信用卡账户(本人)转存活期账户(指定他人账户)；

(15)信用卡账户(本人)转存信用卡账户(指定他人账户)；

(16)活期储蓄账户(本人)限额内转存任意活期账户；

(17)活期储蓄账户(本人)限额内转存任意信用卡账户；

(18)信用卡账户(本人)限额内转存任意活期账户；

(19)信用卡账户(本人)限额内转存任意信用卡账户；

(20)通知储蓄账户转存活期储蓄账户(本人)；

(21)活期储蓄账户转存零存整取储蓄账户(本人)；

(22)存本取息账户转存活期储蓄账户(本人)；

(23)活期储蓄账户转存电信200卡账户(本人)；

(24)活期储蓄账户与证券保证金账户互转(本人)；

(25)其他。

（四）单位转账

(1)活期存款账户转存活期存款账户(本单位)；

(2)活期存款账户(本单位)转存定期账户；

(3)缴费服务；

(4)活期存款账户(本单位)交缴行政性事业收费；

(5)活期存款账户(本单位)转账作公积金正常汇储。

（五）通知服务

(1)挂失通知；

(2)透支通知；

(3)到账通知；

(4)低于约定金额通知；

(5)余额不足通知；

(6)服务受理通知；

(7)缴费通知。

（六）客户管理

(1)客户签约；

(2)资料修改；

(3)取消签约；

(4)客户资料查询；

(5)修改密码；

(6)暂停/开通服务；

(7)重置密码(密码挂失)；

(8)增加、取消功能。

（七）申请预约

(1)大额取款预约；

(2)其他。

（八）证券保证金

(1)成交查询；

(2)行情查询；

(3)资金余额查询；

(4)股票余额查询；

(5)新股配号查询；

(6)股票买入；

(7)股票卖出；

(8)买、卖撤单；

(9)修改密码。

(九)其他

(1)民航订票;

(2)存折口头挂失;

(3)银行产品营销;

(4)非银行产品营销;

(5)顾客投诉与建议;

(6)交手机费。

(十)决策支持

(1)客户在某一段时间内询问某一项业务的频率和数量;

(2)客户在某一段时间内通过本系统完成一些业务的频率及数量;

(3)客户对某一类服务的投诉分析;

(4)客户对新业务的态度及意见;

(5)其他。

【案例】

随着通信技术的发展,电话在社会上迅速普及,通过电话的服务也日益广泛。20世纪90年代初,电话银行进入中国银行业,主要提供个人账户的查询、股票交易转账、日常缴付、业务介绍等低层次业务。

随着银行间竞争的加剧,为了维系客户、拓展业务、保持竞争优势,1999年,一些大的商业银行在一些中心城市开始了客户服务中心项目的建设,如建行北京分行、工行上海分行、建行广州分行等。1999年至2000年间,各大国有、股份制银行纷纷建立了地区级数据中心,以适应国内互联网快速发展的趋势以及人们利用网络处理事务的需求,建立网上银行,开始通过建设客户服务中心、银行电话中心向客户提供全面、快捷、方便的金融服务。2000年,中国工商银行提供的客户服务中心系统的业务功能中,涉及储蓄、对公、信用卡、中间业务、公共金融信息等多方面,并且提供查询、转账、咨询、投诉、预约等多项操作。同年开通的建行北京分行客户服务中心,一定程度上满足了客户进行外汇买卖的要求。

1999年至2000年是我国银行客户服务中心市场的大发展阶段。到2000年底,我国银行客户服务中心的市场规模约占我国整个客户服务中心市场的30%,市场总规模约为25亿元人民币,座席总数量为5 000个左右。其中,四大国有银行的客户服务中心座席数约占本行业的82%,是市场的绝对主体。国有体制及银行保密性的特点使得各个银行都采取了自建客户服务中心的方式,各省分行都自行建设自己的客户服务中心系统。在座席的区域分布上,四大国有银行客户服务中心座席数量以北京、上海、广州居多。当时银行业建设的客户服务中心,基本上属于对原有电话银行的完善和改造,只是具有了银行客户服务中心的一个雏形。

2001年至2003年,我国银行客户服务中心建设进入一个稳定增长的调整期。股份制银行全国性的客户服务中心开始建立。中国民生银行在2002年2月提出在全国建设一个统一号码(95568)、分布在14个城市的集中分布式客户服务中心,在总行和分行的客服代表间实现统一监控、统一路由、统一分配、集中管理的功能,将银行客户服务中心的建设提升到战略高度。

原有的国有银行客户服务中心开始实施改造。中国工商银行在2002年底对95588客户服务中心进行全面改造,在原有的各地市分布式客户服务中心基础上建设统一管理平台,实现客户资源的统一管理。工行总行将原北京分行所属电话银行中心上收总行电子银行部直接管辖,作为整个工行系统内电话银行服务的总中心,负责全国范围内的座席和语音系统的统一管理,实现全国范围内的系统监控和资源调配。

这一时期信用卡客户服务中心开始浮出水面。截至2003年底,中国工商银行、中国银行、中国建设银行、广东发展银行、深圳发展银行、招商银行、上海银行、中信实业银行都已经发行了标准贷记卡,总发卡量超过300万张。由于信用卡业务的特殊性,国内部分银行开始以800免费电话的形式建立专有的信用卡客户服务中心。

第二节 基本要求

一、适应发展和需求,设立统一的服务电话

商业银行客户服务中心应根据银行业务发展和客户需求,设立统一的客户服务电话号码,为客户提供电话语音和人工服务,应覆盖各单位营业网点开设地区。

1992年,我国开通了第一个电话银行系统,客户可以通过拨打电话,进行部分原营业厅的业务,如查询、指定账户转账、缴费业务等。但与电信业最早开展"114"客户服务不同,我国银行业是以交互语音应答系统(IVR),即电话银行作为客户服务中心的开始。到1999年,工行上海分行、建行北京分行、建行广州分行等国内第一批银行客户服务中心建立,我国银行业大致经历了普通语音电话银行、语音传真电话银行、微机图文电话终端企业银行和银行电话服务中心几个阶段。

下附部分银行客服电话:

中国工商银行:95588

中国银行:95566

中国建设银行:95533

中国农业银行:95599

中国交通银行:95559

中国邮政储蓄银行:95580

招商银行:95555

兴业银行:95561

中信银行:95558

光大银行:95595

民生银行:95568

广发银行:400-830-8003

华夏银行:95577

浦发银行:95528

北京银行:95526

天津银行:4006-960296

上海银行:95594

上海农商银行:021-962999、4006-962999

浙江泰隆商业银行:0576-96575、400-88-96575

二、应用新技术,拓展服务渠道

随着社会经济的发展,银行在经济发展和社会生活中扮演着越来越重要的角色。而电子信息技术、互联网的迅速发展和广泛应用,人与人之间沟通交流的方式越来越多,银行客户服务中心也随之采取更多的形式为客户提供更多的优质服务,如网络、手机短信、E-Mail、传真、即时通信工具等。

1997年,招商银行建立的"一网通",首创我国网上银行的先河,中行、建行、农行等也随后陆续推出自己的网上银行。进入21世纪以后,网上银行业务流程更加现代化,网上银行越来越受到企业与个人的青睐。2010年,我国网上银行市场交易额达到553.75万亿元,截至2010年底,注册用户数超过3亿。

手机具有方便携带、操作简单等特征,用户可以随时与他人沟通联系,是一种大众化的便捷通信工具。1999年,我国首次开发手机银行业务,为用户提供账户查询、缴费、转账与证券交易信息等服务。

2013年7月2日,招商银行宣布升级微信平台,推出了全新概念的首家"微信银行"。服务范围从单一信用卡服务拓展为集借记卡、信用卡业务为一体的全客群综合服务平台,可以实现转账汇款、手机充值、预约办理等一系列服务。

2013年7月28日,中国工商银行正式推出了微信银行服务。微信用户只需登录工行网站用手机扫描二维码,或者通过微信平台关注"中国工商银行电子银行"公众账号,即可使用工行的微信银行服务。工行微信银行所提供的服务包括7×24小时人工咨询、自助查询和资讯获取等。客户既可以将需要咨询的事项通过微信发到"中国工商银行电子银行"公众账号,由工行的专业团队提供快捷、全天候的业务解答，也可以编辑固定格式内容查询并实时获取开户行信息、优惠活动、黄金价格、白银价格、铂金价格、存款利率、贷款利率、外汇牌价、外汇汇率、基金净值、债券价格、理财产品净值12项金融信息。

三、服务全天候

客户服务中心主要采用电话、手机、网络等多种现代通信工具为银行客户提供服务，因而可以突破银行营业网点地理和时间上的限制，为客户提供全天候的服务。

客户服务中心服务时间原则上应为7×24小时，各银行客户服务中心可根据业务情况和客户情况等进行调整。

四、提倡使用普通话，可提供多语种服务

客户服务中心工作人员提供客户服务时为避免歧义，提倡使用普通话。目前，一些银行的客户服务中心为了体现个性化服务，也提供本地语言的服务。另外，随着社会经济的发展，进入中国工作、学习、生活、旅游的外国人越来越多，他们也会使用国内银行的业务，而一些银行的国际化业务日益广泛，这些银行也会提供诸如英语、日语、韩语等语种服务。

2010年，华夏银行推出的95577客户服务中心多语言电话服务平台，除英语服务之外，还提供涵盖德语、法语、西班牙语、俄语、日语、韩语、阿拉伯语等在内的多语种通话服务，多种语言座席服务时间为每天的8点到18点，长达10个小时。

五、电话语音菜单层级简单，人工服务易于选择

客户服务中心设置的电话语音菜单，应简单明了、描述清晰，便于客户理解和选择。人工服务选项便于寻找，禁止在主菜单插播广告。

中国工商银行电话服务菜单如图5—1所示。

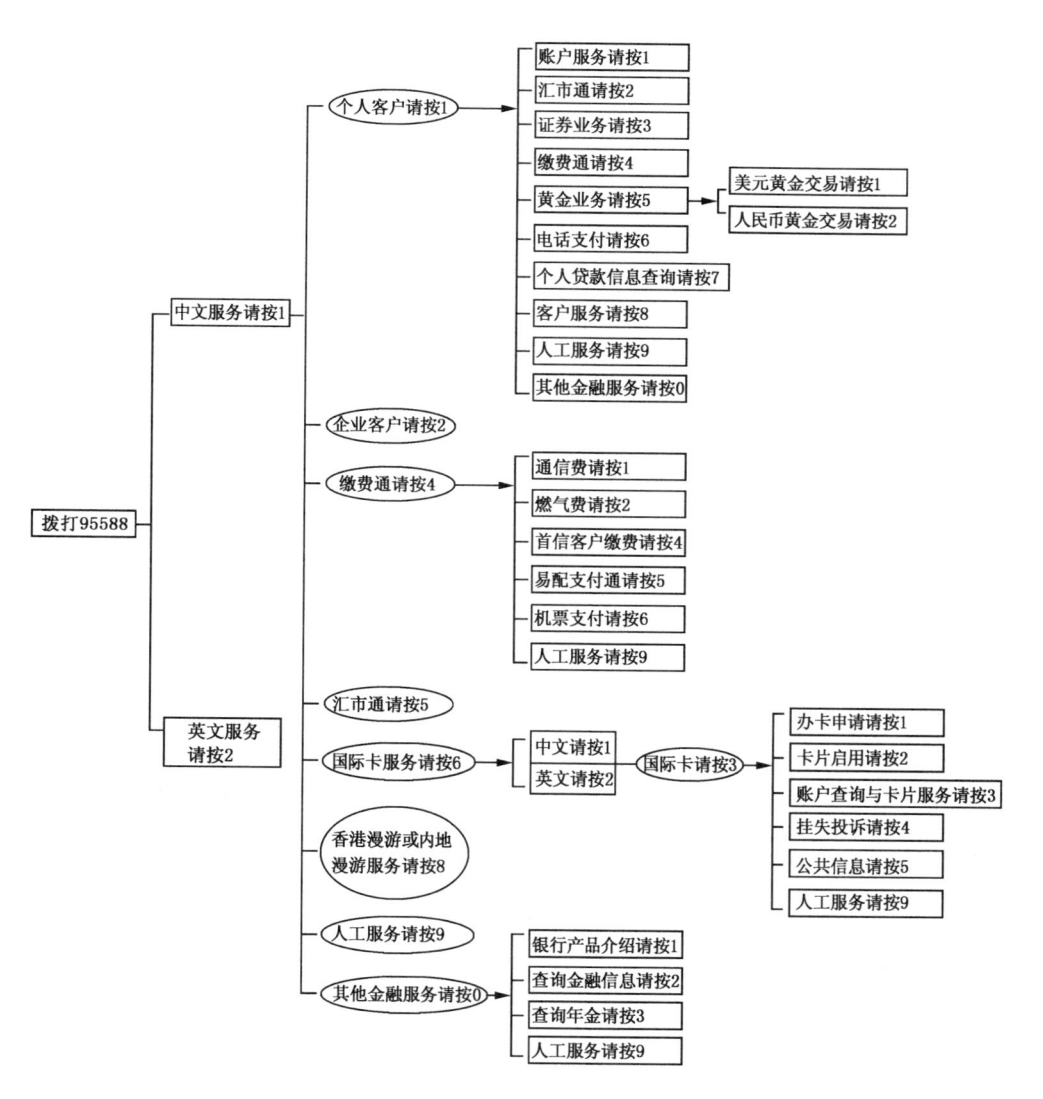

图 5-1 中国工商银行电话服务菜单

以建行为例,该行从进入语音提示起到人工服务菜单项出现的时间最短,仅有 2 秒,其将人工服务项放在第一个。但即便如此,也有缺点,比如子菜单项目过多。

建行的电话银行共有 2 级菜单,第一层级有 9 个子菜单,第二层级有 6 个子菜单。在第一层级上不会浪费时间,但是第二层级子菜单项目过多,会影响客户准确选择,同时也会给银行带来多余的人力成本。

因为一个子菜单就定义为一个业务,相应地,一个业务又会配置几个客服人员,但其反应速度又不快,说明其客服人员配置并不合理。事实上,这6个子菜单中,有几项是可以合并在一起的,比如个人客户和企业客户已经涵盖了账户交易和网上银行业务。

相较而言,中行的菜单设置相对合理。该行从进入语音菜单到人工服务菜单所用时间为11秒,时间并不算短,最终平均耗时却是最短的,原因就在于其菜单设计比较精简:3层菜单,平均每级仅有3个子菜单。

而工行的菜单系统就如"迷宫"一般,客户经常在"迷宫"里走了半天后,因为错听一个提示,不得不退回重走。

工行的菜单层级有4层,每个层级的子菜单都有很多项,人工服务提示的层级就有10项菜单之多,而人工服务就隐藏在第9项。这使得该行从进入语音菜单到人工服务菜单时间长达21秒。

工行的电话银行客户在按下人工服务键后,还有2级菜单,最后一级菜单还有8个子菜单等着客户去选择。

六、客户服务系统定期维护,保持系统平稳运营

客户服务中心系统设计应充分考虑冗余,并由专门人员定期进行系统维护,保持系统平稳运营,保持特殊情况下的服务不间断。

客户服务中心的运营维护工作主要包括机房管理和设备维护两大方面。机房管理主要指机房环境、监控系统、消防系统、各种辅助设备的日常存放保存等方面的工作。设备维护是基本工作,维护工作的好坏直接关系到客户服务中心技术系统的稳定运行和客户服务质量的高低。

运营维护人员应有丰富的维护经验,能够完成客户服务中心技术系统的日常维护和设置工作,能对系统的运行状况做出正确的评估,防患于未然,将系统障碍隐患降到最低。如果系统出现异常,则能够采取正确的处置办法,将故障带来的损失尽量减小。

第三节 服务质量

一、制度流程

当今社会,银行业竞争日趋激烈,银行服务水平的高低也成为衡量银行竞争力的重要指标。要切实提高服务水平,就必须重视制度规范建设。客户服务中心是银行展示企业文化与企业形象的最直接的通道和窗口,其服务水准必须通过严格的制度建设来保证。随着客户服务中心逐步发展,以及银行内部对其的重视程度加深,人员数量和业务品种快速增长,客户服务中心必须在中心内部形成一套明确的规章制度,通过规章制度来规范和约束每一个人。

各商业银行客户服务中心应根据本行的业务范围和特点,制定业务、服务管理办法,统一服务标准,规范各项业务操作,给客户统一的服务感受。

制度流程应涵盖客户服务、业务操作、质量管理、知识库管理、培训管理、应急管理、风险管理、绩效管理、现场管理等各个方面。

制度流程的设计应考虑客户需求、业务规定和风险防范,明确流程的执行范围、控制目标、涉及部门、主要控制点,逻辑严谨、流转顺畅、岗位职责明确,便于贯彻与执行,以系统地指导客户服务具体工作,达到有效提升组织与管理能力的目的。

各银行客户服务中心应对制度与流程的执行人员进行培训,并对制度与流程的贯彻执行进行监控管理,对流程进行持续优化。

二、服务质量

服务竞争的时代已经来临,在这个时代中,谁拥有优质的服务,谁就拥有了客户,就拥有了生存的基础。全面的高质量服务是企业竞争力的核心。银行业不仅要为客户提供有形的产品,还要为客户提供大量的附加服务。在银行产品日益同质化的今天,提供高质量的服务是超越竞争对手唯一正确的途径。

(一)质量

前通用电气公司总裁杰克·韦尔奇说:"质量是维护顾客忠诚的最好保证。"著名的质量管理大师约瑟夫·朱兰曾预言:21世纪是质量的世纪。事实已证明,质量已成为企业赖以生存的生命线,甚至演变成一种生产力——质量生产力。

质量,是一项产品或服务的特色和品质的总和,这些品质和特色能够使产品或服务满足客户明显的或隐含的各种需求。

质量就其本质来说是一种客观事物具有某种能力的属性,由于客观事物具备了某种能力,才可能满足人们的需要。

质量是以客户为导向,以产品或服务的特色和品质来满足客户各种或隐或显的需要的能力。在竞争激烈的市场中,一个企业要想在竞争中站稳脚跟并发展壮大,只有保持自己的产品或者服务的高质量,才能创造企业的价值、赢取客户的满意。

以服务为主要工作的银行客户服务中心,必须以服务质量为导向,在工作过程中必须向外界传递服务质量,保证每项服务活动都按照高标准严格执行,树立银行良好的形象。

(二)服务质量

服务与有形的产品不同,它的生产和消费同步进行,客户直接参与到服务的生产过程中。鉴于服务交易过程中顾客的参与性和生产与消费的不可分离性,服务质量必须经顾客认可,并被顾客所识别。

服务质量是指服务能够满足规定和潜在需求的特征和特性的总和,是指服务工作能够满足被服务者需求的程度。特性是用以区分不同类别的产品或服务的概念,如旅游有陶冶人的性情、给人愉悦的特性;旅馆有给人提供休息、睡觉的特性。特征则是用以区分同类服务中不同规格、档次、品位的概念。

(三)运营指标

银行客户服务中心应以客户满意为目标,以呼叫中心行业运营管理特点为依据,运用数字化管理手段,结合本单位整体战略规划、服务要求、运营条件等实际情况,制定服务效率及服务质量相关运营指标,主要包括:

1. 接通率

计算方法:

(人工接听电话总数÷转入人工服务电话总数)×100%

客服中心座席人员实际接通客户电话在客户寻求人工服务电话总数中所占的比例。

2. 服务水平

计算方法:

Y‰以上电话在 X 秒内接起

电话接通前的时间少于 X 秒内的电话数除以所接入的电话数,乘以 100%。

3. 一次问题解决率

计算方法:

(客户来电服务需求一次解决数量÷客户来电服务需求总量)×100%

即不需要客户再次呼叫,也不需要客服人员回呼,就将问题解决了的电话的占比。

4. 非电话业务处理及时率

计算方法:

(及时处理传真、手机、邮件及互联网等其他非电话形式客户服务需求总数÷非电话形式客户服务需求总数)×100%

即客户使用其他非电话的形式获取客户服务并解决了问题的次数在此类形式客户服务需求中所占的比例。

三、客户满意度

(一)概念

20 世纪 80 年代初,美国市场竞争环境日趋恶劣,美国电报电话公司(AT&T)为了使自己处于有利的竞争地位,开始尝试性地了解顾客对目前企业所提供服务的满意情况,并以此作为服务质量改进的依据,取得了一定的效果。与此同时,日本本田汽车公司也开始应用顾客满意作为自己了解情况的一种手段,并且更加完善了这种经营战略。

在20世纪80年代中期,美国政府建立了"马尔科姆·鲍德里奇国家质量奖"(Malcolm Baldrige National Quality Award),以鼓励企业应用"顾客满意"。这一奖项的设立大大推动了"顾客满意"的发展。当然,它不只是单纯考核企业顾客满意度最终得分,而是测评企业通过以"顾客满意"为中心所引发的一系列进行全面质量管理的衡量体系。IBM、MOTOROLA、FEDEX、先施等都是这一奖项的获得者。

90年代中期,顾客满意度调查在中国大陆的跨国公司中得到迅速而广泛的应用。原因之一是跨国公司总部要求按照本部的模式定期获得大中国区市场的顾客信息,以应对全球化进程中的计划与挑战;二是日趋激烈的竞争中,优秀的服务成为企业获得并保持竞争优势的重要诉求;三是主管需要对员工的工作绩效进行量化评估,这需要来自顾客的评价。

客户满意度(Consumer Satisfaction),也称客户满意指数,是对服务性行业的顾客满意度调查系统的简称,是一个相对的概念,是客户期望值与客户体验的匹配程度。换言之,就是客户通过对一种产品可感知的效果与其期望值相比较后得出的指数。

客户满意度是客户感觉状态下的一种水平评价,体现了客户对企业的产品或者服务所设想的质量或状态与自己的期望所进行的对比。即"满意"不仅仅是客户对产品质量、价格、服务态度、服务质量等方面直观的满意,还体现了企业所提供的产品或服务与客户的期望、要求等之间的吻合程度。

(二)客户满意度特征

1. 主观性

用户满意是建立在其对产品或服务的体验上的,感受对象是客观的,结论是主观的。它既与自身条件如知识和经验、收入、生活习惯和价值观念等有关,还与传媒新闻和市场中假冒伪劣产品的干扰等因素有关。

2. 层次性

著名心理学家马斯洛指出人的需要有五个层次,处于不同层次的人对产品或服务的评价标准不一样,这可以解释处于不同地区、不同阶层的人或同一个人在不同的条件下对某个产品的评价可能不尽相同。

3. 相对性

顾客对产品的技术指标和成本等经济指标通常不熟悉,他们习惯于把购买的产品和同类其他产品,或与以前的消费经验进行比较,由此得到的满意或不满意有相对性。

4. 阶段性

任何产品都具有寿命周期,服务也有时间性,顾客对产品和服务的满意程度来自过程的使用体验,是在过去多次购买和提供的服务中逐渐形成的,因而呈现出阶段性。

(三)客户满意级度

客户满意级度指顾客在消费相应的产品或服务之后,所产生的满足状态等次。心理学家认为情感体验可以按梯级理论划分成若干层次,相应地可以把顾客满意程度分成七个级度或五个级度。

七个级度为:很不满意、不满意、不太满意、一般、较满意、满意和很满意。

五个级度为:很不满意、不满意、一般、满意和很满意。

管理专家根据心理学的梯级理论对七梯级给出了如下参考指标:

1.很不满意

指征:愤慨、恼怒、投诉、反宣传

很不满意状态是指顾客在消费了某种商品或服务之后感到愤慨、恼羞成怒,难以容忍,不仅企图找机会投诉,而且还会利用一切机会进行反宣传,以发泄心中的不快。

2.不满意

指征:气愤、烦恼

不满意状态是指顾客在购买或消费某种商品或服务后所产生的气愤、烦恼状态。在这种状态下,顾客尚可勉强忍受,希望通过一定的方式进行弥补,在适当的时候也会进行反宣传,提醒自己的亲朋不要去购买同样的商品或服务。

3.不太满意

指征:抱怨、遗憾

不太满意状态是指顾客在购买或消费某种商品或服务后所产生的抱怨、遗憾状态。在这种状态下,顾客虽心存不满,但想到现实就这个样子,别要求过高吧,于是认了。

4.一般

指征:无明显正、负情绪

一般状态是指顾客在消费某种商品或服务的过程中所形成的没有明显情绪的状态,也就是对此既说不上好,也说不上差,还算过得去。

5.较满意

指征:好感、肯定、赞许

较满意状态是指顾客在消费某种商品或服务时所形成的好感、肯定和赞许状态。在这种状态下,顾客内心还算满意,但按更高要求还差之甚远,而与一些更差的情况相比,又令人欣慰。

6.满意

指征:称心、赞扬、愉快

满意状态是指顾客在消费了某种商品或服务时产生的称心、赞扬和愉快状态。在这种状态下,顾客不仅对自己的选择予以肯定,还会乐于向亲朋好友推荐,自己的期望与现实基本相符,找不出大的遗憾所在。

7. 很满意

指征:激动、满足、感谢

很满意状态是指顾客在消费某种商品或服务之后形成的激动、满足、感谢状态。在这种状态下,顾客的期望不仅完全达到,没有任何遗憾,而且可能还大大超出了自己的期望。这时顾客不仅为自己的选择而自豪,还会利用一切机会向亲朋好友宣传、介绍和推荐,希望他人都来消费。

(四)客户服务中心客户满意度的影响因素

客户服务中心是银行的重要组成部分。客户对客户服务中心的满意度与对银行的满意度是相关联的,二者不能绝对分割。

从客户满意度的含义中我们可以得知,对客户服务中心满意度的影响因素进行分析,需要从企业(银行)与顾客(客户)两个角度出发,全面进行概括与分析。

1. 从客户角度看影响客户满意度的因素

(1)电话服务完美。

包括客户打电话时没有遇到忙音,打入的电话没有让客户久等、转接或答应过后再打回来,所有的回答都很准确,客服人员能够快速、准确地把握客户问题的关键,客户没有被客服人员匆匆忙忙挂断电话,客户从客服人员那里得到合理的解答和建议等。

(2)客户的期望。

包括客户从客户服务中心获取服务方便、及时,客服人员对客户的需要反应及时、热情,客服人员业务熟练、积极主动、不敷衍,客户第一次至客服中心寻求帮助就可解决问题等。

(3)客户的忍耐度。

包括客户寻求客户服务中心帮助、支持的强烈程度,获取客户服务中心服务的途径是否便捷,当一种方式受阻时是否有另外的方式加以替代,客户等候客服人员回应的时间长度,寻求客服中心帮助过程中产生的费用问题等。

2. 从客户服务中心角度看影响客户满意度的因素

(1)诚实。

这是客户服务中最重要的因素。客服人员的诚实态度应该在整个服务过程中始终传递给客户,防止虚伪或伪善,伤害客户。

(2)专注。

客服人员在服务过程中应专注于客户提出的问题或者困难,并使用诚实的言语安慰客户同时为客户解决问题,而非漫不经心或使用空洞或者官方的语句进行敷衍。

(3)关心。

客服人员在服务过程中是否真正了解客户的需要,并愿意为客户提供帮助。

(4)记忆。

客服人员是否能真正记住客户所说的话,并在之后的对话过程中进行正确使用。

(5)设想。

客服人员是否能真正了解他正服务的对象存在的问题和需要,而非把这个问题与以前遇到的类似问题相混淆,从而忽略了对客户的关心,难以发现客户的真正需求。

(6)责任。

客服人员在处理问题时是否愿意负起责任。

(7)控制。

客服人员是否可以掌握对话的节奏,以防对话变得漫无目的。

(8)友善。

客服人员在服务过程中是否是真挚对待而非公式化"笑容"。

(9)专业。

客服人员是否具备专业能力并遵守银行、客户服务中心的专业行为规范。

(五)进行客户满意度调查的原因

银行进行客户满意度调查的根本原因在于保留住老客户的同时,尽可能多地吸引新客户。而对银行服务的满意与否是决定老客户去留及新客户来否的关键因素。

客户满意度调查近年来在国内外得到了普遍重视,特别是服务性行业的客户满意度调查已经成为企业发现问题、改进服务的重要手段之一。

国内的满意度调查是在最近几年才迅速发展起来的,但已经引起越来越多的企业重视。尤其是金融业、电信业,由于客户群庞大,实现一对一的服务几乎不可能,所以通过满意度调查,了解客户的需求、企业存在的问题以及与竞争对手之间的差异,从而有针对性地改进服务工作,显得尤为重要。测评客户满意度的作用具体包括以下方面:

1. 掌握满意度现状

帮助客户把有限的资源集中到客户最看重的方面,从而提升顾客忠诚度并留住顾客。

2. 分品牌和客户群调研

为分层、分流和差异化服务提供依据,了解并衡量客户需求。

3. 找出服务短板

分析顾客价值,实现有限资源优先配给最有价值的顾客。研究服务标准、服务流程及服务传递与客户期望之间的差距,找到客户关注点和服务短板,提出相应的改善建议。

(六)客户满意度调查的方法

为了准确地测评客户满意度,需要采取合适的方法开展调查,获取准确的原始数据。

客户服务中心的客户满意度调查中最常用的方法是"问卷调查法",也称为"书面调查法"或"填表法",是用书面形式间接搜集研究材料的一种调查手段,是通过向调查者发出简明扼要的征询单(表),请示填写对有关问题的意见和建议来间接获得材料和信息的一种方法。随着现代通信技术的发展,在问卷调查法的基础上发展起了诸多的调查方法。

1. 电话调查法

电话调查法是指市场调查相关工作人员通过电话向被调查者进行问询,了解市场情况的一种调查方法。它是访问法中的一种调查方法。由于彼此不直接接触,而是借助于电话这一中介工具进行,因而是一种间接的调查方法。电话调查分为传统电话调查和计算机辅助电话调查。

传统电话调查,是选取一个调查对象,通过拨通客户电话,根据问卷询问一系列问题,记录调查对象给出的所有答案。

计算机辅助电话调查,采用专门的计算机使用的问卷,通过计算机拨打客户电话,询问问题,同时将答案及时输入计算机系统,调查完毕即可得出此次调查的结果。

使用电话调查法,具有多方面的优点:取得市场信息资料的速度最快;节省调查时间和经费;覆盖面广,可以对任何有电话的地区、单位和个人进行调查;被调查者没有调查者在场的心理压力,因而能畅所欲言,回答率高;对于那些不易见到面的被调查者,如某些名人,采用此方法有可能取得成功;采取计算机辅助电话系统,更有利于访问质量的监控;访问人员的管理更为系统、规范,达到管理集中、反馈及时的效果。

电话调查法也有一定的缺点,主要表现在:由于电话调查的项目过于简单、明确,而且受到通话时间的限制,调查内容的深度远不及其他调查方法;电话调查的结果只能推论到有电话的对象这一总体,因而存在着先天母体不完整的缺陷,不利于全面、完整地收集资料;没有办法提供直观的教具;电话调查是通过电话进行的,调查者不在现场,因而很难判断所获信息的准确性和有效性等。

2. 客户访谈法

这是通过与被调查者面对面交流来获取信息的一种调查实施方法。调查员可以采用到被调查者集中的地方或工作单位访问的方式实施调查,或在特定场所(如商场、街道、公园等)拦截在场者访问的方式实施调查。按照问卷的填写方式,可以分为自填式问卷调查和代填式问卷调查。如果调查者将问卷交由被调查者,说明填写方法,请对方填写,且约定回收时间(当场或者约定时间)的,就属于自填式问卷调查。如果调查者按照问卷向被调查者询问,然后将对方的回答记入问卷,就属于代填式问卷调查。

采用客户访谈法实施调查,调查者与调查对象面对面沟通交流,这种方法具有特定的优点:

(1)灵活。

访谈调查是访谈员根据调查的需要,以口头形式,向被访者提出有关问题,通过被访者的答复来收集客观事实材料,这种调查方式灵活多样、方便可行,可以按照研究的需要向不同类型的人了解不同类型的材料。

访谈调查是访谈员与被访者双方交流、双向沟通的过程。这种方式具有较大的弹性,访谈员在事先设计调查问题时,是根据一般情况和主观想法制定的,有些情况不一定考虑十分周全,在访谈中,可以根据被访者的反应,对调查问题作调整或展开。如果被访者不理解问题,可以提出询问,要求解释;如果访谈员发现被访者误解问题,也可以适时地解说或引导。

(2)准确。

访谈调查是访谈员与被访者直接进行交流,可以通过访谈员的努力,使被访者消除顾虑,放松心情,作周密思考后再回答问题,这样就提高了调查材料的真实性和可靠性。

访谈调查事先确定访谈现场,访谈员可以适当地控制访谈环境,避免其他因素的干扰,灵活安排访谈时间和内容,控制提问的次序和谈话节奏,把握访谈过程中的主动权,这有利于被访者更客观地回答访谈问题。

由于访谈流程速度较快,被访者在回答问题时常常无法进行长时间的思考,因此所获得的回答往往是被访者自发性的反应,这种回答较真实、可靠,很少掩饰或做假。

由于访谈常常是面对面的交谈,因此拒绝回答者较少,回答率较高。即使被访者拒绝回答某些问题,也可大致了解他对这个问题的态度。

(3)深入。

访谈员与被访者直接交往或通过电话、上网间接交往,具有适当解说、引导和追问的机会,因此可探讨较为复杂的问题,获取新的、深层次的信息。

在面对面的谈话过程中,访谈员不但要收集被访者的回答信息,还可以观察被访者的动作、表情等非言语行为,以此鉴别回答内容的真伪、被访者的心理状态。

3. 网上调查法

网上调查法是一种利用互联网作为媒介的调查方式。它充分利用了互联网的互动性、实时性、方便性等优点。具体方式又有以下几种：

(1) E-mail 调查法。将问卷发送到被调查者的 E-mail 邮箱中，被调查者填写完问卷后直接用 E-mail 回复到调查者的邮箱中。

(2) 网站调查法。将问卷放在某个网站（银行或者第三方公司），当被调查者进入网站时，可以看到这个问卷，如果被调查者愿意回答问卷，填写好的问卷将被送回到调查者的数据库中。

网上市场调查的实施可以充分利用 Internet 作为信息沟通渠道具有开放性、自由性、平等性、广泛性和直接性的特性，使得网上市场调查具有传统的一些市场调查手段和方法所不具备的一些独特的特点和优势。

(1) 及时性。

网上调查是开放的，任何网民都可以进行投票和查看结果，而且在投票信息经过统计分析软件初步自动处理后，可以马上查看到阶段性的调查结果。

(2) 低费用。

实施网上调查节省了传统调查中耗费的大量的人力和物力。

(3) 交互性。

网络的最大好处是交互性，因此在网上调查时，被调查对象可以即时就问卷相关问题提出自己更多的看法和建议，可减少因问卷设计不合理导致的调查结论偏差。

(4) 客观性。

实施网上调查，被调查者是在完全自愿的原则下参与调查，调查的针对性更强，因此问卷填写信息可靠、调查结论客观。

(5) 突破时空性。

网上市场调查是 24 小时全天候的调查，这就与受区域制约和时间制约的传统调研方式有很大不同。

(6) 可控制性。

利用网络调查收集信息，可以有效地对采集信息的质量实施系统的检验和控制。

利用网络进行调查也有一些缺点：

(1) 调查对象受到限制，网上可调查样本的数量少，代表性较差。网络调查限定在可以或者会使用网络的人群中，在不能上网的地区或人群中，不能进行网络调查。

(2) 内容的真实性很难检验。网络调查因不能确定被调查者的确切身份，也就很难确定被调查者是否是在真实地填写问卷，也很难确定是否有虚假信息的存在。

(3) 调查问卷回收率低。为了提高回收率，必须对调查问卷的设计技巧提出更高的要求。

第四节 行为规范

银行客户服务中心是以电话为主要沟通媒介,客户与银行的联系首先是通过电话实现的。为了让客户对银行以及银行的客户服务中心的工作满意,客服人员接听电话的全过程必须合乎标准,符合银行业的职业规范和服务规范。

一、基本的电话服务准则

(一)通话前的准备工作

(1)话机旁放好笔,电话记录本,所需文件、资料等。

(2)熟悉银行近期的工作,掌握与产品相关的必备知识以及业务知识。

(3)明确通话对象的电话号码、姓名及其他相关可见信息,明确通话的目的和内容。

(4)真诚面对每一位客户,不管什么样类型的客户,客服专员都要用良好的心态对客户提出合理化建议时由衷地表示感谢。

(二)通话时的姿态要求

(1)着装应以适合办公环境为基本原则,服装要得体、协调、整洁、悦目。

(2)坐姿要端正,不要坐在办公桌或椅子扶手上,也不要将腿搭在桌子或扶手上。

(3)要注意个人举止,避免一些不雅的动作,诸如当众抓头发、咬手指、抠鼻孔、擤鼻涕、掏耳朵、剪指甲、脱鞋袜、搔痒等。

(4)接电话时姿势端正,左手持机,右手持笔。

(5)通话时保持严肃,不要和周围人谈笑,不能在接电话时做其他事情,要专心接电话,不能使用免提。

(6)不准在接电话时吃东西,语言要精练,口齿清晰,语速适当,语气亲切,不要生硬,用普通话。

(三)电话接起时的要求

电话铃声响一次相当于几秒钟,响十次就相当于几十秒。虽然时间很短,但心理上等待的时间往往大于外在的实际感觉。通常情况下,人等待电话的耐心不超过17秒,所以长时间的等候会造成对方的不快。因此,电话铃响后应第一时间接听。有的银行规定客户来电铃响三声(10秒)之内必须接听,如未能在三声内接听电话,应向客户致歉。

电话接起后应礼貌问候,报出部门名称及自己的名字,做到语言亲切、语气诚恳、语音清晰、语速适中、语调平和、言简意赅,应根据实际情况随时说"是"、"对"、

"嗯"等,以示在专心聆听,重要内容要注意重复及确认。

接听来电,应以"您好!××号很高兴为您服务"为开场白。外呼电话,应以"您好!我是××银行客服中心××号客服代表"为开场白。

(四)通话时诚恳,能够表现良好的服务态度

通话过程中,客服人员应始终保持愉悦的声音对话,语调明快、语速适中,语气亲切、礼貌、和气。尽管对方看不到你,但是人的表情和心情的变化都可以通过声音表现出来。更重要的是,这也体现了客服人员自身的态度。所以通过微笑讲话感染对方,以便使通话更加顺畅、融洽地进行。

针对客户的问题,客服人员要耐心解答,不急不躁,做到有问必答、不厌其烦,应给予准确的答案或做客观的说明,话题要始终在问题的解决和建议上,尽量让客户对解决方案感到满意。遇到客户询问不懂或不熟悉的业务时,不能不懂装懂,不得推诿、搪塞。工作中出现差错时,要善于接受客户的善意批评或向客户道歉,主动纠正差错。客户来电话发泄怒气或投诉时,应仔细倾听并做记录,对客户的讲话应有所反应,并表示体谅对方的情绪。当客户情绪激动或态度反应为不理解、不满意时,客服代表应首先安抚客户的情绪,通过沟通与交流,了解具体的情况并适当地作出澄清。如遇到不冷静的客户,要控制情绪,不得使用嘲笑和侮辱的语言,不得与客户发生争吵,不得先于客户挂断电话。在回答客户提出的问题时,必须依照有关法律、法规和文件的精神进行回答,如有不清楚的,可逐级请示或请教专家,不得擅自将错误的信息传递给客户。与客户结束通话时应询问"还有什么可以帮您?",对客户的来电表示感谢,并邀请客户对本次服务进行评价,将客户电话转入服务评价系统后方可挂机。

(五)文明用语

客服人员在通话过程中须正确使用客户姓氏尊称和敬语,使用"您好、请、谢谢、对不起、再见"等文明用语,不得使用服务忌语,不得出现拖腔、态度生硬、教训、烦躁、质问、嘲讽、诘问等不良现象,如类似"没有办法"、"我不知道"、"这事不归我管,我也不知道"之类的语言。

二、银行客服电话呼入时基本的服务规范用语

(一)服务用语词汇

您好、请问、请讲、请稍等、很抱歉、对不起、麻烦您、不用谢、不用客气、请您再说一遍、感谢您的耐心等待。

(二)服务忌语

打错了、不知道、大声点、我问你贵姓、你听清楚没、你快点讲啦、你出声啦、你问我我问谁、慢慢讲、急什么、有本事就投诉我、你怎么不早说、你到底有没有听我讲、听不见、再讲一次、刚才不是告诉你了吗、你为何不提前准备、我问你手机号码、

你电话太吵我怎么听、有没有搞错、说那么大声、你知不知道、你刚才不是已查过了吗、我不知道、我没办法、我不清楚、我没有空、我要下班了、你明天再打来、你自己去看、你着急什么、我正忙着呢、这事不归我管、这事与我无关、你说得不对、你真啰唆、你为何不问清楚、你怎么这样烦、说吧、你听我说等。

（三）基本的规范服务用语

(1) 接通用户电话时应先说问候语：

您好，××客服中心，×××号为您服务，请问您需要什么帮助？

(2) 电话结束时应说：

请问您还需要其他帮助吗？

(3) 如果用户没有问题可说：

感谢您的来电，请挂机，再见！

(4) 请求对方提供号码：

请您提供手机号码(可重复)。

(5) 对方报完账号时：

我帮您重复一下：您的账号是××××××××(客服代表应重复一次用户的账号，避免出现查询错误现象)。

(6) 用户进行业务咨询，客服代表查询资料时：

请您稍等，我帮您查询，听不到我的声音，请不要挂机！操作(等待键)。

(7) 用户提出自己不能准确回答的问题；或暂时无相关资料；或不熟悉公司的某些信息(禁止根据自己的猜测回答用户的问题，引起用户反感)：

很抱歉，请您稍等一下，我帮您核实。(注：不能对客户说"我不知道"或"我不清楚"，要及时询问组长，知道正确答案后及时告诉客户，在此期间要按等待键。)

(8) 请用户稍等后再次向用户进行解答时：

"感谢您的耐心等待，您咨询的问题是……"

(9) 用户非常着急时：

请您不要着急，我会尽力帮您解决。

(10) 不能正确领会用户的意图，或因用户自身表达不清(有口音)时：

很抱歉，我不太明白您的意思，请您再重复一遍，好吗？

(11) 暂时无此方面资料或估计需要让客户等待时间较长，将外呼回复时：

很抱歉，您所提到的问题，由于××××原因，我需要进一步核实，请您留下联系电话，我们会将结果及时回复给您。

(12) 要求提供用户个人信息时：

很抱歉，为了维护用户的利益，我无法为您提供用户个人信息，请您谅解。

(13) 查找用户资料时因系统运行较慢，需要用户等待片刻时：

电脑正在查找，请您稍等；或我们的系统正在执行指令，请您稍等。

(14)用户咨询非我公司业务时:

很抱歉,您咨询的问题不是我公司业务,请您拨打其他服务热线。

(15)用户要求聊天,占用较长通话时间时(骚扰电话):

很抱歉,我们不提供此项服务,感谢您的来电,请挂机,再见!

(16)用户提出一些建议时:

①您的建议很重要,我们会及时转给相关部门,谢谢您的支持!或:非常感谢您向我们提出这个建议,谢谢您的支持!

②如果用户建议未被采纳,十分抱歉,您在建议中提到的内容要求,我们暂时无法向您提供,请谅解!同时,也感谢您对我们公司的信任,我们会考虑您的建议。希望您以后能够继续关注我们、支持我们!

(四)特殊情况的规范用语

(1)节假日电话呼入时,"节日好!(周末好!新年好!)×××号为您服务,请问您需要什么帮助?"电话结束时,"再次祝您节日快乐!感谢您的来电,再见!"

(2)用户声音太小时,"很抱歉,我听不到您讲话,请您声音大一点好吗?"

(3)用户语速太快或使用方言,"很抱歉,我没有听清您的问题,请您重复一遍好吗?"

(4)用户声音时断时续,听不清时,"很抱歉,您讲话的声音时断时续,请您再重复一下,好吗?"如用户的电话仍时断时续,可告知:"很抱歉!我确实无法听清楚您的讲话内容,请您稍后再拨或换一部电话再打,好吗?"征得用户同意后,主动挂机。

(5)用户不讲话时,"您好,您的电话已接通,请讲话。"(重复两次后)"很抱歉,您的电话没有声音,请稍后再拨,再见!"

(6)用户中途与他人讲话时或停顿时间较长时,"很抱歉,我听不到您的声音,请讲话(停顿3秒)。您好,请讲话(停顿3秒)。很抱歉,由于线路原因我听不到您讲话,请稍后再拨,再见!"

(7)当用户表扬客服代表时,"不客气,这是我应该做的,请问您还需要其他帮助吗?"

(8)用户拨错电话时,"您好,这里是××客户服务中心,请问您有什么问题需要咨询?""请您查正确后再拨",如用户说"很抱歉,打错了",应讲"没关系,再见!"

(9)因系统故障(网络问题)引发投诉或大量用户咨询时,"很抱歉,因系统临时调整,相关技术人员正在处理,请您稍后再试一下好吗?"分情况处理。

(五)用户投诉时的规范用语

(1)能直接答复用户的,平息用户怒气,了解投诉内容:

先生/女士,我首先对此问题给您带来的不便表示歉意,请您详细讲一下您要反映的情况,我们会帮您解决的。

(2)需要外呼,不能直接答复的:

您的(投诉/反映)内容我们已做好了详细的记录,会很快转发到相关部门解决,处理完毕后我们会将结果立即通知到您。

(3)当用户投诉我公司的服务质量时:

可以让客户把详细的情况和投诉的问题发到我们投诉信箱,并要对客户说"欢迎您继续监督我们的服务"。

(4)用户投诉你或其他客服代表服务态度不好或业务不熟练时,听完用户的陈述后:

对不起,非常欢迎您监督我们的服务,我们会在以后的工作中注意改进,谢谢您的建议。

(5)如用户要求再次将结果回复时:

您好!请留下您的联系方式,我们会将处理结果尽快通知到您。

【案例】

请别"忽略"来电的客户

潘小姐:"你好!请问今天调整了利率是吗?"

柜员:"是的。"

潘小姐:"我想问一下一年期利率的情况。"

柜员:"对不起!我们也刚知道利率调整,还没仔细看呢,反正平均上调0.27个百分点。您有钱来我们这里存吧,我们这里服务可好啦。"

潘小姐:"我知道平均上调数,就想知道具体的情况。"

柜员:"好吧,过一会儿告诉您。"

没等潘小姐说完,柜员挂断电话。潘小姐等了一上午也没收到柜员的回复。

你可以做得更好的是:

柜员:"您好!欢迎来电。"

潘小姐:"你好!请问今天调整了利率是吗?"

柜员:"是的。请问有什么可帮到您的?"

潘小姐:"我想问一下一年期利率的情况。"

柜员:"今天起上调了存贷款利率,一年期利率上调后年率为3.87%,上调幅度为0.27个百分点。如果您想知道详细情况,我可以把调整利率表发给您。"

潘小姐:"就按这个电话,传真给我吧。"

柜员:"好的,请您留意接收。"

潘小姐心满意足地通过电话得到了想知道的信息,准备将积蓄一并存入。

第六章 风险与合规管理

本章要点

- ★ 风险管理与合规建设概述
- ★ 商业银行风险的主要类别
- ★ 商业银行风险控制和合规管理的主要策略
- ★ 银行监管与市场约束

随着经济和金融全球化的不断深入、信息技术的飞速发展以及金融理论与金融实践的一系列创新,金融市场和金融产品呈现出蓬勃发展的态势。然而,日新月异的发展变化同时也造成了政治、经济和社会等风险因素的显著波动且难以预期,导致全球各类型金融机构由此面临日益严重的金融风险。国际先进的金融机构已经建立全面风险管理体系,不断提升风险管理技术和完善信息系统,积极运用资本管理风险,最大限度地减少各类金融风险可能造成的损失。

随着我国金融机构改革日渐深入,商业银行成为国家经济和金融体系的中流砥柱,其管理者越来越深刻地认识到,健全的风险管理体系在其可持续发展过程中具有重要的战略地位。特别是从 2010 年开始,我国商业银行将逐步实施《巴塞尔新资本协议》,具有较强的全面风险管理能力和水平已经成为商业银行稳健经营、健康发展的基本要求。本章将就合规风险管理进行介绍,进一步提高银行从业人员的风险管理意识,树立规范和合规的理念,以期更好地提高银行业合规风险管理水平。

第一节 风险与合规概述

一、风险管理与商业银行经营

风险是一个宽泛且常用的术语。随着经济形势的不断变化、金融体系的演变和金融市场的波动性显著增强,商业银行对风险的理解日益具体和深入。在本书中,风险被定义为未来结果出现收益或损失的不确定性。具体来说,如果某个事件的收益或损失存在变化的可能,且这种变化过程事先无法确定,则存在风险。

在现实世界中,由于各商业银行的业务和经营特色各不相同,风险所造成的结果既可能是正面的,也可能是负面的。例如,中央银行上调基准利率,对于浮动利率贷款占较高业务比重的商业银行,可能因利率上升而增加收益;但对于持有大量金融工具的商业银行,则可能因利率上升而降低其市场价值,甚至造成巨额损失。

风险管理与商业银行经营的关系主要体现在以下几个方面:

第一,承担和管理风险是商业银行的基本职能,也是商业银行业务不断创新发展的原动力。商业银行通过承担客户不愿意承担的风险,成为整个经济社会参与者用来转嫁风险的主要平台。商业银行承担客户风险的能力主要来自其相较转嫁风险的客户更加专业化的风险管理技能,利用分散或对冲等方法对从客户方承担过来的风险进行管理。例如,服务高端客户的私人银行业务已经成为商业银行的一项重要业务,该业务不仅增加了利润来源,同时也是商业银行主动承担和管理风险的表现;在外汇交易和衍生产品交易过程中,大多数商业银行都是以做市商的方式向客户提供风险管理服务的。积极、主动地承担和管理风险有助于商业银行改善资本结构,更加有效地配置资本,以及大力推动金融产品开发。例如,可以利用资产证券化、信用衍生产品等创新工具,将商业银行面临的流动性风险、信用风险等进行有效的转移。

第二,风险管理从根本上改变了商业银行的经营模式,从传统上片面追求扩大规模、增加利润的粗放经营模式,向风险与收益相匹配的精细化管理模式转变;从以定性分析为主的传统管理方式,向以定量分析为主的风险管理模式转变;从侧重于对不同风险分散管理的模式,向集中进行全面风险管理的模式转变。通过风险管理,商业银行可以了解和认识其所面临的外部环境、内部状况和业务开展的不确定性,对影响商业银行营利性的风险因素进行分析和预测。在此基础上,商业银行可以根据对未来的客观预期,从宏观层次和微观层次主动、动态地管理潜在风险,为提高收益制定相关策略,将各种风险控制在"可接受的水平",最终实现风险—收益的合理平衡。如果没有风险管理,商业银行的战略实施只能停留在业务指导层次,难以从宏观战略层次和微观技术上分析、判断风险与收益的合理性,难以适应商业银行现代化发展的要求。

第三,风险管理能够为商业银行风险定价提供依据,并有效管理金融资产和业务组合。商业银行在经营管理过程中,能否对金融产品和服务进行科学、合理的定价,直接决定了商业银行的竞争能力和赢利能力。通过现代风险管理技术可以准确识别和计量所提供的金融产品和服务的风险成本和风险水平,并据此制定具有竞争力的价格。此外,商业银行可以广泛采用风险管理技术进行动态管理,调整资产、负债组合,发现并拓展新型业务。例如,借助风险管理技术和信息系统,国际先进的金融机构能够针对客户的特定需求,提供迅捷且多样化的私人银行财富管理服务。

第四,健全的风险管理体系能够为商业银行创造价值。健全的风险管理体系具有自觉管理、微观管理、系统管理、动态管理等功能。高水平的风险管理能够降低商业银行的破产可能性和财务成本,保护商业银行所有者的利益,实现股东价值最大化。例如,商业银行的负债一般由浮动利率负债(如短期储蓄)和固定利率负债(如大额储蓄存单)组成,资产包括浮动利率资产(如浮动利率贷款、短期债券)和固定利率资产(如固定利率贷款、长期债券),利率风险显然是商业银行资产负债管理中至关重要的风险。利用风险管理技术,合理匹配资产负债的期限结构,或利用利率衍生工具对冲风险,有助于降低利率风险敞口,降低现金流的波动性,稳定商业银行的收入水平,降低税收负担,减少经营成本。此外,良好的风险管理体系也将有效地降低各类风险水平,减少附加的监管要求,降低法律、合规、监管成本。因此,建立和完善全面风险管理体系被认为是商业银行创造价值的重要手段。

第五,风险管理水平体现了商业银行的核心竞争力,不仅是商业银行生存发展的需要,也是现代金融监管的迫切要求。从市场经济本质来看,商业银行的核心竞争力主要反映在市场竞争中一家商业银行相对于其他商业银行对良好投资机会的把握能力。市场经济是风险经济,任何投资都是风险和收益的结合,只有那些有能力承担高风险的商业银行,才能获得高收益的投资机会。在商业银行的经营管理过程中,有两个至关重要的因素决定其风险承担能力:一是资本金规模,因为资本金可以吸收商业银行业务所造成的风险损失,资本充足率较高的商业银行有能力接受相对高风险、高收益的项目,比资本充足率低的商业银行具有更强的竞争力;二是商业银行的风险管理水平,资本充足率仅仅决定了商业银行承担风险的潜力,而其所承担的风险究竟能否带来实际收益,最终取决于商业银行的风险管理水平。只有通过积极、恰当的风险管理,才有可能将所承担的风险转化为现实的盈利。此外,有效的风险管理还有助于降低经营成本,从而使商业银行在竞争中更加具有风险承担上的优势。

二、合规概述

(一)合规文化的内涵

巴塞尔银行监管委员会发布的《合规与银行内部合规部门》中指出:"合规应从高层做起。当企业文化强调诚信与正直的准则并由董事会和高级管理层做出表率时,合规才最为有效。合规与银行内部的每一位员工都相关,应被视为银行经营活动的组成部分。"银监会在合规指引中指出:"商业银行应加强合规文化建设,并将合规文化建设融入企业文化建设全过程。"何谓合规文化?简而言之就是为了保证一个团队的所有成员都能够自觉依法合规,而在团队里形成一种良好的系统与环境,它包含合规领域中一切的物质价值和精神财富。人们常说,一个企业一年获利靠机遇,三年不败靠领导,五年成功靠制度,百年发展靠文化。作为一种文化,必然要具备精神、物质、符号、体系四大成熟要素。合规文化要想跻身其列自然也不能例外。

合规作为一种文化,其内涵主要包括四个方面:一是要求从高层做起,即管理者必须率先垂范,躬身实践,合规才最有效;二是强调人人合规;三是要做到主动合规,以往大量的制度和处罚在一定程度上遏制了风险的产生;四是树立"合规创造价值"的理念。

合规文化作为企业文化的一个重要组成部分,有利于补充企业正式制度的不足,从而改善制度运作绩效,其作用有三个方面:一是导向功能,二是动员激励功能,三是成本控制功能。

(二)合规文化建设的必要性

目前,我国金融业在深化改革中取得了很大的进展,同时也存在着一些问题,如许多非银行金融机构管理混乱,运用银行资金炒股和高息吸储等事件的发生,银行的不良贷款数额大,内部管理存在许多薄弱环节等,诸如此类的问题所导致的金融风险较为严重,特别值得注意的是,各种金融诈骗活动频繁发生,因此,加强银行合规文化建设是必要的。

1. 合规经营是有价值的

违规行为会损坏银行业的声誉乃至造成财务损失,甚至带来巨大的风险。合规风险处于商业银行全面风险框架中的核心地位,其往往源于银行内部的制度缺陷或缺失。合规风险在绝大多数情况下发端于银行制度的决策层面和管理层面,具有很强的扩散效应。

2. 加强银行合规文化建设是确保银行稳健运行的内在要求

有些银行为了完成短期任务和经营目标,只重视业务拓展,而忽视合规管理,甚至不惜冒着违规操作的风险以实现短期目标和任务。虽然大量的风险主要表现在操作环节上,但潜藏的却是操作人员合规守法的意识欠缺,所以银行业必须倡导和培育良好的合规文化,确保银行稳健运行。

3. 构建合规文化是银行业提高制度执行力的核心

当前随着社会变革的不断加深、利益冲突的不断加剧,各家银行其实并不是缺少规章制度,真正缺少的是制度的执行力。再好的制度也只不过是提供一个共同的规则,只有在执行中形成共同的习惯并上升为稳定的价值理念和行为取向,才能真正落到实处。

(三)加强合规文化建设,控制风险的做法

1. 完善制度,创建科学的合规机制

从自身实际出发,按基本制度、管理办法、操作规程等,对现行制度体系和实际执行力情况进行全面、客观地评估,对执行不到位的要切实整改,使合规管理制度能够更加具体和完善,积极创建合规风险管理机制,确保制度能被员工持续地遵守。

2. 加强合规知识的普及,提高开展合规文化建设的针对性

合规风险是商业银行未能遵循法律、规则及内部规章制度而可能遭受重大财务损失或声誉损失的风险。合规管理是有效识别和管理合规风险,主动预防违规事件的发生,及时妥善处理违规事件的过程。而合规管理目标是通过建立有效的合规管理机制,树立良好的合规文化,促进全面风险管理建设,确保依法合规经营,只有强化对合规知识的学习,才能为合规操作打下良好的基础。

3. 搭建信息共享平台

在商业银行内部建立一个信息共享网站,通过信息宣传的方式,将最新的合规研究成果、违规案例、合规创新举措等传于网站中,给银行员工提供一个信息共享平台。通过信息平台浏览、学习来不断地提高全行员工的合规意识,学习身边合规标兵的爱岗敬业、遵章守纪的精神,规范经营的合规理念,以便在今后的工作中严格要求自己,执行各项规章制度,严谨务实,将合规文化融入网点的每一个工作岗位及每一位员工。

第二节　商业银行风险的主要类别

商业银行作为经营风险的特殊机构,为了有效识别、计量、监测和控制风险,有必要对其所面临的各类风险进行正确的分类。

根据商业银行的业务特征及诱发风险的原因,巴塞尔委员会将商业银行面临的风险划分为信用风险、市场风险、操作风险、流动性风险、国家风险、声誉风险、法律风险以及战略风险八大类。

一、信用风险

信用风险是指债务人或交易对手未能履行合同所规定的义务或信用质量发生变化,影响金融产品价值,从而给债权人或金融产品持有人造成经济损失的风险。

传统上,信用风险是债务人未能如期偿还债务而给经济主体造成损失的风险,因此又被称为违约风险。但随着金融市场的发展以及对信用风险的深入认识,当债务人或交易对手的履约能力不足即信用质量下降时,市场上相关资产的价格也会随之降低,因此导致信用风险损失。例如,投资组合不仅会因为交易对手(包括借款人、债券发行者和其他合约的交易对手)的直接违约造成损失,而且交易对手信用评级的下降也可能会给投资组合带来损失,2007 年爆发的美国次贷危机就充

分说明了这一点。

对大多数商业银行来说,贷款是最大、最明显的信用风险来源。但事实上,信用风险既存在于传统的贷款、债券投资等表内业务,也存在于信用担保、贷款承诺及衍生产品交易等表外业务。信用风险对基础金融产品和衍生产品的影响不同,对基础金融产品(如债券、贷款)而言,信用风险造成的损失最多是其债务的全部账面价值;而对衍生产品而言,对于违约造成的损失虽然会小于衍生产品的名义价值,但由于衍生产品的名义价值通常十分巨大,因此潜在的风险损失不容忽视。

作为一种特殊的信用风险,结算风险是指交易双方在结算过程中,一方支付了合同资金但另一方发生违约的风险。例如,1974年德国赫斯塔特银行宣布破产时,已经收到许多合约方支付的款项,但无法完成与交易对方的正常结算,甚至影响全球金融系统的稳定运行。

二、市场风险

市场风险是指金融资产价格和商品价格的波动给商业银行表内头寸、表外头寸造成损失的风险。市场风险包括利率风险、汇率风险、股票风险和商品风险四种,其中利率风险尤为重要。由于商业银行的资产主要是金融资产,利率波动会直接导致其资产价值的变化,从而影响银行的安全性、流动性和效益性。因此,随着我国利率市场化逐步深入,利率风险管理已经成为我国商业银行市场风险管理的重要内容。

相对于信用风险而言,市场风险具有数据充分和易于计量的特点,更适于采用量化技术加以控制。由于市场风险主要来自所属经济体系,因此具有明显的系统性风险特征,难以通过分散化投资完全消除。国际金融机构通常采取分散投资于多国金融市场的方式来降低系统性风险。

三、操作风险

操作风险是指由不完善或有问题的内部程序、员工、信息科技系统以及外部事件所造成损失的风险。根据监管机构的规定,操作风险包括法律风险,但不包括声誉风险和战略风险。

操作风险可分为人员因素、内部流程、系统缺陷和外部事件四大类别,并由此分为内部欺诈,外部欺诈,就业制度和工作场所安全事件,客户、产品和业务活动事件,实物资产损坏,信息科技系统事件,执行、交割和流程管理事件七种可能造成实质性损失的事件类型。在此基础上,商业银行还可进一步细化具体业务活动和操作,使管理者能够从引起操作风险的诱因着手,采取有效的风险管理措施。

与市场风险主要存在于交易账户和信用风险主要存在于银行账户不同,操作风险广泛存在于商业银行业务和管理的各个领域,具有普遍性和非营利性,不能给商业银行带来盈利。商业银行之所以承担操作风险,是因为其不可避免,对其进行有效管理通常需要较大规模的投入,应当控制好合理的成本收益率。

四、流动性风险

流动性风险是指商业银行无力为负债的减少和/或资产的增加提供融资而造成损失或破产的风险。当商业银行流动性不足时,它无法以合理的成本迅速增加负债或变现资产获取足够的资金,从而导致商业银行资不抵债,影响其正常运营。

商业银行作为存款人和借款人的中介,日常持有的、用于支付需要的流动资产只占负债总额的很小部分,如果商业银行的大量债权人在某一时刻同时要求兑现债权(银行挤兑),商业银行就可能面临流动性危机。

流动性风险与信用风险、市场风险和操作风险相比,形成的原因更加复杂,涉及的范围更广,通常被视为一种多维风险。流动性风险的产生除了因为商业银行的流动性计划不完善之外,信用、市场、操作等风险领域的管理缺陷同样会导致商业银行的流动性不足,甚至引发风险扩散,造成整个金融系统出现流动性困难。

因此,流动性风险管理除了应当做好流动性安排之外,还应当重视和加强跨风险种类的风险管理。从这个角度来说,流动性风险管理水平体现了商业银行的整体经营管理水平。

五、国家风险

国家风险是指经济主体在与非本国居民进行国际经贸与金融往来时,由于别国政治、经济和社会等方面的变化而遭受损失的风险。国家风险通常是由债务人所在国家的行为引起的,已超出了债权人的控制范围。

国家风险可分为政治风险、经济风险和社会风险三大类。

(一)政治风险

政治风险是指商业银行受特定国家的政治动荡等不利因素影响(例如长期以来部分南亚和非洲国家政局不稳),无法正常收回在该国的金融资产而遭受损失的风险。政治风险包括政权风险、政局风险、政策风险和对外关系风险等。

(二)经济风险

经济风险是指商业银行受特定国家经济衰退等不利因素影响(例如,2009年11月发生的迪拜主权债务危机),无法正常收回在该国的金融资产而遭受损失的风险。

(三)社会风险

社会风险是指商业银行受特定国家贫穷加剧、生存状况恶化等不利因素影响(例如,部分非洲国家长期受困于贫穷、饥饿、卫生、医疗等社会问题),无法正常收回在该国的金融资产而遭受损失的风险。

国家风险有两个基本特征：一是国家风险发生在国际经济金融活动中，在同一个国家范围内的经济金融活动不存在国家风险；二是在国际经济金融活动中，不论是政府、商业银行、企业，还是个人，都可能遭受国家风险所带来的损失。

风险管理实践中，商业银行通常将国家风险管理归属于信用风险管理范畴。因此，在本书中，国家风险管理将在信用风险管理部分进行简要的介绍。

六、声誉风险

声誉是商业银行所有的利益持有者基于持久努力、长期信任建立起来的无形资产。声誉风险是指由商业银行经营、管理及其他行为或外部事件导致利益相关方对商业银行负面评价的风险。商业银行通常将声誉风险看作对其经济价值最大的威胁，因为商业银行的业务性质要求其能够维持存款人、贷款人和整个市场的信心。这种信心一旦失去，商业银行的业务及其所能创造的经济价值都将不复存在。

商业银行所面临的风险和不确定因素，不论是正面的还是负面的，都必须通过系统化的方法来管理，因为几乎所有的风险都可能影响商业银行的声誉，所以声誉风险也被视为一种多维风险。管理声誉风险的最好办法就是：强化全面风险管理意识，改善公司治理和内部控制，并预先做好应对声誉危机的准备；确保其他主要风险被正确识别和优先排序，进而得到有效管理。

七、法律风险

法律风险是指商业银行因日常经营和业务活动无法满足或违反法律规定，导致不能履行合同、发生争议/诉讼或其他法律纠纷而造成经济损失的风险。根据《巴塞尔新资本协议》，法律风险是一种特殊类型的操作风险，它包括但不限于因监管措施和解决民商事争议而支付的罚款、罚金或者惩罚性赔偿所导致的风险敞口。

从狭义上讲，法律风险主要关注商业银行所签署的各类合同、承诺等法律文件的有效性和可执行力。从广义上讲，与法律风险密切相关的还有违规风险和监管风险。

（一）违规风险

违规风险是指商业银行由于违反监管规定和原则，而招致法律诉讼或遭到监管机构处罚，进而产生不利于商业银行实现商业目的的风险。

（二）监管风险

监管风险是指由于法律或监管规定的变化，可能影响商业银行正常运营，或削弱其竞争能力、生存能力的风险。例如，监管机构要求我国商业银行 2010 年起执行《巴塞尔新资本协议》，将显著改变商业银行的经营管理方式，短期内甚至导致其赢利能力下降。

在风险管理实践中，商业银行通常将法律风险管理归属于操作风险管理范畴。

因此,在本书中,法律风险管理将纳入操作风险管理部分,不再作单独介绍。

八、战略风险

战略风险是指商业银行在追求短期商业目的和长期发展目标的过程中,因不适当的发展规划和战略决策给商业银行造成损失或不利影响的风险。美国货币监理署(OCC)认为,战略风险是指经营决策错误,或决策执行不当,或对行业变化束手无策,而对商业银行的收益或资本形成现实和长远的不利影响。

战略风险主要体现在四个方面:一是商业银行战略目标缺乏整体兼容性;二是为实现目标而制定的经营战略存在缺陷;三是为实现目标所需要的资源匮乏;四是整个战略实施过程的质量难以保证。

与声誉风险相似,战略风险也与其他主要风险密切联系且相互作用,因此同样是一种多维风险。如果缺乏结构化和系统化的风险识别和分析方法,深入理解并有效控制战略风险是相当困难的。

在商业银行风险管理实践中,上述八大类风险通常交错产生且相互作用。例如,商业银行发放外币贷款时,不但面临借款人违约的信用风险,同时面临汇率波动所造成的市场风险,而且汇率风险增大可能导致交易对手的违约风险增加。

商业银行应当在有效管理单一风险的基础上,重视和加强对跨风险种类的风险管理,以真正实现全面风险管理。跨风险种类的风险管理知识和技术相当复杂,本书对此不作深入阐述。

第三节 商业银行风险控制和合规管理的主要策略

一、信用风险管理

信用风险是指债务人或交易对手未能履行合同所规定的义务或信用质量发生变化,影响金融产品价值,从而给债权人或金融产品持有人造成经济损失的风险。

信用风险一直是我国商业银行所面临的最主要风险。商业银行的信用风险管理水平决定了其自身的生存和发展,乃至社会的安定与和谐。虽然我国商业银行历经多年改革已逐步建立起信用风险管理体系,但依然需要积极努力改进信用风险分析方法和技术,加强信息系统在信用风险管理中的应用,逐步实现从定性分析向定量分析、科学信贷的方向转变。

(一)信用风险识别

1. 单一法人客户信用风险识别

(1)单一法人客户的基本信息分析。

按照业务特点和风险特性的不同,商业银行的客户可划分为法人客户与个人客户。法人客户根据其机构性质可以分为企业类客户和机构类客户,企业类客户根据其组织形式不同可划分为单一法人客户和集团法人客户。

商业银行在对单一法人客户进行信用风险识别和分析时,必须对客户的基本情况和与商业银行业务相关的信息进行全面的了解,以判断客户的类型(企业法人客户还是机构法人客户)、基本经营情况(业务范围、盈利情况)、信用状况(有无违约记录)等。商业银行应当要求客户提供基本资料,并对客户提供的身份证明、授信主体资格、财务状况等资料的合法性、真实性和有效性进行认真的核实。对于中长期授信,还需要对资金来源及使用情况、预期资产负债情况、损益情况、项目建设进度及运营计划等作出预测和分析。

(2)单一法人客户的财务状况分析。

财务状况分析是通过对企业的经营成果、财务状况以及现金流量的分析,达到评价企业经营管理者的管理业绩、经营效率,进而识别企业信用风险的目的。

对法人客户的财务状况分析主要采取财务报表分析、财务比率分析以及现金流量分析三种方法。

财务报表分析主要是对资产负债表和损益表进行分析,有助于商业银行深入了解客户的经营状况以及经营过程中存在的问题。

财务比率分析是商业银行通过研究主要财务比率指标(盈利能力比率、效率比率、杠杆比率、流动比率)来研究企业类客户的经营状况、资产/负债管理等状况。

现金流是指现金在企业内的流入和流出,分为三个部分:经营活动的现金流、投资活动的现金流、融资活动的现金流。现金流量分析通常首先分析经营性现金流,关注经营活动现金流从何而来、流向何方,现金流是否为正值,现金流是否足以满足和应付重要的日常支出和还本付息,现金流的变化趋势和潜在变化的原因是什么;其次分析投资活动的现金流,关注企业买卖房产、购买机器设备或资产租借、借款给附属公司,或者买卖其他公司的股票等投资行为;最后分析融资活动的现金流,关注企业债务与所有者权益的增加/减少以及股息分配。

针对企业所处的不同发展阶段以及不同期限的贷款,企业现金流量分析的侧重点有所不同。

对于短期贷款,应当考虑正常经营活动的现金流量是否能够及时而且足额偿还贷款;对于中长期贷款,应当主要分析未来的经营活动是否能够产生足够的现金流量以偿还贷款本息,但在贷款初期,应当考察借款人是否有足够的融资能力和投资能力来获得所需的现金流量偿还贷款利息。此外,由于企业发展可能处于开发期、成长期、成熟期或衰退期,进行现金流量分析时需要考虑不同发展时期的现金流特性。例如,在开发期和成长期,借款人可能没有或只有很少的销售收入,而且还需要依赖外部融资解决资金需求,因此其正常经营活动的现金净流量一般是负值;在成熟期,随着产品销售收入的增加,企业维持原有规模,其净现金流量开始为正值并保持稳定增长。可见,在进行现金流量分析时,必须根据客户和交易对方的具体情况作具体分析。

(3)单一法人客户的非财务因素分析。

非财务因素分析是信用风险分析过程中的重要组成部分,与财务分析相互印证、互为补充。考察和分析企业的非财务因素,主要从管理层风险,行业风险,生产与经营风险,宏观经济、社会及自然环境等方面进行分析和判断。

①管理层风险分析。

重点考核企业管理者的人品、诚信度、授信动机、经营能力及道德水准,内容包括:

A. 历史经营记录及其经验;

B. 经营者相对于所有者的独立性;

C. 品德与诚信度;

D. 影响其决策的相关人员的情况;

E. 决策过程;

F. 所有者关系、内控机制是否完备及运行正常;

G. 领导后备力量和中层主管人员的素质;

H. 管理的政策、计划、实施和控制等。

②行业风险分析。

每个借款人都处于特定的行业中,每一特定行业因所处的发展阶段不同而具有独特的行业风险。尽管这种风险具有一定的阶段性特征,但在同一行业中的借款人通常面对一些具有共同性的行业系统性风险。行业风险分析的主要内容有:

A. 行业特征及定位;

B. 行业成熟期分析;

C. 行业周期性分析;

D. 行业的成本及营利性分析;

E. 行业依赖性分析;

F. 行业竞争力及替代因素分析;

G. 行业成功的关键因素分析;

H. 行业监管政策和有关环境分析。

③生产与经营风险分析。

行业风险分析只能够帮助商业银行对行业整体的系统性风险有所认识,但行业中的每个企业又都有其各自的特点。

④宏观经济、社会及自然环境分析。

经济/法律环境、技术进步、环保意识增强、人口老化、自然灾害等外部因素的发展变化,均可能对借款人的还款能力产生不同程度的影响。

（4）单一法人客户的担保分析。

担保是指为维护债权人和其他当事人的合法权益，提高贷款偿还的可能性，降低商业银行资金损失的风险，由借款人或第三方对贷款本息的偿还或其他授信产品提供的一种附加保障，为商业银行提供一个可以影响或控制的潜在还款来源。

商业银行与借款人及第三方签订担保协议后，当借款人财务状况恶化、违反借款合同或无法偿还贷款本息时，商业银行可以通过执行担保来争取贷款本息的最终偿还或减少损失。

担保方式主要有：保证、抵押、质押、留置与定金。

①保证。

保证是指保证人和债权人约定，当债务人不履行债务时，保证人按照约定履行债务或者承担责任的行为。贷款保证的目的是通过第三方为借款人按约、足额偿还贷款提供支持。商业银行对保证担保应重点关注保证人的资格、保证人的财务实力、保证人的保证意愿、保证人履约的经济动机及其与借款人之间的关系、保证的法律责任等。

②抵押。

抵押是指债务人或第三方不转移对财产的占有，将该财产作为债权的担保。债务人不履行债务时，债权人有权依照法律规定以该财产折价或者以拍卖、变卖该财产的价款优先受偿。

债务人或第三方为抵押人，债权人为抵押权人，提供担保的财产为抵押物。

商业银行对抵押担保应重点关注以下事项：

第一，可以作为抵押品的财产范围及种类。

第二，抵押合同应详细记载：被担保的主债权种类、数额；债务的期限；抵押品的名称、数量、质量、状况、所在地、所有权权属或者使用权权属；抵押担保的范围；当事人认为需要约定的其他事项等。

第三，抵押物的所有权转移。

第四，抵押物的登记。

第五，抵押权的实现。

③质押。

质押又称动产质押，是指债务人或第三方将其动产移交债权人占有，将该动产作为债权的担保。债务人不履行债务时，债权人有权依照法律以该动产折价或者以拍卖、变卖该动产的价款优先受偿。在动产质押中，债务人或第三方为出质人，债权人为质权人，移交的动产为质物。

商业银行对质押担保应重点关注以下事项：

第一，可以作为质物的动产/权利范围及种类。

第二，质押合同应详细记载：被担保的主债权种类、数额；债务的期限；质物的名称、数量、质量、状况;质押担保的范围;质物移交的时间;当事人认为需要约定的其他事项等。

第三,质权人对质物承担的权利、义务和责任。

第四,权利质押的生效及转让。

第五,债务履行期届满时质物的处理等。

④留置与定金。

留置是指债权人按照合同约定占有债务人的动产,债务人不按照合同约定的期限履行债务的,债权人有权依照法律规定留置该财产,以该财产折价或者以拍卖、变卖该财产的价款优先受偿。留置担保的范围包括主债权及利息、违约金、损害赔偿金、留置物保管费用和实现留置权的费用。留置这一担保形式,主要应用于保管合同、运输合同、加工承揽合同等主合同。

2. 集团法人客户信用风险识别

根据中国银监会2007年修订的《商业银行集团客户授信业务风险管理指引》,集团法人客户是指具有以下特征的商业银行的企事业法人授信对象:

(1)在股权上或者经营决策上直接或间接控制其他企事业法人或被其他企事业法人控制的;

(2)共同被第三方企事业法人所控制的;

(3)主要投资者个人、关键管理人员或与其近亲属(包括三代以内直系亲属关系和两代以内旁系亲属关系)共同直接控制或间接控制的;

(4)存在其他关联关系,可能不按公允价格原则转移资产和利润,商业银行认为应视同集团客户进行授信管理的。

商业银行可根据上述四个特征,结合本行授信业务风险管理的实际需要确定集团法人客户的范围。上述所指企事业法人包括除商业银行外的其他金融机构。

商业银行首先应当参照单一法人客户信用风险识别和分析方法,对集团法人客户的基本信息、经营状况、财务状况、非财务因素及担保状况等进行逐项分析,以识别其潜在的信用风险。其次,集团法人客户通常更为复杂,因此需要更加全面、深入的分析和了解,特别是对集团内各关联方之间的关联交易进行正确的分析和判断至关重要。关联交易是指发生在集团内关联方之间的有关转移权利或义务的事项安排。关联方是指在财务和经营决策中,与他方之间存在直接或间接控制关系或重大影响关系的企事业法人。

总之,在识别和分析集团法人客户信用风险的过程中,商业银行应当力争做如下几点:

第一,充分利用已有的内外部信息系统,如中国人民银行的信贷登记查询系统、中介征信机构、互联网、媒体等,及时全面收集、调查、核实客户及其关联方的授信记录。

第二，与客户建立授信关系时，授信工作人员应当尽职受理和调查评价，要求客户提供真实、完整的信息资料。

第三，识别客户关联方关系时，授信工作人员应重点关注客户的注册资金、股权分布、股权占比的变更情况，通过间接持股方式形成的关联关系和非股权投资方式形成的隐性关联关系，客户核心资产重大变动及其净资产10%以上的变动情况，客户对外融资、大额资金流向、应收账款情况，客户主要投资者、关键管理人员及其亲属的个人信用记录。

第四，集团法人客户的识别频率与额度授信周期应当保持一致。

第五，在定期识别期间，集团法人客户的成员单位若发生产权关系变动，导致其与集团的关系发生变化，成员行应及时将有关材料上报牵头行，牵头行汇总有关信息后报管辖行，管辖行作出识别判断后，决定是否继续列入集团加以统一管理或排除在集团之外，并在集团法人客户信息资料库中作出相应的调整。

第六，对所有集团法人客户的架构图必须每年进行维护，更新集团内的成员单位（明确新增或删除的成员单位）。

3. 个人客户信用风险识别

（1）个人客户的基本信息分析。

个人贷款业务所面对的客户主要是自然人，其特点是单笔业务资金规模小但数量巨大。商业银行在对个人客户的信用风险进行识别和分析时，同样需要个人客户提供各种能够证明个人年龄、职业、收入、财产、信用记录、教育背景等的相关资料。

除了关注申请人提交的材料是否齐全、要素是否符合商业银行的要求外，还应当通过与借款人面谈、电话访谈、实地考察等方式，了解/核实借款人及保证人、出质人、抵押人的身份证件是否真实、有效，担保材料是否符合监管部门和商业银行内部的有关规定，借款人提供的居住情况、婚姻状况、家庭情况、联系电话等是否真实，借款人提供的职业情况、所在单位的任职情况等是否真实，尽可能地从多种渠道调查、识别个人客户潜在的信用风险。目前，很多商业银行已经开始使用个人客户贷款申请/受理信息系统，直接将客户的相关信息输入个人信用评分系统，由系统自动进行分析处理和评分，根据评分结果即可基本作出是否贷款的决定。实践表明，个人信用评分系统是有效管理个人客户信用风险的重要工具，有助于大幅扩大并提高个人信贷业务的规模和效率。

（2）个人信贷产品分类及风险分析。

目前，我国个人信贷产品可基本划分为个人住房按揭贷款和个人零售贷款两大类。

①个人住房按揭贷款的风险分析。

首先为经销商风险。主要包括：经销商不具备销售资格或违反法律规定，导致销售行为、销售合同无效。例如,房地产商尚未获得销售许可证便销售房屋;经销商在履行商品合同的过程中出现违约,导致购买以个人住房贷款方式参与不具真实、合法交易基础的商业银行债权置换或企业重组。

其次,由于房产价值下跌而导致超额押值不足的风险。房地产行业发展周期以及政府宏观调控政策对房地产市场价格的影响,可能会导致按揭贷款的借款人所购房产的价值波动;如果借款人所购房产的价值下跌,就可能会产生超额押值不足的风险。

最后,借款人的经济状况变动风险。如果由于工作岗位、身体状况等因素导致借款人经济状况出现不利变化而无法按期偿还按揭贷款,而借款人是以其住房作为抵押的,则商业银行的抵押权益在现行法律框架下难以实现,该笔贷款就可能会成为不良贷款。

②个人零售贷款的风险分析。

个人零售贷款包括汽车消费贷款、信用卡消费贷款、助学贷款、留学贷款、助业贷款等多种方式,其风险主要表现在:第一,借款人的真实收入状况难以掌握,尤其是无固定职业者和自由职业者;第二,借款人的偿债能力有可能不稳定(如职业不稳定的借款人、面临就业困难的大学生等);第三,贷款购买的商品质量有问题或价格下跌导致消费者不愿履约;第四,抵押权益实现困难。

对于助学贷款、留学贷款,除了按照前述的个人客户基本信息分析来识别借款人的信用风险外,还应当要求学校、家长或有担保能力的第三方对此类贷款进行担保;对用于购买商品(如汽车)的贷款,商业银行应对经销商的信誉、实力、资格进行分析考察。

由于个人贷款的抵押权实现困难,商业银行应当高度重视借款人的第一还款来源,要求借款人以不影响其正常生活的、可变现的财产作为抵押,并且要求借款人购买财产保险。

(二)信用风险控制

信用风险控制主要从限额管理和信用风险缓释来进行,计量信用风险的工具主要为内部评级法。

1. 内部评级法

《巴塞尔新资本协议》提出了两种计量信用风险资本的方法:标准法和内部评级法。根据对商业银行内部评级体系依赖程度的不同,内部评级法又分为初级法和高级法两种。

初级法要求商业银行对自身客户进行评级估计每一等级客户的违约概率,其他风险要素采用监管当局的估计值;高级法要求商业银行运用自身二维评级体系自行估计违约概率、违约损失率、违约风险暴露、期限。

初级法和高级法的区分只适用于非零售暴露,对于零售暴露,只要商业银行决定实施内部评级法,就必须自行估计 PD 和 LGD。

在内部评级法下,商业银行的风险加权资产(Risk-Weighted Asset,RWA)

$$RWA=RW\times EAD$$

其中,RW 为风险权重(Risk Weight),反映该风险资产的信用风险水平;EAD 为该项资产的违约风险暴露。

风险权重由巴塞尔委员会在《巴塞尔新资本协议》中给定的函数公式计算出来。风险权重函数是根据银行不同业务的性质而确定的,因此不同的风险暴露类别有不同的风险权重函数,其中的风险变量就包括违约概率(PD)、违约损失率(LGD)、期限(M)等信用风险因素。

风险加权资产的 8% 就是《巴塞尔新资本协议》规定的银行对风险资产所应持有的资本金,即该项资产的监管资本要求。

此外,利用内部评级法计算出来的风险参数,就可以计算每一项风险资产的预期损失(见图 6—1)。

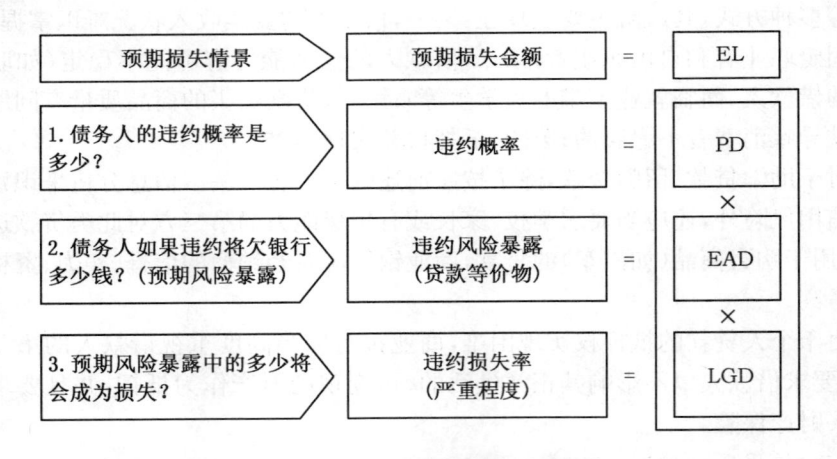

预期损失情景	预期损失金额	=	EL
1. 债务人的违约概率是多少？	违约概率	=	PD
			×
2. 债务人如果违约将欠银行多少钱？（预期风险暴露）	违约风险暴露（贷款等价物）	=	EAD
			×
3. 预期风险暴露中的多少将会成为损失？	违约损失率（严重程度）	=	LGD

图 6—1　每一项风险资产的预期损失

预期损失(EL)＝违约概率(PD)×违约风险暴露(EAD)×违约损失率(LGD)

预期损失属于贷款成本的一部分,可以通过合理的贷款定价和提取准备金等方式进行有效管理。

内部评级体系的验证是银行优化内部评级体系的重要手段,也是监管当局衡量银行内部评级体系是否符合《巴塞尔新资本协议》内部评级法要求的重要方式。验证是一个持续的过程,包括对内部评级体系和风险参数量化进行检查和监督的一系列活动,以提高评级体系的可信度与稳健性。

内部评级体系的验证应评估内部评级和风险参数量化的准确性、稳定性和审慎性。

银行应根据本行内部评级体系和风险参数量化的特点,采取基准测试、返回检验等不同的验证方法,包括定性评估和定量检验两个方面,并定期对验证工具进行更新。验证过程和结果应接受独立检查,负责检查的部门应独立于验证工作的设计和实施部门。验证频率应能够保证内部评级和风险参数量化的准确性、完整性、可靠性。银行内部评级风险参数量化的方法、数据或实施发生重大改变时,相关验证活动应尽快实施。

实施内部评级法初期,由于缺乏足够的数据进行结果分析,银行应主要依靠对开发依据的验证、过程核查和基准测试等验证手段,保证内部评级结果和风险参数估值的准确性。

2. 限额管理

在商业银行的风险管理实践中,限额管理包含了两个层面的主要内容:从银行管理的层面,限额的制定过程体现了商业银行董事会对损失的容忍程度,反映了商业银行在信用风险管理上的政策要求和风险资本抵御以及消化损失的能力。商业银行消化信用风险损失的方法首先是提取损失准备金或冲减利润,在准备金不足以消化损失的情况下,商业银行只有使用资本来弥补损失。如果商业银行的资本不足以弥补损失,则将导致银行破产倒闭。因此,商业银行必须就资本所能抵御和消化损失的能力加以判断和量化,利用经济资本限额来制约信贷业务的规模,将信用风险控制在合理水平。

限额管理对控制商业银行业务活动的风险非常重要,目的是确保所发生的风险总能被事先设定的风险资本加以覆盖。

从信贷业务的层面,商业银行分散信用风险、降低信贷集中度的通常做法就是对客户、行业、区域和资产组合实行授信限额管理。具体到每一个客户,授信限额是商业银行在客户的债务承受能力和银行自身的损失承受能力范围以内所愿意并允许提供的最高授信额。只有当客户给商业银行带来的预期收益大于预期损失时,商业银行才有可能接受客户的申请,向客户提供授信。

商业银行信贷业务层面的授信限额是银行管理层面的资本限额的具体落实。本章侧重于介绍业务层面的授信限额管理。

(1)单一客户授信限额管理。

商业银行制定客户授信限额需要考虑以下两个方面的因素:

①客户的债务承受能力。

商业银行对客户进行信用评级后,首要工作就是判断该客户的债务承受能力,即确定客户的最高债务承受额(Maximum Borrowing Capacity,MBC)。一般来说,决定客户债务承受能力的主要因素是客户信用等级和所有者权益,由此可得:

$$MBC = EQ \times LM$$
$$LM = f(CCR)$$

其中，MBC(Maximum Borrowing Capacity)是指最高债务承受额；EQ(Equity)是指所有者权益；LM(Leverage Modulus)是指杠杆系数；CCR(Customer Credit Rating)是指客户资信等级；f(CCR)是指客户资信等级与杠杆系数对应的函数关系。

由于市场经济环境中不仅银行可以选择客户，客户也可以选择银行，任何一个客户都可以在几家商业银行开户并取得授信。因此，商业银行在考虑对客户的授信时不能仅仅根据客户的最高债务承受额提供授信，还必须将客户在其他商业银行的原有授信、在本行的原有授信和准备发放的新授信业务一并加以考虑。从理论上讲，只要决定的授信限额小于或等于客户的最高债务承受额，具体数值可以由商业银行自行决定，这也是商业银行风险偏好在实际业务中的一种体现。商业银行在决定客户的授信限额时还要受到商业银行的政策因素，如银行的存款政策、客户的中间业务情况、银行收益情况等因素的影响。当上述各类因素为正面影响时，对授信限额的调节系数大于1；而上述各类因素为负面影响时，对授信限额的调节系数小于1。

②银行的损失承受能力。

银行对某一客户的损失承受能力用客户损失限额(Customer Maximum Loss Quota，CMLQ)表示，代表了商业银行愿意为某一具体客户所承担的损失限额。从理论上讲，客户损失限额是通过商业银行分配至各个业务部门或分支机构的经济资本在客户层面上继续分配的结果。也就是说，商业银行分配给各个业务部门的经济资本，再继续分配至该部门所承办的不同地区、不同行业的不同的金融产品，直到每一个授信客户。当客户的授信总额超过上述两个限额中的任一个限额时，商业银行都不能再向该客户提供任何形式的授信业务。

(2)集团客户授信限额管理。

虽然集团客户与单个客户授信限额管理有相似之处，但从整体思路上还是存在着较大的差异。集团客户授信限额管理一般分"三步走"：

第一步，根据总行关于行业的总体指导方针和集团客户与授信行的密切关系，初步确定该集团整体的授信限额；

第二步，根据单一客户的授信限额，初步测算关联企业各成员单位(含集团公司本部)最高授信限额的参考值；

第三步，分析各授信单位的具体情况，调整各成员单位的授信限额。同时，使每个成员单位的授信限额之和控制在集团公司整体的授信限额以内，并最终核定各成员单位的授信限额。

3. 信用风险缓释

巴塞尔委员会提出信用风险缓释技术的目的包括：

● 鼓励银行通过风险缓释技术有效抵补信用风险，降低监管资本要求；

● 鼓励银行通过开发更加高级的风险计量模型,精确计量银行经营面临的风险。

信用风险缓释是指银行运用合格的抵(质)押品、净额结算、保证和信用衍生工具等方式转移或降低信用风险。采用内部评级法计量信用风险监管资本时,信用风险缓释功能体现为违约概率(如保证的替代效果)、违约损失率[如抵(质)押和保证的减轻效果]或违约风险暴露(如净额结算)的下降。

(1)合格抵(质)押品。

合格抵(质)押品包括金融质押品、实物抵押品(应收账款、商用房地产和居住用房地产)以及其他抵(质)押品。合格抵(质)押品的信用风险缓释作用体现为违约损失率的下降,同时也可能降低违约概率。

> **背景知识:合格抵(质)押品的认定要求**
> (1)抵(质)押品应是《中华人民共和国物权法》《中华人民共和国担保法》规定可以接受的财产或权利。
> (2)权属清晰,且抵(质)押品设定具有相应的法律文件。
> (3)满足抵(质)押品可执行的必要条件;须经国家有关主管部门批准或者办理登记的,应按规定办理相应的手续。
> (4)存在有效处置抵(质)押品流动性强的市场,并且可以得到合理的抵(质)押品的市场价格。
> (5)在债务人违约、无力偿还、破产或发生其他借款合同约定的信用事件时,银行能够及时地对债务人的抵(质)押品进行清算或处置。

(2)合格净额结算。

净额结算对于降低信用风险的作用在于,交易主体只需承担净额支付的风险。若没有净额结算条款,那么在交易双方间存在多个交易时,守约方可能被要求在交易终止时向违约方支付交易项下的全额款项,但守约方收取违约方欠款的希望却很小。内部评级法下,表内净额结算的风险缓释作用体现为违约风险暴露的下降。

> **背景知识:合格净额结算的认定要求**
> (1)可执行性:具有法律上可执行的净额结算协议,无论交易对象是无力偿还或破产,均可实施。
> (2)法律确定性:在任何情况下,能确定同一交易对象在净额结算合同下的资产和负债。
> (3)风险监控:在净头寸的基础上监测和控制相关风险暴露。

(3)合格保证和信用衍生工具。

内部评级法初级法下,合格保证的范围包括:

①主权、公共企业、多边开发银行和其他银行;

②外部评级在 A⁻ 级及以上的法人、其他组织或自然人。

虽然没有相应的外部评级,但内部评级的违约概率相当于外部评级 A⁻ 级及以上水平的法人、其他组织或自然人。

二、市场风险管理

(一)市场风险的特征与分类

近年来,随着我国商业银行间竞争日趋激烈、金融产品创新对银行传统业务的冲击,以及资金拆借市场、债券交易市场、外汇交易市场、黄金交易市场和票据交易市场的建立和发展等,促使商业银行的经营行为和方式发生了重大转变。商业银行的经营重点已经由传统的贷款业务逐步转向更为多元化的业务组合方式,从而使其面临的市场风险也变得日益突出和重要。

市场风险是指因市场价格(利率、汇率、股票价格和商品价格)的不利变动而使银行表内业务和表外业务发生损失的风险。市场风险存在于银行的交易和非交易业务中,分为利率风险、汇率风险、股票价格风险和商品价格风险,分别是指由于利率、汇率、股票价格和商品价格的不利变动可能给商业银行造成经济损失的风险。

1. 利率风险

利率风险按照来源不同,分为重新定价风险、收益率曲线风险、基准风险和期权性风险。

(1)重新定价风险。

重新定价风险也称期限错配风险,是最主要和最常见的利率风险形式,源于银行资产、负债和表外业务到期期限(就固定利率而言)与重新定价期限(就浮动利率而言)之间所存在的差异。这种重新定价的不对称性使银行的收益或内在经济价值会随着利率的变动而发生变化。例如,如果银行以短期存款作为以长期固定利率贷款的融资来源,当利率上升时,贷款的利息收入是固定的,但存款的利息支出会随着利率的上升而增加,从而导致银行的未来收益减少、经济价值降低。

(2)收益率曲线风险。

收益率曲线是由不同期限但具有相同风险、流动性和税收的收益率连接而形成的曲线,用以描述收益率与到期期限之间的关系。例如,市场上 10 年期国债的收益率曲线基本反映了该市场中金融产品的到期期限与到期无风险收益率之间的关系。正常情况下,金融产品的到期期限越长,其到期收益率越高。但因重新定价的不对称性,收益率曲线的斜率和形态都可能发生变化(即出现收益率曲线的非平行移动),对银行的收益或内在经济价值产生不利影响,从而形成收益率曲线风险,也称利率期限结构变化风险。

案例分析：收益率曲线风险

20世纪70年代，美国许多地方储蓄信贷协会通过吸收短期储蓄存款、发放长期固定利率抵押贷款而获得稳定的收益。虽然储蓄信贷协会的收入对利率变动不敏感，但短期利率的变动会对其利息支出产生重大影响（如利率上升会导致利息支出增加）。因此，储蓄信贷协会实质上面临很大的利率风险敞口。但由于当时美国经济运行平稳，储蓄信贷协会暂时得以高枕无忧。

到了80年代中后期，市场波动日趋显著且难以预测，导致市场短期利率大幅上扬，储蓄信贷协会的利息支出远远超过了其抵押贷款的固定利息收入，并最终导致上千家金融机构破产倒闭。

(3) 基准风险。

基准风险也称利率定价基础风险，是一种重要的利率风险。在利息收入和利息支出所依据的基准利率变动不一致的情况下，虽然资产、负债和表外业务的重新定价特征相似，因其利息收入和利息支出发生了变化，也会对银行的收益或内在经济价值产生不利的影响。例如，商业银行用1年期存款作为1年期贷款的融资来源，存款按照伦敦银行同业拆借市场利率每月重新定价，而贷款则按照美国国库券利率每月重新定价。虽然存款和贷款的重新定价期限完全相同，因为不存在重新定价风险，所以存贷款参照的基准利率不同，当基准利率发生变化且变动幅度不同时，该银行将面临基准利率利差变化所造成的基准风险。

(4) 期权性风险。

期权性风险是一种越来越重要的利率风险，源于银行资产、负债和表外业务中所隐含的期权性条款。期权可以是单独的金融工具，如场内（交易所）交易的期权和场外的期权合同，也可以隐含于其他的标准化金融工具之中，如债券或存款的提前兑付、贷款的提前偿还等。

通常，期权和期权性条款都是在对期权持有者有利时执行。因此，期权性工具因具有不对称的支付特征而给期权出售方带来的风险，被称为期权性风险。例如，若利率变动对存款人或借款人有利，存款人就可能选择重新安排存款，借款人可能会选择重新安排贷款，从而影响银行的收益和内在经济价值。当前，金融创新日新月异，越来越多具有期权性质的金融产品因具有较高的杠杆效应，可能会进一步放大期权性风险而对银行的财务状况产生不利影响。

2. 汇率风险

汇率风险是指由于汇率的不利变动而导致银行业务发生损失的风险。汇率风险通常源于以下业务活动：

(1) 商业银行为客户提供外汇交易服务或进行自营外汇交易，不仅包括外汇即期交易，还包括外汇远期、期货、互换和期权等交易；

(2)银行账户中的外币业务,如外币存款、贷款、债券投资、跨境投资等。

根据上述业务活动,可以将汇率风险大致分为以下两类:

(1)外汇交易风险。银行的外汇交易风险主要来自两方面:一是为客户提供外汇交易服务时未能立即进行对冲的外汇敞口头寸;二是银行对外币走势有某种预期而持有的外汇敞口头寸。

(2)外汇结构性风险。该类风险是因为银行资产、负债之间的币种不匹配而产生的,也包括商业银行在对资产负债表的会计处理中,将功能货币转换成记账货币时,因汇率变动产生的风险。

3. 股票价格风险

股票价格风险是指由于商业银行持有的股票价格发生不利变动而给商业银行带来损失的风险。根据我国监管机构的规定,目前尚严禁商业银行直接投资股票市场,因此商业银行所面临的股票价格风险有限,相关内容在此不作深入介绍。

4. 商品价格风险

商品价格风险是指商业银行所持有的各类商品价格发生不利变动而给商业银行造成经济损失的风险。这里所述的商品主要是指可以在场内自由交易的农产品、矿产品(包括石油)和贵金属等,尤其以商品期货的形式为主。根据我国监管机构的规定,目前尚严禁商业银行直接投资商品实物或期货市场,因此,商业银行所面临的商品价格风险有限,相关内容在此不作深入介绍。

值得注意的是,商品价格风险中所述的商品不包括黄金这种贵金属。原因是,黄金曾长时间在国际结算体系中发挥国际货币职能(充当外汇资产)。尽管在布雷顿森林体系崩溃后,黄金不再法定地充当国际货币,但在实践中,黄金仍然是各国外汇储备资产的一种重要组成形式。为了保持各国外汇统计口径的一致性,黄金价格波动被纳入商业银行的汇率风险范畴。

(二)市场风险管理的组织框架

在实践操作中,很难总结出一种普遍适用的市场风险管理组织框架,一般来说,商业银行对市场风险的管理应当包括董事会、高级管理层和相关部门三个层级。

1. 董事会

董事会承担对市场风险管理实施监控的最终责任,确保商业银行能够有效地识别、计量、监测和控制各项业务所承担的各类市场风险。董事会负责审批市场风险管理的战略、政策和程序;确定银行可以承受的市场风险水平;督促高级管理层采取必要的措施识别、计量、监测和控制市场风险,并定期获得关于市场风险性质和水平的报告;监控和评价市场风险管理的全面性、有效性以及高级管理层在市场风险管理方面的履职情况。

2. 高级管理层

高级管理层负责制定、定期审查和监督执行市场风险管理的政策、程序以及具体的操作规程；及时了解市场风险水平及其管理状况，并确保银行具备足够的人力、物力以及恰当的组织结构、管理信息系统和技术水平来有效地识别、计量、监测和控制各项业务所承担的各类市场风险。商业银行的董事会和高级管理层应当对本行与市场风险有关的业务、所承担的各类市场风险以及相应的风险识别、计量、监测和控制方法有足够的了解。

3. 相关部门

相关部门具有明确的职责分工，相关职能被恰当分离，以避免产生潜在的利益冲突。交易部门应当将前台、后台严格分离，前台交易人员不得参与交易的正式确认、对账、重新估值、交易结算和款项收付，必要时可设置中台监控机制。负责市场风险管理的部门应当职责明确，与承担风险的业务经营部门保持相对独立，向董事会和高级管理层提供独立的市场风险报告，并且具备履行市场风险管理职责所需要的人力资源、物力资源。负责市场风险管理的工作人员应当具备相关的专业知识和技能，并充分了解本行与市场风险有关的业务、所承担的各类市场风险，以及相应的风险识别、计量、监测和控制方法/技术。

（三）市场风险控制

1. 限额管理

商业银行实施市场风险管理的主要目的是确保将所承担的市场风险规模控制在可以承受的合理范围内，使所承担的市场风险水平与其风险管理能力和资本实力相匹配。限额管理正是对商业银行市场风险进行有效控制的一项重要手段。常用的市场风险限额包括交易限额、风险限额和止损限额等。

（1）交易限额（Limits on Gross or Net Positions）是指对总交易头寸或净交易头寸设定的限额。总头寸限额对特定交易工具的多头头寸或空头头寸分别加以限制；净头寸限额对多头头寸和空头头寸相抵后的净额加以限制。在实践中，商业银行通常将这两种交易限额结合使用。

（2）风险限额是指对基于量化方法计算出的市场风险参数来设定限额。例如，对采用内部模型法计量出的风险价值设定的风险价值限额（VaR Limits）。

（3）止损限额（Stop-Loss Limits）是指所允许的最大损失额。通常，当某个头寸的累计损失达到或接近止损限额时，就必须对该头寸进行对冲交易或立即变现。止损限额适用于一日、一周或一个月等一段时间内的累计损失。

2. 风险对冲

除了采用限额管理来控制市场风险外，商业银行还可以通过金融衍生产品等金融工具，在一定程度上实现对冲市场风险的目的，即当原风险敞口出现亏损时，新风险敞口能够盈利，并且尽量使盈利能够全部抵补亏损。

风险管理实践中，商业银行可以同时利用多种金融衍生产品构造复杂的对冲机制,以更有效地降低其银行账户和交易账户中的市场风险。利用衍生产品对冲市场风险具有明显的优势,如构造方式多种多样、交易灵活便捷等,但通常无法消除全部市场风险,而且可能会产生新的风险,如交易对方的信用风险。需要特别重视的是,金融衍生产品本身就潜藏着巨大的市场风险。商业银行必须正确认识和理解各种金融衍生产品的风险特征,有能力把握多种金融产品组合在一起所形成的复杂状况,并且具备风险对冲所需的强大知识和信息技术支持。

3. 经济资本配置

商业银行除了采用限额管理、风险对冲等风险控制方法之外,还可以通过配置合理的经济资本来降低市场风险敞口。

经济资本配置通常采取自上而下法(Top-down Approach)或自下而上法(Bottom-up Approach)。

(1)自上而下法通常用于制订市场风险管理战略规划。商业银行可根据前期业务部门、交易员或交易产品的VaR占市场风险整体VaR的比例,在当期将经济资本自上而下逐级分解到对应的业务部门、交易员或交易产品。根据投资组合原理,由于投资组合的整体VaR小于其所包含的每个单体VaR之和,因此,计算经济资本分配比例时应当对单体VaR进行适当的技术调整。

(2)自下而上法通常用于当期绩效考核。商业银行可根据各业务部门、交易员或交易产品的实际风险状况分别计算其所占用的经济资本,然后自下而上逐级累积。同样根据投资组合原理,累积所得的整体层面的经济资本应小于各单个经济资本的简单加总。

商业银行可以通过定期分析比对上述两种方法分解经济资本时存在的差异,对经济资本配置的合理性进行有效评估,及时发现高风险、低收益的不良业务部门、交易员或交易产品,同时严格限制高风险业务的经济资本配置,将有限的经济资本配置到能够创造最优风险—收益率的业务部门、交易员和交易产品。

三、操作风险管理

操作风险是指由不完善或有问题的内部程序、员工、信息科技系统以及外部事件所造成损失的风险。根据监管机构的规定,操作风险包括法律风险,但不包括声誉风险和战略风险。商业银行对其面临的各项操作风险进行正确的分类,是建立有效的操作风险识别、评估、监测和控制体系的重要基础。

(一)操作风险分类

商业银行的操作风险可按人员因素、内部流程、系统缺陷和外部事件四大类别分类。

1. 人员因素

操作风险的人员因素主要是指因商业银行员工发生内部欺诈、失职违规,以及因员工的知识/技能匮乏、核心雇员流失、违反用工法等造成损失或者不良影响而引起的风险。

(1)内部欺诈。

内部欺诈是指故意骗取、盗用财产或违反监管规章、法律或公司政策导致的损失,此类事件至少涉及内部一方,但不包括歧视及差别待遇事件。我国商业银行员工违规行为导致的操作风险主要集中于内部人作案和内外勾结作案两种,属于最常见的操作风险类型。

(2)失职违规。

商业银行内部员工因过失没有按照雇佣合同、内部员工守则、相关业务及管理规定操作或者办理业务造成的风险,主要包括过失、未经授权的业务以及超越授权的活动。员工越权行为包括滥用职权、对客户进行误导、支配超出其权限的资金额度,致使商业银行发生损失的风险。

商业银行应对员工越权行为导致的操作风险予以高度关注。例如,各商业银行发展业务的冲动和对各分支机构考核的沉重压力,有可能造成基层分支机构以越权放款或者化整为零、短贷长用、借新还旧等方式规避上级行的监管,追求片面的信贷业务余额增长,忽略长期风险的控制。

(3)知识/技能匮乏。

商业银行员工在工作中由于知识/技能匮乏所造成的操作风险主要有三种:

①自己意识不到缺乏必要的知识技能,按照自己认为正确而实际错误的方式工作;

②意识到自己缺乏必要的知识/技能,但由于颜面或其他原因,未向管理层提出或声明其无法胜任或不能正确处理面对的情况;

③意识到自己缺乏必要的知识/技能,并进而利用这种缺陷危害商业银行的利益。

在前两种情况下,知识/技能匮乏的员工会按照其认为正确的方式工作,如果其负责核心业务方面的工作,则很可能会给商业银行带来经济或声誉方面的损失。第三种情况则被认为属于内部欺诈。

(4)核心雇员流失。

核心雇员具备商业银行员工普遍不具备的知识/技能,或能够快速吸收商业银行的内部知识/技能。核心人员掌握商业银行大量的技术和关键信息,其流失将给商业银行带来不可估量的损失。核心雇员流失造成的风险体现为商业银行对关键人员(如交易员、高级客户经理)过度依赖的风险,包括缺乏足够的后备人员、关键信息共享和文档记录、岗位轮换机制等。

(5)违反用工法。

商业银行因违反劳动合同法、就业、健康或安全方面的法规或协议等,造成个

商业银行服务规范与职业伦理

人工伤赔付或因歧视及差别待遇事件导致的损失。

2. 内部流程

内部流程因素引起的操作风险是指由于商业银行业务流程缺失、设计不完善，或者没有被严格执行而造成的损失，主要包括财务/会计错误、文件/合同缺陷、产品设计缺陷、错误监控/报告、结算/支付错误、交易/定价错误六个方面。

(1) 财务/会计错误。

财务/会计错误是指商业银行内部在财务管理和会计账务处理方面存在流程错误，主要原因是财会制度不完善、管理流程不清晰、财会系统建设存在缺陷等。

(2) 文件/合同缺陷。

文件/合同缺陷也称文件/合同瑕疵，是指各类文件档案的制定、管理不善，包括不合适的或不健全的文档结构、协议中出现错误或缺乏协议等。文件/合同历来是各商业银行加强关键流程控制的重点。

(3) 产品设计缺陷。

产品设计缺陷是指商业银行为公司、个人、金融机构等客户提供的产品在业务管理框架、权利义务结构、风险管理要求等方面存在不完善、不健全等问题。

(4) 错误监控/报告。

错误监控/报告是指商业银行监控/报告流程不明确、混乱，负责监控/报告的部门职责不清晰，相关数据/信息不全面、不及时、不准确，未履行必要的汇报义务或对外部汇报不准确（造成损失）。各银行在监控/报告的流程、频率和路线方面出现问题，造成决策层或管理层不能及时发现并督促整改错误，由此造成的损失较难统计，实践中应当建立有效的跟踪和反馈机制。

(5) 结算/支付错误。

结算/支付错误是指商业银行结算支付系统失灵或延迟（如现金未及时送达营业网点或交易对方等）。国内外各商业银行均在大力推进运营与后台支持集中化，在流程方面既加强对前台和中台的控制，又重视对商业银行总体流程的重整。

(6) 交易/定价错误。

交易/定价错误是指在交易过程中，因未遵循操作规定导致交易和定价出现错误。

3. 系统缺陷

系统缺陷引发的操作风险是指由于信息科技部门或服务供应商提供的计算机系统或设备发生故障或其他原因，导致商业银行不能正常提供全部/部分服务或业务中断而造成的损失。系统缺陷引发的风险包括系统设计不完善和系统维护不完善所产生的风险，具体表现为数据/信息质量、违反系统安全规定、系统设计/开发的战略风险，以及系统的稳定性、兼容性、适宜性方面的问题。

商业银行无论是对大客户的现金管理、对个人客户的网银服务，还是对内部的风险管理,都高度依赖日趋复杂和智能化的管理信息系统。而《巴塞尔新资本协议》的实施,对商业银行的信息系统和数据质量又提出了巨大的挑战。

(1)数据/信息质量。

商业银行对数据/信息质量的管理主要是防止各类文件档案的制定、管理不善,业务操作中的数据出现差错(如金额、币别等输入错误)。商业银行的核心业务系统、管理信息系统、全面集成的报告体系,特别是全面风险管理信息系统,必须依赖高质量的数据/信息。由于目前缺乏必要、合格的数据/信息积累,在一定程度上制约了《巴塞尔新资本协议》在我国商业银行的顺利实施。

(2)违反系统安全规定。

系统安全包括外部系统安全、内部系统安全、对计算机病毒和第二方程序欺诈的防护等。违反系统安全规定具体表现在:突破存储限制、系统信息传递/修改信息传送失败、第三方界面失败、系统无法完成任务、数据崩溃、系统崩溃重新存储、请求批处理失败、对账错误等。

(3)系统设计/开发的战略风险。

商业银行应当对信息系统的项目立项、开发、验收、运行和维护实施有效管理,不能片面地追求快速见效、贪大求全、超越本行业务的现实需求,要在战略高度评估经营管理的切实需要,慎重对待系统设计、开发的全过程。

(4)系统的稳定性、兼容性、适宜性。

信息技术部门应当与业务部门互相协调,确保全行系统的稳定运行、核心业务系统与相关系统有效兼容,保持业务和管理需求的适宜性。

4. 外部事件

商业银行是在一定的政治、经济和社会环境中运营的,经营环境的变化、外部突发事件等都会影响其正常的经营活动甚至造成损失。外部事件可能是内部控制失败或内部控制的薄弱环节,也可能是外部因素对商业银行运作或声誉造成的"威胁"。

(1)外部欺诈。

外部欺诈是指第三方故意骗取、盗用财产或逃避法律。此类事件是商业银行损失最大、发生次数最多的操作风险之一。

(2)洗钱。

洗钱是指违法分子通过各种手段将非法所得合法化的行为。各国政府和监管机构都要求商业银行在经营过程中必须设定相应的程序、政策,以严格控制恐怖融资和洗钱行为。

(3)政治风险。

政治风险是指由于战争、征用、罢工和政府行为、公共利益集团或极端分子活动而给商业银行造成的损失。例如,本国政府或商业银行海外机构所在地政府诞生新的立法、公共利益集团的持续压力/运动、极端组织的行动/蓄意破坏、政变/政府更替等事件给商业银行造成经济损失。

(4) 监管规定。

监管规定是指商业银行未遵守金融监管当局的规定而可能造成的损失。在出台新的金融监管规定、金融监管加强、金融监管者发生改变、金融监管重点发生变化时,较易出现此方面的风险。例如,国家进行宏观调控期间,商业银行应当及时调整有关信贷政策,避免因监管规定的变化而给商业银行造成损失。

(5) 业务外包。

由于外部供应商的过错而导致服务或供应中断或撤销而造成的损失,例如供电局拉闸限电、系统服务外包机构破产等。

(6) 自然灾害。

由于自然因素造成商业银行的财产损失,包括火灾、洪水、地震等。例如,2008年汶川大地震给当地多家商业银行造成相当规模的损失。

(7) 恐怖威胁。

由于人为因素造成商业银行的财产损失,包括恐怖活动、绑架和爆炸等。最有代表性的美国"9·11"事件,给众多金融机构造成惨重的经济损失。

操作风险案例分析:交易员弹指一挥损失 400 多亿日元

2005 年 12 月 8 日,瑞穗证券公司一名交易员接到一位客户的委托,要求以 61 万日元(约合 4.19 万元人民币)的价格卖出 1 股 J-Com 公司的股票。然而,这名交易员却把指令输成了以每股 1 日元的价格卖出 61 万股。这时操作屏上出现了输入有误的警告,但由于这一警告经常出现,交易员忽视警告继续操作。随后,东京证交所发现错误,电话通知瑞穗证券公司交易员立即取消交易,但由于证券交易系统存在缺陷,取消交易的操作未能成功。13 日,日本证券结算机构正式决定按照每股 91.2 万日元的价格实施强制性现金结算。为此,瑞穗证券公司的损失达到了 400 多亿日元。

风险成因分析:

(1) 从人员因素来看,员工操作失误、工作技能匮乏和缺乏工作责任心是导致失误的主要原因;

(2) 从内部流程来看,系统出现警告但缺乏必要的控制措施,导致交易被放行;

(3) 从系统缺陷来看,由于系统运行不稳定,经常出现输入有误的警告,造成交易员思想麻痹;

(4) 从外部因素来看,证券交易所交易系统的缺陷导致交易未能取消,不得不强制交割,最终形成实际损失。

(二)操作风险控制环境

商业银行的整体风险控制环境包括公司治理、内部控制、合规文化及信息系统四项要素,对有效管理与控制操作风险至关重要。

1. 公司治理

完善的公司治理结构是现代商业银行控制操作风险的基石。最高管理层及相关部门在控制操作风险方面承担了重要职责。各行应高度重视,按照巴塞尔委员会的建议,设立操作风险管理小组。

(1)操作风险管理委员会及操作风险管理部门,负责商业银行操作风险管理体系的建立和实施,确保全行范围内操作风险管理的一致性和有效性。主要职责包括:拟定本行操作风险管理政策和程序,提交董事会和高级管理层审批;协助其他部门识别、评估和监测本行重大项目的操作风险;设计、组织实施本行操作风险评估、缓释(包括内部控制措施)和监测方法以及全行的操作风险报告系统;建立适用全行的操作风险基本控制标准,并指导和协调全行范围内的操作风险管理。

(2)业务部门对操作风险的管理情况负直接责任,应指定专人负责操作风险管理。根据商业银行操作风险管理体系的要求,建立本部门持续有效的操作风险识别、评估、控制/缓释、监测及报告程序。

(3)内部审计部门负责定期检查评估商业银行操作风险管理体系的运作情况,监督操作风险管理政策的执行情况,对新出台的操作风险管理方案进行独立评估,直接向董事会报告操作风险管理体系运行效果的评估情况。

2. 内部控制

健全的内部控制体系是商业银行有效识别和防范操作风险的重要手段。长期以来,商业银行内部控制疏漏一直困扰着我国甚至国际银行业。内部控制失效是造成商业银行案件频发的直接原因,而隐藏在内部控制失效背后的则是内部控制要素的缺失和内部控制运行体系的紊乱。加强和完善商业银行的内部控制体系已经成为我国商业银行防范操作风险的迫切需要。

3. 合规文化

内部控制体系和合规文化是操作风险管理的基础。一个战略清晰、目标明确、职责到位的现代商业银行风险管理体系与培植一种以促进业务发展为根本的增值型合规文化是密不可分的。只有把先进的合规文化贯穿到商业银行的发展战略中,根植于整个银行的运行之中,内化为员工的职业态度和工作习惯,才能构建起抵御风险的坚强防线,实现商业银行稳健经营和可持续发展。根据调查分析,违规操作、内部欺诈等行为所导致的操作风险损失事件在我国商业银行操作风险中占比超过80%,说明我国商业银行在日常经营管理活动中存在相当严重的"有令不行、有禁不止"的违规现象。因此,培育良好的合规文化、加强合规管理将在相当长的时期内成为我国商业银行操作风险管理的核心问题。只有培育良好的合规文化,才能使风险管理机制有效发挥作用,才能使政策制度得以贯穿落实,才能让风险管理技术变得灵活而不僵硬,才能让每位员工发挥风险管理的能动作用。事实上,即使在风险管理体系和技术已经相当成熟的西方国家,合规管理依然是金融机构全面风险管理的基石。

4.信息系统

商业银行信息系统包括主要面向客户的业务信息系统和主要供内部管理使用的管理信息系统。先进的业务信息系统能够大幅提高商业银行的经营效率和管理水平,显著降低操作失误/差错率。商业银行应当通过不断完善业务信息和管理信息系统,以稳步提高操作风险管理水平。

(三)操作风险缓释

根据商业银行的资本金水平和操作风险管理能力,可以将操作风险划分为可规避的操作风险、可降低的操作风险、可缓释的操作风险和应承担的操作风险。商业银行可根据不同的操作风险类型采取相应的管理策略(见表6—1)。

表6—1　　　　　　　　　　操作风险类型及管理策略

可规避的操作风险	商业银行可以通过调整业务规模、改变市场定位、放弃某些产品等措施,让其不再出现
可降低的操作风险	交易差错、记账差错等操作风险可以通过采取更为有力的内部控制措施(如轮岗、强制休假、差错率考核等)来降低风险发生频率
可缓释的操作风险	对于火灾、抢劫、高管欺诈等操作风险商业银行往往很难规避和降低,甚至有些无能为力,但可以通过制定应急和连续营业方案、购买商业保险、业务外包等方式将风险转移或缓释
应承担的操作风险	商业银行不管采取多好的控制措施、购买再多的保险,总会有操作风险发生,如因员工知识/技能匮乏所造成的损失,这些是商业银行应承担的风险,需要为其计提损失准备或风险资金

1. 连续营业方案

当商业银行的营业场所、电力、通信、技术设备等因不可抗力事件而严重受损或无法使用时,商业银行可能因无力履行部分或全部业务职责遭受重大经济损失,甚至个别金融机构的业务中断可能造成更广泛的系统性瘫痪。连续营业方案应当是一个全面的计划,与商业银行经营的规模和复杂性相适应,商业银行应定期检查灾难恢复和连续营业方案,保证其与目前的经营和业务战略吻合,并对这些方案进行定期测试,确保商业银行发生业务中断时,能够迅速执行既定方案。

2. 商业保险

购买商业保险作为操作风险缓释的有效手段,一直是商业银行管理操作风险的重要工具。在商业银行投保前,不论是商业银行还是保险机构都要充分评估商业银行操作风险的状况、风险管理能力及财务承受能力,最终确定商业银行自担风险还是保险机构承保。国内商业银行在利用保险进行操作风险缓释方面还处于探索阶段。应当清醒地认识到,购买保险只是操作风险缓释的一种措施,根本上还是要靠商业银行不断提高自身的风险管理水平。

3.业务外包

商业银行可以将某些业务外包给具有较高技能和规模的其他机构来管理,用以转移操作风险。同时,外包非核心业务有助于商业银行将重点放在核心业务上,从而提高效率、降低成本。一般外包种类包括:(1)技术外包,如呼叫中心、计算机中心、网络中心、IT策划中心等;(2)处理程序外包,如消费信贷业务有关客户身份及亲笔签名的核对、信用卡客户资料的输入与装封等;(3)业务营销外包,如汽车贷款业务的推销、住房贷款推销、银行卡营销等;(4)专业性服务外包,如法律事务、不动产评估、安全保卫等;(5)后勤性事务外包,如贸易金融服务的后勤处理作业、凭证保存等。

选择外包服务提供者时要对其财务状况、信誉状况和双方各自的独立程度进行评估。从本质上说,业务操作或服务虽然可以外包,但其最终责任并未被"包"出去。商业银行仍然是外包过程中出现的操作风险的最终责任人,对客户和监管者承担着保证服务质量、安全、透明和管理汇报的责任。

四、流动性风险管理

流动性风险是指商业银行无力为负债的减少和/或资产的增加提供融资而造成损失或破产的风险。当商业银行流动性不足时,它无法以合理的成本迅速增加负债或变现资产获取足够的资金,从而导致商业银行资不抵债,影响其正常运营。商业银行的流动性是衡量商业银行在一定时间内以合理的成本获取资金用于偿还债务或增加资产的能力。所以,流动性风险管理是商业银行资产负债管理的重要组成部分,通过对流动性进行定量和定性分析,对资产、负债和表外业务等方面的流动性进行综合管理。商业银行的流动性状况直接反映了其从宏观到微观的所有层面的运营状况及市场声誉。保持良好的流动性状况能够对商业银行的安全、稳健运营产生积极作用。

与金融全球化和金融创新同步,由于商业银行客户/资金来源更为广泛、竞争日趋激烈、市场大宗融资交易上升、表外业务增长、电子银行业务快速发展等多方面的原因,造成流动性风险的复杂程度和重要性也日益提升,外部监管机构和商业银行管理者对加强监测和控制流动性风险的需求越来越迫切。现代商业银行广泛采用概率和统计分析技术来监测和控制流动性风险,并辅以压力测试、情景分析等多种方法,以及信息系统的支持。

(一)流动性风险识别

对流动性风险的识别和分析,必须兼顾商业银行的资产和负债两方面,即流动性集中反映了商业银行资产和负债的均衡状况,体现在资产流动性和负债流动性两个方面。

1. 资产流动性

资产流动性是指商业银行持有的资产可以随时得到偿付或者在不贬值的情况下进行出售,反映了商业银行在无损失或有微小损失的情况下迅速变现的能力。资产变现能力越强,银行的流动性状况越佳,其流动性风险也相应越低。因此,商业银行应当估算所持有的可迅速变现资产量,将其与预期的流动性需求进行比较,以确定流动性适宜度。

背景知识:

巴塞尔委员会将银行资产按流动性高低分为四类:

(1)最具有流动性的资产,如现金及在中央银行的市场操作中可用于抵押的政府债券,这类资产可用于从中央银行获得流动性支持,或者在市场上出售、回购或抵押融资;

(2)其他可在市场上交易的证券,如股票和同业借款,这些证券是可以出售的,但在不利情况下可能会丧失流动性;

(3)商业银行可出售的贷款组合,一些贷款组合虽然有可供交易的市场,但在流动性分析的框架内却可能被视为不能出售;

(4)流动性最差的资产包括实质上无法进行市场交易的资产,如无法出售的贷款、银行的房产和在子公司的投资、存在严重问题的信贷资产等。

需要注意的是,在计算资产流动性时,抵押给第三方的资产均应从上述各类资产中扣除。

2. 负债流动性

负债流动性是指商业银行能够随时以合理的成本吸收客户存款或从市场获得需要的资金,反映了商业银行在合理的时间、成本条件下迅速获取资金的能力。如果商业银行获取资金的能力较弱,则容易导致银行的流动性状况欠佳,其流动性风险也相应较高。由于零售客户和公司/机构客户对商业银行风险状况的敏感度存在显著差异,因此负债流动性还应当从零售负债和公司/机构负债两个角度进行深入分析:

(1)零售客户对商业银行的风险状况和利率水平缺乏敏感度,其存款意愿通常取决于自身的金融知识和经验、银行的地理位置、产品种类、服务质量等感性因素。因此,从商业银行负债流动性的角度来看,零售存款相对稳定,通常被看作核心存款的重要组成部分。

(2)公司/机构客户可以便利地通过多种渠道了解商业银行的经营状况。例如,根据监测和分析商业银行所发行的债券和票据在二级市场的成交量和成交价格,能够对商业银行的风险状况作出判断,进而决定存款的额度和去向。因此,公司/机构存款对商业银行的风险状况和利率水平高度敏感,通常不够稳定,很容易对商业银行的流动性造成较大影响。特别值得注意的是,大额公司/机构存款的变动对中小商业银行流动性的冲击尤为显著,积极开拓中小企业客户存款,有助于显著分散和降低流动性风险。

综上所述,商业银行流动性风险管理的核心是要尽可能地提高资产的流动性和负债的稳定性,并在两者之间寻求最佳的风险—收益平衡点。

(二)流动性风险监测与控制

与金融全球化和金融创新同步,由于商业银行客户/资金来源更为广泛、竞争日趋激烈、市场大宗融资交易上升、表外业务增长、电子银行业务快速发展等多方面的原因,造成流动性风险的复杂程度和重要性日益提升,外部监管机构和商业银行管理者对加强监测和控制流动性风险的需求越来越迫切。现代商业银行广泛采用概率和统计分析技术来监测和控制流动性风险,并辅以压力测试、情景分析等多种方法,以及信息系统的支持,对未来特定时段的流动性可能出现的变化进行更加深入和准确的分析、判断,以最大限度地降低流动性风险及由此可能造成的损失。

1. 流动性风险预警

商业银行除了满足外部监管机构对流动性比率/指标的强制要求之外,如果其他重要财务指标和风险指标超出了预先设定的合理范围,且处置不当,也可能导致流动性风险恶化,甚至引发流动性危机。流动性风险在发生之前,商业银行通常会表现为各种内、外部指标信号的明显变化,随时关注并监测这些预警指标和信号的变化和发展趋势,有助于商业银行及早发现并纠正导致流动性风险的错误行为/交易,适时采取正确的风险控制方法。例如,香港金管局从审慎的角度出发,要求商业银行根据本行的风险状况制定目标流动资产比率(高于法定最低流动资产比率水平,如 30%)作为流动性风险预警信号。商业银行一旦同时出现上述几种内外部预警信号,则应当引起管理层和相关业务单位的高度重视,在严格执行各项业务限额管理的同时,应及时启动流动性应急计划,迅速弥补资金不足,力争在最短的时间内解决支付能力不足的问题,避免流动性危机真实发生。

2. 压力测试

商业银行应当定期对因资产、负债及表外项目变化所产生的现金流量及期限变化进行预测和分析,力图准确判断未来特定时段的资金净需求。商业银行除了监测在正常市场条件下的资金净需求外,还有必要定期进行压力测试,根据不同的假设情况(可量化的极端范围)进行流动性测算,以确保商业银行储备足够的流动性来应付可能出现的各种极端状况。例如,2007 年上半年国内股票市场空前繁荣,某商业银行在1个营业日内累计提取数百亿元人民币,给流动性管理造成了巨大的压力,被迫在资金市场不惜成本借入巨额资金以应付短期支付要求。

商业银行可根据自身业务特色和需要,对以下风险因素的变化可能对各类资产、负债以及表外项目价值造成的影响进行压力测试:

(1)存贷款基准利率连续累计上调/下调250个基点。

(2)市场收益率提高/降低50%。

(3)持有主要外币相对于本币升值/贬值20%。

(4)重要行业的原材料/销售价格上下波幅超过50%。

(5)GDP、CPI、失业率等重要宏观经济指标上下波幅超过20%。

3. 情景分析

情景分析有助于商业银行深刻理解并预测在多种风险因素共同作用下,其整体流动性风险可能出现的不同状况。商业银行通常将可能面临的市场条件分为正常、最好和最坏三种情景,尽可能考虑到每种情景下可能出现的有利或不利的重大流动性变化。例如,在正常和极端不利的市场条件下,商业银行现金流入和流出的缺口分析结果以及所反映的整体流动性状况会存在显著差异。

在流动性风险情景分析中,分析商业银行正常状况下的现金流量变化最为重要,有助于强化商业银行对日常存款的管理并充分利用各种融资渠道,避免在某一时刻持有过量的闲置资金或面临过高的资金需求,以有效缓解市场波动所产生的冲击,消除交易对手对其经营状况的疑虑。虽然最好情景和最坏情景发生的概率较低,但深入分析最坏情景(即面临流动性危机)意义重大,通常可分为以下两种情况:

第一,商业银行自身问题所造成的流动性危机。例如,商业银行的资产质量严重低下,无法继续产生正常的现金流入,可用资金严重匮乏,而此时大量的负债无法展期或以其他负债替代,必须按期偿还,因此不得不依赖从资金市场大规模融资或出售流动性资产,从而引发流动性危机。例如,具有一百多年历史的巴林银行,由于内部控制方面的严重疏漏被个别交易员利用,违规交易衍生产品并遭受巨额损失,最终巴林银行因无法筹措到足够的资金弥补损失而被迫宣布破产倒闭。

实质上,商业银行绝大多数流动性危机的根源都在于自身管理能力和技术水平存在致命的薄弱环节。因此,商业银行应当深刻检讨自身存在的可能危及经营安全的诸多问题,并做好充分的心理和资源准备,以应对随时可能到来的流动性危机。此种流动性危机如果能够得到迅速、有效的控制,将不会危及整个金融体系的安全。

第二,整体市场危机。2008年爆发的全球金融危机,是流动性危机噩梦最真实的写照,几乎所有国际性商业银行的流动性状况都受到了不同程度的影响,严重损害了全球经济和金融体系的稳定与繁荣。值得注意的是,在此危机条件下,市场对商业银行的信用等级高度重视,由此导致不同商业银行的融资能力形成巨大的反差,有些追逐高风险、高收益的商业银行因不堪承受巨额投机损失而破产倒闭,而有些稳健经营、信誉卓著的商业银行则成为剩余资金的安全避风港,在危机中反而提高了自身的流动性和竞争能力。

在最坏情景下,商业银行需要测算现金流量的可能变动范围,此时应当持审慎态度,在分析现金流入时采用较晚的日期,金额适当降低;而在分析现金流出时采用较早的日期,金额适当提高。将特定时段内的预期现金流入和现金流出之间的余额相加,则能够把握商业银行在三种情景下的流动性演变和资金净余缺的情况,从而合理判断商业银行的流动性状况。商业银行在运营过程中,应当尽可能对出现的各种情景进行相对保守的估计,将流动性缺口始终控制在安全范围内,确保随时具有支付能力。

(三)流动性风险管理方法

目前,我国商业银行流动性风险管理的通常做法是:在总行设立资产负债管理委员会,制定全行的流动性管理政策;由计划资金部门负责日常流动性管理,对各项流动性指标进行监测与分析,并作出相应的决策;计划资金部门作为全行的司库,一方面通过行内"上存下借"机制调剂各分行头寸余缺,将分行缺口集中到总行;另一方面通过计划资金部的交易员,运用货币市场、公开市场等与外部市场平盘,保证在总行层面集中管理和配置资金,动态调整流动性缺口。此外,大多数商业银行通过制定本外币资金管理办法,对日常头寸的监控、调拨、清算等进行管理,并通过对存贷比、流动性比率、中长期贷款比例等指标的考核,加强对全行流动性的管理。同时,成立由行长和各主要业务部门负责人参加的流动性应急委员会,负责组织制订并实施应急方案。

1. 对本币的流动性风险管理

在具体操作层面,对表内业务本币的流动性风险管理可以简单分为三个步骤:

(1)设立相应的比率/指标,判断流动性变化趋势。

(2)计算特定时段内商业银行总的流动性需求,等于负债流动性需求加上资产(贷款)流动性需求。

①商业银行的负债流动性需求。商业银行可将特定时段内的存款分为三类:

第一类,敏感负债,对利率非常敏感,随时都可能提取,如证券业存款。对这部分负债,商业银行应保持较强的流动性储备,可持有其总额的80%。

第二类,脆弱资金,部分为短期内提取的存款,如政府税款、电力等费用收入。商业银行可以流动资产的形式持有其30%左右。

第三类,核心存款,除极少部分外,几乎不会在一年内提取。商业银行可将其15%投入流动资产。

根据上述分类及参数标准,可获得商业银行的负债流动性需求。

②商业银行总的流动性需求。由于贷款发放之后,客户可能立即提取,因此商业银行必须持有充足的资金(通常为100%的现金),由此可得商业银行总的流动性需求。

(3)商业银行的资金管理员根据已划定的资金期限,计算现金流量头寸剩余或不足,结合不同情景可能发生的概率,获得特定时段内商业银行的流动性缺口。

2. 对外币的流动性风险管理

高级管理层应当首先明确外币流动性管理的架构,可以将流动性管理权限集中在总部或下放至在货币发行国的分行,但都应赋予总部最终的监督和控制全球流动性的权利。其次是制定各币种的流动性管理策略。例如,商业银行将在何种程度上以本币满足其外汇融资需求,以及如何将本币通过外汇市场或货币掉期转换成外币,这些都取决于商业银行融资需求的规模、进入外汇市场融资的渠道,以及从事表外业务的能力(如备用信贷额度、掉期安排等),具体操作可参照本币流动性风险管理的方式。最后,商业银行应当制订外汇融资能力受损时的流动性应急计划,通常采用两种方式:

(1)使用本币资源并通过外汇市场将其转为外币,或使用该外汇的备用资源。例如,根据商业银行利用外汇市场和衍生产品市场的能力,可以由总行以本币为所有外币提供流动性。

(2)管理者可根据某些外币在流动性需求中占有较高比例的情况,为其建立单独的备用流动性安排。

我国绝大多数商业银行的本外币流动性管理仍主要依赖于历史数据和管理人员的经验判断与估计,难以实现对整体流动性风险的动态监测和精确管理。目前,有些商业银行已经建立和运用资产负债管理信息系统作为辅助工具,实时监测资产负债的匹配情况,真正实现积极、主动的流动性缺口管理,确保将流动性风险时刻控制在合理范围内。

3. 制订流动性应急计划

随着全球经济发展的不确定性日益增加,商业银行在流动性风险管理过程中,遭遇突发事件和异常市场状况的可能性也越来越高。因此,商业银行在完善流动性风险监测和预警机制的同时,制订切实可行的本外币流动性应急计划至关重要。

流动性应急计划主要包括以下两方面内容:

(1)危机处理方案。

规定各部门沟通或传输信息的程序,明确在危机情况下各自的分工和应采取的措施,以及制定在危机情况下资产和负债的处置措施。危机处理方案还应当考虑如何处理与利益持有者(如债权人、债务人、表外业务交易对手等)的关系。出现危机时,商业银行必须牺牲某些利益持有者的局部利益以换取整体所必需的流动性。因此,有必要事先划分利益持有者的重要程度,以决定在危机的不同阶段应当重点保障哪些利益持有者的需求。此外,维持良好的公共关系将有利于树立积极的公众形象,防止危机变得更糟。

(2)弥补现金流量不足的工作程序。

备用资金的来源包括未使用的信贷额度,以及寻求中央银行的紧急支援等。应急计划应尽可能明确预期从上述渠道获得的资金数量、在何种情形下才能使用上述资金的渠道,以及资金未来的偿还安排。商业银行除了借鉴和掌握先进的流动性管理知识/技术外,针对我国当前的经济形势和实际市场状况,还应当高度重视以下流动性风险管理要点:

①提高流动性管理的预见性。中国人民银行从 2004 年开始实行差别存款准备金政策以及再贷款浮息制度,表明中央银行对流动性管理不善的商业银行开始给予一定程度的"经济惩罚",结束了商业银行长期以来既不需要承担最终流动性风险,又不必为管理不善付出较高成本的局面,迫使商业银行把加强流动性管理提升到更高的战略地位。因此,商业银行应当加强对经济金融形势的研究,提高政策敏感性和快速反应能力,正确预期和判断货币政策的变化,把握市场先机。

②建立多层次的流动性屏障。商业银行应当根据资产负债的不同流动性,以现金备付、二级备付、三级备付、法定准备等多级流动性准备,实现弹性的、多层次的资产负债期限结构匹配,用多道防线抵御可能发生的流动性风险。

③通过金融市场控制风险。公开市场、货币市场和债券市场是商业银行获取资金、满足流动性需求的快捷通道,特别是在大力发展货币市场基金的背景下,市场参与主体的多元化将使货币市场更加具有纵深性,成为各商业银行吸纳和中和流动性的场所。

五、其他风险管理

(一)声誉风险管理

声誉风险是指由商业银行经营、管理及其他行为或外部事件导致利益相关方对商业银行产生负面评价的风险。良好的声誉是商业银行的生存之本。商业银行一旦被发现其金融产品/服务存在严重缺陷(如电子银行业务缺乏足够的安全性和稳定性),或内控缺失导致违规案件层出不穷,或缺乏经营特色和社会责任感,那么即便花费大量的时间和金钱用于事后的危机管理,也难以弥补对商业银行声誉造成的实质性损害。在激烈竞争的市场条件下,声誉风险的损害可能是长期的,甚至是致命的。

2009 年 1 月,《巴塞尔新资本协议(征求意见稿)》明确指出,银行应将声誉风险纳入其风险管理体系中,并在资本充足率评估和流动性应急预案中适当涵盖。2009 年 8 月,中国银监会正式发布《商业银行声誉风险管理指引》,要求商业银行声誉风险管理应当全面覆盖商业银行的各种行为、经营活动和业务领域,督促商业银行规范声誉风险管理,引导商业银行完善全面风险管理体系,并通过审慎有效监管,保护广大存款人和消费者的利益。商业银行只有从整体层面认真规划、管理声誉风险,制定明确的运营规范、行为方式和道德标准,并切实贯彻和执行,才能有效管理和降低声誉风险。

1. 声誉风险管理的内容及作用

一般来说,商业银行规模越大,抵抗风险的能力越强,也意味着商业银行可能面临的风险因素越多,对其声誉的潜在威胁也越大。管理和维护声誉需要商业银行综合考虑内、外部风险因素。有效的声誉风险管理体系应当重点强调以下内容:

(1)明确商业银行的战略愿景和价值理念;

(2)有明确记载的声誉风险管理政策和流程;

(3)深入理解不同利益持有者(如股东、员工、客户、监管机构、社会公众等)对自身的期望值;

(4)培养开放、互信、互助的机构文化;

(5)建立强大的、动态的风险管理系统,有能力提供风险事件的早期预警;

(6)努力建设学习型组织,有能力在出现问题时及时纠正;

(7)建立公平的奖惩机制,支持发展目标和股东价值的实现;

(8)利用自身的价值理念、道德规范影响合作伙伴、供应商和客户;

(9)建立公开、诚恳的内外部交流机制,尽量满足不同利益持有者的要求;

(10)有明确记载的危机处理/决策流程。

实践表明,良好的声誉风险管理已经成为商业银行的主要竞争优势之一,有助于提升商业银行的赢利能力并保障战略目标的实现。

2. 采取恰当的声誉风险管理方法

有效的声誉风险管理是有资质的管理人员、高效的风险管理流程以及先进的信息系统共同作用的结果。

虽然目前国内外金融机构尚未开发出有效的声誉风险管理量化技术,但普遍认为声誉风险管理的最佳实践操作是:

第一,推行全面风险管理理念,改善公司治理,并预先做好防范危机的准备;

第二,确保各类风险被正确识别、优先排序,并得到有效管理。

声誉风险管理的具体做法有:

(1)强化声誉风险管理培训。高度重视对员工守则和利益冲突政策的培训,确保所有员工都能深入贯彻、理解商业银行的价值理念和风险管理政策,恪守内部流程,从微观处减少潜在的声誉风险因素。

(2)确保实现承诺。无论对利益持有者作出何种承诺,商业银行都必须努力兑现,如果因各种原因无法实现承诺,则必须作出明确、诚恳的解释。

(3)确保及时处理投诉和批评。商业银行在运营和发展过程中,出现某些错误是不可避免的,但及时改正并且正确处理投诉和批评至关重要,通过接受利益持有者的投诉和批评,深入发掘商业银行的潜在风险,才更具有价值。

(4)尽可能维护大多数利益持有者的期望,与商业银行的发展战略相一致。现实中,商业银行应当对不同利益持有者的期望进行分类并优先排序,一旦发现某些利益持有者的期望与商业银行的未来发展相冲突时,董事会和高级管理层必须作出取舍。

(5)增强对客户/公众的透明度。客户应当被看作商业银行的核心资产,而不仅仅是产品或服务的被动接受者。传统上,商业银行通常都会因为竞争关系而将很多信息秘而不宣,如今越来越多的商业银行将产品研发、未来发展计划向客户/公众告知,并广泛征求意见,以提早预知和防范新产品/服务可能引发的声誉风险。

(6)将商业银行的企业社会责任(Corporate Social Responsibility,CSR)和经营目标结合起来,是创造公共透明度、维护商业银行声誉的另一个重要层面。

商业银行应当不仅在其内部广泛传播价值理念,也应当将这种价值观延续给其合作伙伴、客户和供应商/服务商,并在整个经济和社会环境中树立富有责任感并值得信赖的机构形象。

(7)保持与媒体的良好接触。商业银行的良好声誉源自利益持有者的持久信任,而媒体是商业银行和这些利益相关群体保持密切联系的纽带。因此,商业银行需要通过不同的媒体,定期或不定期地宣传商业银行的价值理念。发言人制度、首席执行官的媒体访谈,以及可信赖的第三方(如研究机构的客观评价)都可以成为商业银行在利益持有者以及公众心目中建立积极、良好声誉的重要媒介。

(8)制定危机管理规划。商业银行应当制定声誉风险管理应急机制,并定期测试以确保危机时刻商业银行的反应是及时、恰当的。对于难以评估/预期的风险威胁,可以参照其他商业银行的历史情景,测试自身在同样情况下的危机处理能力。

3. 声誉危机管理规划

商业银行有必要对危机管理的政策和流程做好事前准备,建立有效的沟通预案,制定有效的危机应对措施,并及时调动内外部资源以缓解致命风险的冲击。商业银行处理危机的能力和效果有可能进一步提高商业银行的声誉,也有可能将声誉毁于一旦。传统上,危机管理主要采用"辩护或否认"的对抗战略推卸责任,但往往招致更强烈的对抗行动,如今更加具有建设性的危机处理方法是"化敌为友",敢于面对暂时性的危机或挑战,勇于承担责任并与内外部利益持有者协商解决问题,以缓解利益持有者的持续对抗。因此,声誉危机管理应当建立在良好的道德规范和公众利益基础上,而且如果能够在监管部门采取行动之前妥善处理,将取得更好的效果。

商业银行声誉危机管理需要技能和经验以及全面、细致的危机管理规划,以便为商业银行在危机情况下保全甚至提高声誉提供行动指南。声誉危机管理的主要

内容包括:

(1)预先制定战略性的危机管理规划。设定危机管理负责人岗位,定期评估金融机构的内外部沟通机制;确保可供使用的沟通资源和技术手段畅通,保障危机时刻的信息传递;熟悉处理危机的最佳媒介方式;在机构内部明确危机管理原则,并尽可能告知所有利益持有者。

(2)提高日常解决问题的能力。预先识别潜在危机,并制定相应的反应策略;公共关系部门和投资者关系部门应当密切协作,以采取更恰当的对外回应;改变业务部门处理问题的方式,尽可能避免将问题升级为危机;定期测试危机沟通方案以及应对措施;采用压力测试和情景分析法进行声誉危机评估。

(3)危机现场处理。根据预先制定的危机管理规划,迅速成立危机管理小组;制定管理层的危机沟通机制;开通危机时刻的救援/帮助热线;正确区分并处理声誉危机和不可抗力事件(如自然灾害);选择律师或具有良好法律背景的人员作为危机发言人。

(4)提高发言人的沟通技能。危机时刻,商业银行维护声誉并控制局面的时机非常宝贵,此刻要求危机发言人具有良好的沟通技能,包括简要介绍危机处理的积极消息、客观冷静地对待恶意/愤怒、激动问题、熟悉媒体的质询方式和问题陷阱、采用口头或书面方式与媒体保持积极合作。

(5)危机处理过程中的持续沟通。危机时刻,负责内部沟通的人员应当迅速协助员工安定下来,在确保安全的前提下,尽职尽责,坚守自己的岗位,以防止出现更加混乱、复杂的局面。危机管理小组应当尽快明确和理解相关利益持有者的期望,评估危机可能造成的风险损失规模,优化沟通流程(沟通内容、如何沟通、何时沟通),管理/协调危机内外部沟通小组。

(6)管理危机过程中的信息交流。严格管制敏感信息,避免错误或无准备的评论传播;发言人应当以有准备、有信心的形象出现在媒体面前;当敏感信息被媒体披露出来时,能够很好处理与媒体的关系;及时改正或收回在媒体中发表的错误言论。

(7)模拟训练和演习。定期进行有针对性的危机训练和演习,有助于商业银行在危机时刻从容行动。媒体训练是其中的一项重要内容,要求发言人/管理者能够泰然应对媒体或公众质询,并将不利影响降到最低。商业银行应当定期更新训练和演习的内容并持续进行。

2008年席卷全球的金融危机表明,商业银行因各种风险因素爆发声誉危机只不过是时间问题,因此商业银行应当更加关注声誉风险管理问题。无论声誉危机何时发生,商业银行在系统制定声誉危机管理规划时,很多潜在风险就已经被及时发现并得到有效处理,这有助于最大限度地避免或延缓危机的到来。从这个意义上来说,声誉危机管理规划能够给商业银行创造相当可观的附加价值。

(二)战略风险管理

商业银行在面临风险威胁时,通常采取的风险控制措施都是应急性的,缺乏必要的前期准备,并往往建立在直觉反应基础之上,有时甚至对部分风险毫无知觉。为了避免因盲目承担风险造成的重大经济损失,同时又能适时把握发展机遇,商业银行应当将最佳的风险管理办法转变为商业银行的既定政策和原则,从应急性的风险管理操作转变为预防性的风险管理规划,通过定期评估威胁商业银行产品/服务、员工、财物、信息以及正常运营的所有风险因素,及早采取有效措施减少或杜绝各类风险隐患,确保商业银行的健康和可持续发展。战略风险管理就是基于这种前瞻性理念而形成的全面、预防性的风险管理方法,得到国际上越来越多的金融机构特别是大型商业银行的高度重视。

商业银行的战略风险管理具有双重内涵:

一是商业银行针对政治、经济、社会、科技等外部环境和内部可利用资源,系统识别和评估商业银行既定的战略目标、发展规划和实施方案中潜在的风险,并采取科学的决策方法和风险管理措施来避免或降低可能的风险损失。

二是商业银行从长期、战略的高度,良好规划和实施信用、市场、操作、流动性以及声誉风险管理,确保商业银行健康、持久运营。

1. 战略风险管理的作用

战略风险管理通常被认为是一项长期性的战略投资,实施效果需要很长时间才能显现。

实际上,商业银行可以在短期内便体会到战略风险管理的诸多益处:

(1)比竞争对手更早采取风险控制措施,可以更为妥善地处理风险事件;

(2)全面、系统地规划未来发展,有助于将风险挑战转变为成长机会;

(3)对主要风险提早做好准备,能够避免或减轻其可能造成的严重损失;

(4)避免因赢利能力出现大幅波动而导致的流动性风险;

(5)优化经济资本配置,并降低资本使用成本;

(6)强化内部控制系统和流程;

(7)避免附加的强制性监管要求,减少法律争议/诉讼事件。

简言之,战略风险管理能够最大限度地避免经济损失、持久维护和提高商业银行的声誉和股东价值。

战略风险管理强化了商业银行对于潜在风险的洞察力,能够预先识别所有潜在风险以及这些风险之间的内在联系和相互作用,并尽可能在危机真实发生前就将其有效遏制。预防性的战略风险管理政策向商业银行所有利益持有者传递了强有力的信号——商业银行拥有足够的实力,并已经做好充分准备来应对可能发生的风险,以确保持久、稳健地运营。

案例分析：声誉和战略危机导致雷曼兄弟神话破灭

有着158年悠久历史的投资银行雷曼兄弟于当地时间2008年9月15日提交了破产申请。曾经声誉卓著的雷曼兄弟作为次级金融产品的最大认购方，2006年曾持11%的市场份额，具有约6000亿美元资产，但终究没能抵挡住次贷产品的巨大贬值压力。截至2008年8月31日，雷曼兄弟股价一路暴跌，资产缩水至29亿美元，市场很多交易对手因此放弃与之交易，进一步勒紧其流动性，最终使其不得不宣布破产倒闭。作为雷曼兄弟最大的无抵押债权人花旗银行等金融机构，因此所遭受的损失高达860亿美元，众多中小投资者的损失则难以估量。

由于雷曼兄弟大规模持有高风险的次级金融产品，因而在整体市场状况出现不利变化时造成巨额损失。监管机构、投资者和公众因此对其经营理念和管理能力产生怀疑，并丧失对其投资的信心。在短短的8个月时间内，雷曼兄弟因长期存在的战略风险以及迅速恶化的声誉风险无法得到有效解决，最终失去了在投资银行领域的竞争能力和生存空间。其破产消息及连带巨额损失造成全球金融市场的剧烈动荡，系统性风险急剧恶化。

商业银行应正确识别来自内、外部的战略风险，有助于经营管理从被动防守转变为主动出击，适时采取研发新产品/服务、需求创新、业务拓展等战略性措施，提高盈利能力并确保竞争优势。例如，始于2007年的全球金融危机为我国金融机构推行跨国投资战略提供了不少良机。然而，如何将所承担的投资风险转化为预期收益，需要敏锐的投资触觉和强大的风险管理能力。金融机构必须站在战略风险管理的高度，制订精细的海外投资计划，加强在实践层面学习国际先进金融机构的投资经验，充分理解并合理运用相关法律保护自身利益。

2. 采取恰当的战略风险管理方法

战略风险涵盖了商业银行的发展愿景、战略目标以及当前和未来的资源制约等诸多方面的内容。因此，有效的战略风险管理应当定期采取从上至下的方式，全面评估商业银行的愿景、短期目标以及长期目标，并据此制定切实可行的实施方案，体现在商业银行的日常风险管理活动中。

传统上，商业银行战略管理的做法是根据既定的长期战略和发展目标，制定相关政策和流程来逐步实现。战略风险管理则是在战略管理的基础上，进一步考虑商业银行的战略规划和战略实施方案中的潜在风险，准确预测这些风险可能造成的影响并提前做好准备。在整个管理过程中，保持风险管理、战略规划和实施方案相互促进、统一协调，在实现战略发展目标的同时，将风险损失降到最低。战略风险管理的最有效方法是制定以风险为导向的战略规划，并定期进行修正。

首先，战略规划应当清晰阐述实施方案中所涉及的风险因素、潜在收益以及可接受的风险水平,并且尽可能地将预期风险损失和财务分析包含在内。例如,在信用卡业务扩展规划中,应当认真评估预期收入增长率、新的/当前市场的持续发展能力、人力资源/技术设备要求、业务扩展所产生的信用风险规模等基本假设条件。经过评估并具有较高可信度的假设,可以应用于战略实施方案中的风险评估,并针对风险敞口的规模提出适当的控制方案。

其次,战略规划必须建立在商业银行当前的实际情况和未来的发展潜力基础上,反映商业银行的经营特色。例如,大型商业银行普遍擅长零售业务,有能力将更多资源和技术持续投入大规模的零售业务系统中(如快速增长的信用卡/借记卡终端商户);小型商业银行则可以在某些专业领域采用先进的信息系统或与第三方合作,在细分业务领域与大型商业银行展开竞争,或利用地域、专业优势,服务于要求相对复杂的企业/零售客户,其利润率往往明显高于普通零售客户。

最后,战略规划始于宏观战略层面,但最终必须深入贯彻并落实到中观管理和微观操作层面。在商业银行内部,一些员工有时对遵守原则并按照流程处理业务持有消极态度,甚至认为风险管理是人为地设置障碍。如果商业银行的所有员工都能积极参与到风险管理的战略规划中来,将有利于加深员工对风险管理重要性的认识,使风险管理和流程更容易被贯彻和执行。

最高层面的战略规划最终应当以切实可行的战略实施方案体现出来,应用于各主要业务领域。战略实施方案执行之前,业务部门应当认真评估其是否与商业银行的长期发展目标和战略规划保持一致、对未来战略目标的贡献,以及是否有必要调整战略规划;战略实施方案执行之后,无论成功与否,商业银行都应当对战略规划和实施方案的执行效果进行深入分析、客观评估、认真总结并从中吸取教训。

第四节　银行监管与市场约束

监管部门监督检查与市场约束共同构成商业银行有效管理和控制风险的外部保障。巴塞尔委员会颁布的《巴塞尔新资本协议》中明确最低资本充足率要求、监管部门的监督检查和市场约束三大支柱,对促进全球金融体系的安全和稳健发挥重要作用。在提出银行业金融机构分步实施《巴塞尔新资本协议》的规划基础上,中国银监会于 2008 年起陆续颁布了《巴塞尔新资本协议》相关执行指引。与此同时,随着市场经济的繁荣发展,市场约束和外部审计的作用也日益强化。

值得关注的是,直面当前复杂多变的全球经济、金融形势,有效的银行监管可不断提升金融稳定的重要性,全球范围内就加强对银行机构监管、完善监管政策和会计政策、鼓励有效公司治理、提高信息披露水平达成共识,银行监管与市场约束也必将逐步提升到更加重要的地位。

一、银行监管

(一)银行监管的目标、基本原则和标准

1. 银行监管的目标

监管目标是监管行为取得的最终效果或达到的最终状态。监管目标的确定,应当遵循银行业监管的一般规律,同时应当充分考虑一国银行业发展的现状。《中华人民共和国银行业监督管理法》(以下简称《银行业监督管理法》)从我国目前的市场环境和法治环境出发,将加强对银行业的监督管理、规范监督管理行为、防范和化解银行业风险、保护存款人和其他客户的合法权益、促进银行业健康发展作为立法宗旨,明确我国银行业监督管理的目标是:促进银行业的合法、稳健运行,维护公众对银行业的信心。同时,提出银行业监督管理应当保证银行业公平竞争,提高银行业的竞争能力。

中国银监会在总结国内外银行业监管经验的基础上提出了四条有关银行监管的具体目标:

(1)通过审慎有效的监管,保护广大存款人和金融消费者的利益;

(2)通过审慎有效的监管,增进市场信心;

(3)通过金融及与金融相关知识的宣传教育工作和相关信息的披露,增进公众对现代金融的了解;

(4)努力减少金融犯罪数量,维护金融稳定。

2. 银行监管的基本原则

监管原则是对监管行为的总体规范,《银行业监督管理法》明确规定,银行业监督管理机构对银行业实施监督管理,应当遵循依法、公开、公正和效率四项基本原则。

(1)依法原则。

依法原则是指监管职权的设定和行使必须依据法律、行政法规的规定。监管行为的法律性质是一种行政行为,依法行政是有效实施监管的基本要求。

(2)公开原则。

公开原则是指监管活动除法律规定需要保密的以外,应当具有适当的透明度。公开主要有三个方面的内容:一是监管立法和政策标准公开;二是监管执法和行为标准公开;三是行政复议的依据、标准、程序公开。

(3)公正原则。

公正原则是指银行业中市场的参与者具有平等的法律地位,银监会进行监管活动时应当平等对待所有参与者。公正原则包括两个方面:一是实体公正,要求平等对待监管对象;二是程序公正,要求履行法定的完整程序,不因监管对象不同而有差异。

(4)效率原则。

效率原则是指银监会在进行监管活动时要合理配置和利用监管资源,提高监管效率,既要保证全面履行监管职责,确保监管目标的实现,又要努力降低监管成本,不给纳税人、被监管对象带来负担。

3. 银行监管的标准

良好的监管标准是规范和检验银行监管工作的标杆。中国银监会总结国内外银行监管的工作经验后,明确提出了良好的银行监管应具备的六条标准:

(1)促进金融稳定和金融创新共同发展;

(2)努力提升我国银行业在国际金融服务中的竞争力;

(3)对各类监管设限做到科学、合理,有所为有所不为,减少一切不必要的限制;

(4)鼓励公平竞争,反对无序竞争;

(5)对监管者和被监管者都要实施严格、明确的问责制;

(6)高效、节约地使用一切监管资源。

在总结和借鉴国内外银行监管经验的基础上,中国银监会提出了"管法人、管风险、管内控、提高透明度"的监管理念。这一监管理念内生于中国的银行改革、发展与监管的实践,是对当前我国银行监管工作经验的高度总结。

二、市场约束

市场约束是指通过建立银行业金融机构信息披露制度,增强银行业金融机构经营和银行监管的透明度,从而有效发挥外部监督的作用,提高银行业整体经营水平,实现持续、稳健发展。无论是从保护公众知情权和公众利益的角度,还是从强化监督的角度来看,市场约束对银行业稳健运营均具有重要意义。

在《巴塞尔新资本协议》中,尽管市场约束作为第三支柱成为最低资本充足率要求(第一支柱)和监管当局监督检查(第二支柱)的补充,但实际上是将强化信息披露、提高信息披露质量作为一项重要的监管措施,其作用和地位得到了空前的提高。

市场约束机制就是通过建立银行业金融机构的信息披露要求,提高其经营管理透明度,使市场参与者得到及时、可靠的信息,以对银行业务及内在风险进行评估,通过奖励有效管理风险、经营效益良好的银行,惩戒风险管理不善或效率低下的银行等方式,发挥外部监督作用,推动银行业金融机构持续改进经营管理,提高经营效益,降低经营风险。市场约束机制需要一系列配套制度才能得以实现,包括完善的信息披露制度、健全的中介机构管理约束、良好的市场环境和有效的市场退出政策,以及监管机构对银行业金融机构所披露的信息进行评估等。

市场约束的具体表现为在有效信息披露的前提下,依靠包括存款人、债权人、银行股东等利益相关者的利益驱动,使这些利益相关者根据自身掌握的信息及判断,在必要时采取影响金融机构经营活动的合理行动,如卖出股票、转移存款等,达到促进银行稳健经营的目的。

第七章 职业道德与职业操守

本章要点

★ 诚信原则的含义及功能
★ 专业胜任力的定义及提升方法
★ 客户投诉处理的原则与建议

职业道德与职业操守是人们在职业活动中所遵守的行为规范的总和。它既是对从业人员在职业活动中的行为要求,又是对社会所承担的道德、责任和义务。一个人不管从事何种职业,都必须具备良好的职业操守,否则将一事无成。本章将从诚实信用、专业胜任以及投诉处理三个方面来具体阐述这一问题。

第一节 诚实信用

一、诚实信用的含义和法律地位

(一)诚实信用的基本概念

"诚实信用"一语,在法律意义上,与正义、正当、善良风俗为同一概念。美国《布莱克法律词典》对法律上的"诚信"一词做了详尽的阐释,即怀有善意,诚实地、公开地和忠实地;没有欺骗或欺诈;真实地;实际地;没有假装或伪装;清白无辜地;持信任和信赖态度;等等。在普通用法中,这一词语一般用来描述目的诚实和不欺诈的内心状态,概言之,即忠实于自己的义务或责任。[1] 而在我国,古代典籍中早就出现了"诚信"一词。《商君书·勒令》把诚信贞廉与礼乐、诗书、修善孝悌、仁义、非兵羞战并称为"六虱"。[2]

---

[1] 林辉:《我国诚实信用原则研究现状评析》,《兰州商学院学报》,2005年第3期。
[2] 宋顺喜:《论诚实信用原则及其适应》,《石家庄联合技术职业学院学术研究》,2007年第2卷第3期。

(二)诚信原则的含义

诚实信用原则的基本含义是:当事人在市场活动中应讲信用,恪守诺言,诚实不欺,在追求自己利益的同时不损害他人和社会的利益。① 这就要求主体在民事活动中维持双方的利益以及当事人利益与社会利益的平衡。就民事主体而言,一般来说,这一原则具有三层含义:

一是不欺骗对方当事人,以诚待人,取信于人。这要求从事民事活动时应进行民事行为信息的充分披露,以谋求各方利益的均衡实现。二是行为上要表里如一。语言和内心一致是诚,语言和行为一致是信。所谓诚实信用,其本意就是要求按照市场制度互惠行事,要求民事主体在缔约时诚实而不欺诈,在缔约后守信用并自觉履行,行为自始至终符合双方的约定和自己的承诺。三是在法无明文规定时,民事主体的行为要出于善意。所谓善意,主要是指进行民事活动的主体,在行使权利和履行义务时,不仅应当对对方的利益、第三人的利益和社会的利益给予必要的考虑和保护,而且应当通过正当的途径与方式去实现正当的目的。由于法律不可能穷尽实际生活中可能发生的各种情形,这就要求民事活动中的任何一方,在法无明文规定的情况下,必须本着善意进行民事活动,任何恶意的即以损害对方或社会利益为代价获得己方利益的民事行为都违反了诚实信用原则。如果违反了上述原则,尽管不违反任何法律条款和合同,但是,法官仍可裁定恶意方败诉,以求达到个体公正。

(三)诚信原则的法律地位

诚实信用原本是存在于商品交易中的一种道德规范,立法者在必要的法律中将其上升为法律原则以后,它就兼具了倡导与强制两种属性:一方面,它要求、鼓励和提倡当事人在进行民事活动时应讲求诚实、信用和善意;另一方面,它又给予当事人的民事活动以强制性的约束,直接对当事人所作行为的后果产生影响。因此,诚实信用原则既是立法者在制定法律时必须考虑的一条重要原则,又是当事人进行民事活动时应当遵循的准则,也是人民法院审理民事案件的依据之一。

1. 实体法中的诚信原则

多数国家在实体法中规定了诚实信用原则,即当事人不得通过自己的民事活动损害第三者和社会的利益,必须在权利的法律范围内以符合其社会经济目的的方式行使自己的权利。我国明确规定了适用诚实信用原则的法律有《民法通则》、《合同法》、《担保法》、《消费者权益保护法》等 14 部。这些法律都在总则中把诚实信用作为一项原则予以明确规定,并把诚信思想贯穿于整部法律,渗透于字里行间。除对诚实信用作出原则性规定之外,部分法律还明确了违反这一原则应当承担相应的责任。《消费者权益保护法》第 49 条:"经营者提供商品或者服务有欺诈

---

① 梁慧星:《诚实信用原则与漏洞补充》,《法学研究》,1994 年第 2 期。

行为的,应当按照消费者的要求增加赔偿其受到的损失,增加赔偿的金额为消费者购买商品的价款或者接受服务的费用的一倍。"这是我国第一个适用惩罚性赔偿的立法例。《合同法》第 113 条第 2 款又进一步进行了肯定:经营者对消费者提供商品或者服务有欺诈行为的,依照《消费者权益保护法》的规定承担损害赔偿责任。

2. 程序法中的诚信原则

20 世纪 30 年代,《德国民事诉讼法典》规定了"真实义务",即当事人应当完全、真实地陈述案件事实。这一规定被认为是民事诉讼诚信原则的具体体现之一。诚信原则成为民事诉讼法的基本原则。它要求当事人不得以不正当的手段形成有利于自己的诉讼状态,不得滥用诉讼权利,不得作虚假的自认,不得使用不正当的手段让证人做假证,不得故意作相互矛盾的陈述。我国《民事诉讼法》没有明确规定诚实信用原则,但《最高人民法院关于民事诉讼证据的若干规定》第 7 条则作了明确:"在法律没有具体规定,依本规定及其他司法解释无法确定举证责任承担时,人民法院可以根据公平原则和诚实信用原则,综合当事人举证能力等因素确定举证责任的承担。"第 75 条(妨碍举证的推定):"有证据证明一方当事人持有证据无正当理由拒不提供,如果对方当事人主张该证据的内容不利于证据持有人,可以推定该主张成立。"这些规定都是诉讼中对诚实信用原则的贯彻和体现。诚实信用原则对于民事举证责任分配的司法裁量发挥着两个方面的作用:首先,它是对当事人进行民事活动和民事诉讼行为时必须具备诚实、善意的内心状态的要求,对当事人进行民事活动和民事诉讼行为起着指导作用,当事人是否抱有诚实、善意的内心状态而行为,可以成为法官分配举证责任的一个依据;其次,诚实信用原则是对法官自由裁量权的授予,在法律没有明确规定、存在法律真空的情形下,法官可以根据诚实信用原则来分配双方当事人的举证责任,充分行使法律赋予的自由裁量权。

二、诚信原则的特性

诚信原则起源于罗马法中的诚信契约和诚信诉讼。诚实信用原则是一个高度抽象的概念,是道德对人的基本要求,自古有之,延续到现代,也是发展、繁荣社会主义市场经济必不可少的原则,其主要表现出以下几个特性:

(一)安身立命的基础性

诚实信用原则是做人的一项基本原则。鲁迅曾经说过,诚信为人之本。人背信则名不达,失足后可能马上复站立,而一旦失信,也许永难挽回。诚信可以说是人们安身立命的根本,孔子说:"自古皆有死,民无信不立","人而无信,不知其可也"。诚信是做人的首要德行,公民有了诚信这种高尚的道德人格,社会也就有了正常的生产和生活秩序,有了和谐的人际关系。家庭美德是每个公民在家庭生活中应该遵循的行为准则,以诚信道德为重点,调整夫妻、长幼、邻里之间的关系,有利于形成相互信任、互敬互爱、长幼有序、融洽和谐的关系,从而建立一个稳定社会的微观基础。以诚信为重点的道德建设,最终是要塑造具有诚信道德的公民人格,以此促进整个社会的协调和谐发展。

(二)具有内涵的道德约束性

诚实信用原则是一种具有道德内涵的法律规范。建设良好的道德,可以反作用于经济基础,对于提高服务质量、建立人与人之间的和谐关系、落实为人民服务的宗旨、纠正行业的不正之风都具有其他手段不可替代的作用。

以职业道德建设为例,诚信在其中也是发挥着不可或缺的重要作用。职业道德是所有从业人员在职业活动中应该遵守的基本行为准则,是社会道德的重要组成部分,是社会道德在职业活动中的具体表现,是一种更为具体化、职业化、个性化的社会道德;诚信道德和职业道德都属于公民道德基本规范的重要内容,在构建和谐社会中对从业人员的职业观念、职业态度、职业技能、职业纪律和职业作风的要求越来越高。诚信道德建设与职业道德建设的内在联系成为构建和谐社会的客观要求,在现实社会中,无论从事何种行业,都无高低贵贱之分,都是社会中的从业人员,是作为社会中的一分子进行活动的,都具有社会意义,同样具有社会责任感、使命感和光荣感。所以,以诚信为重点,加强职业道德建设,正确处理好个人利益与他人利益、集体利益、社会利益的关系,处理好眼前利益与长远利益的关系,处理好竞争与协作的关系,大力倡导以爱岗敬业、诚实守信、办事公道、服务群众、奉献社会为主要内容的职业道德,培育社会主义新型人际关系,自觉遵循职业道德规范和树立正确的道德观念,提高职业整体素质,是建设有中国特色社会主义的伟大事业、构建和谐社会职业道德建设、完善社会主义市场经济的必然要求。

(三)市场经济活动的调节性

诚实信用原则是民商事领域的一项基本原则。诚信原则既是现代法治社会的一项基本法律规则,又是市场经济活动的一项基本道德准则,调控着市场经济活动,具有重要的法律地位。其具体内容包括:民事主体在民事活动中以诚实信用的方式行使权利和履行义务;在合同解释上,应以诚实信用为原则,以诚实信用原则弥补法律规定之不足;诚实信用原则赋予司法人员一定的自由裁量权,使其在法律规定不足时,从民法的目的出发,以诚实信用为原则,公平、合理地解决纠纷。

诚实信用原则是民法的一项基本原则。诚信原则要求人们在民事活动中应当诚实、守信用,正当行使权利和履行义务。如《中华人民共和国民法通则》第4条明确规定,民事活动应当遵循自愿、公平、等价有偿、诚实信用的原则。诚信原则同时也是合同法的一项基本原则。例如,《合同法》第6条:"当事人行使权利、履行义务应当遵循诚实信用原则。"第42条:"当事人在订立合同过程中有下列情形之一,给对方造成损失的,应当承担损害赔偿责任:(一)假借订立合同,恶意进行磋商;(二)故意隐瞒与订立合同有关的重要事实或者提供虚假情况;(三)有其他违背诚实信用原则的行为。"第43条:"当事人在订立合同过程中知悉的商业秘密,无论合同是否成立,不得泄露或者不正当地使用。泄露或者不正当地使用该商业秘密给对方造成损失的,应当承担损害赔偿责任。"这两条规定了当事人违反先合同义务应当承担缔约过失责任。先合同义务是建立在诚实信用原则基础上的一种法律义务,是诚实信用原则的具体化,违反了先合同义务即违反了诚实信用原则,应当赔偿对方当事人的信赖利益。这也是商业银行在进行经济活动中必须重视与遵守的基本原则之一。

三、诚实信用的重要功能

诚实信用,是市场经济活动中形成的道德规则。它要求人们在市场活动中讲信用,恪守诺言,诚实不欺,在不损害他人利益和社会利益的前提下追求自己的利益。而诚实信用原则则为一切市场参与者树立了一个"诚实商人"的道德标准,隐约地反映市场经济客观规律的要求,即指讲究诚实、恪守信用,绝不欺罔地行使合同权利、履行合同义务,是商品交换、市场经济的产物,最初是以商事道德规范的形式问世的,是市场参与者从商品交换的经济关系中吸取其认同的需要每个诚实商人遵循的道德准则。随着市场经济的发展、交易范围的扩大、交换关系的日趋复杂化,客观上要求法律确认诚实信用原则,促使其由道德观念上升为法律意志,由道德规范上升为法律规范,并受到国家强制力的保证。诚信原则强调了民事主体在从事民事活动时应诚实守信,以善意的方式履行其义务,不得滥用权力及规避法律或合同规定的义务,同时要求维持当事人之间的利益以及当事人利益与社会利益之间的平衡。因此,诚实信用的功能主要体现在以下四个方面:

(一)行为准则的功能

指导当事人依法行使权利、履行义务,确立诚实信用原则的目的,谋求社会各方利益的平衡。诚实信用原则要求社会活动主体主观上必须具有诚实、守信、善意的心理状况,在从事社会经济活动时不仅应当忠于事实真相,不得欺骗他人、损人利己,而应当依照善意的方式行使权利和履行义务,不得滥用权力,不得规避法律或合同规定的义务,以此实现当事人之间外部利益关系上的平衡,保持社会稳定与和谐发展。[①] 正是由于诚实信用原则坚持要求社会活动主体在主观上必须以诚实、守信、善意的心理状态行使权利、履行义务,从而为社会活动主体从事各种社会活动提供了基本的行为模式与标准,这就使得作为一种伦理道德规范的诚实信用原则具有了法律规范的属性,具有了法律的强制性效力,任何人都不得以相互之间的协议或其他方式加以排除和规避。

(二)审判准则的功能

诚实信用原则具有为法官审理案件提供价值判断标准的功能,法条有限,人事

---

① 徐国栋:《民法基本原则解释——成文法局限性之克服》,中国政法大学出版社1992年版。

无限。当出现某种纠纷而法律又未作规定时,法官不能以此为借口而拒绝裁判,这就有必要把诚实信用原则作为一种价值判断,以及时、公平地解决纠纷。诚实信用原则是一种概括的、抽象的,并具有某种弹性或不确定性的法律规范,它的作用不限于指导当事人正确地进行民事活动,在完善立法机制、承认司法活动的能动性方面具有更重要的作用。立法者考虑到法律不能包容诸多难以预料的情况,不得以不确定规定或弹性规定的方式把相当大的自由裁量权交给执法者,使立法方式从追求法律的确定性而牺牲个别正义到容忍法律的灵活性而追求个别正义的转变,而诚信原则也借此机会获得了强大的生命力与普遍的适用性。

（三）演进法律的功能

诚实信用原则是一种具有解释或补充法律、合同及其他法律行为功能的法律规范,因而该原则也常常被称为解释法或补充法。这主要是由于诚实信用原则的确定本身就是以维护社会活动主体合法的预期利益为出发点的。在实践中,一方面,由于要求立法者在制定法律规范时预先考虑到各种可能发生的情况本身就是不现实的,因而法律规范不可避免地具有一定的模糊性;另一方面,当事人在订立合同或实施其他法律行为时,也很难以其所使用的文字词句将其真实意思表达得十分清楚和明确无误,这些情况都不可避免地要求赋予执法者一定的自由裁量权。在适用法律方面,诚实信用原则要求执法者能够依据诚信、公平的观念正确解释法律、适用法律,弥补法律规定的不足,同时也要求执法者应依据诚实信用原则,考虑各种因素,从而判明是非,确定责任。

（四）解释合同的功能

当事人在订立合同时,可能因其所使用的文义词句不当,未能按其真实意思表达清楚;或者因为懂得的法律知识少,没有完全明确各自的权利义务关系,使合同难以正确履行,从而发生纠纷。这种情况下,法院或仲裁机关应依据诚实信用原则,综合考虑合同的性质和目的、合同签约地的习惯等,探求出当事人的真实意思,以正确、合理地解释合同,确定各方当事人的责任。

总之,诚信原则不仅是立法、司法和执法的原则和基础,而且也是守法的原则和基础,对于以"信"立"命"的金融行业和银行业来说,这一点尤为重要。诚实信用原则作为民法的一项基本原则,在发展社会主义市场经济中发挥着越来越重要的作用,社会各界都认识到诚信缺失的危害,高度重视维护各自行业的诚信。随着社会经济的发展,我国的诚信体制将进一步完善。

第二节 专业胜任

一、专业胜任力概述

（一）胜任力与能力

能力与胜任力不是同一个概念。英国社会工作教育与培训中央委员会（CCETSW）对"能力"给出了这样的定义：在社会工作中，能力是知识、技巧和价值的产物。学生们必须能够满足时间要求、整合社会价值、获取和运用知识、对实践进行反思和批判性分析以及将知识、技巧和价值转化为实践，从而证明他们已获得这六项核心能力。

而从很多方面看，胜任力是社会工作者的伦理责任。不胜任的实践活动会大大增加对服务对象造成伤害的可能性，也会显著降低对服务对象的潜在帮助。专业人员的胜任力虽然很难界定，但从本质上来讲主要包含三个组成部分——知识、技能和敬业。另一种看起来更为准确的说法是将胜任力表述为一种以能力为本的方法（Coulshed and Orme,1998:8），不过这种方法的适用性一直被争论。Howe（1996:92）将诸多学者对胜任力的担忧总结为：这样的观点试图建立例行程序、标准化实践和可预测的任务环境。它与深度理解、专业整合、创意实践以及对复杂性与不确定性的包容都是对立的。

（二）专业胜任的基本内涵

早在20世纪70年代初，美国心理学家戴维·麦克利兰（David. McCeland，1973）在其文章《测量胜任力而非智力》中提出了胜任力的概念。他认为，胜任力是指个体所拥有的促使其在某一工作岗位上取得出色业绩的、潜在的、深层次的特征，这种能力有助于将某一工作中表现优异者与表现平庸者区别开来。而国际财务师联合会给出"专业胜任能力"的定义是："专业能力指证明能力所需要的专业知识、专业技能以及专业价值、道德、态度，是个人所掌握的能够确保完成自己职责的特质。它是能够使工作达到一个既定的标准，并在现实的工作场所中，个人所采取的决定他们的实际表现能否达到需要标准的行动。如果一个人利用其专业能力执行任务达到了所需标准，那么可以认定其达到了胜任能力，即个人是专业胜任的。"[1]

下面将从知识、技能和敬业三个方面对胜任力的内涵做进一步的解读。

1. 知识

具备相关知识意味着对于该领域的历史、理论和研究进行过系统的学习，并对

---

[1] 万云：《提升高校财务人员专业胜任能力的途径》，《职业教育研究》，2014年第5期。

自身知识的局限性有所了解。具体来说,应掌握的知识包括如下相关信息:该领域的理论和研究,在特定情境下应该选择什么知识和干预方法与评判新理论和研究的一系列客观标准。目前,美国社会工作的入门标准是硕士,中国内地还没有执行明确、统一的标准,但一般一本学历或初级社会工作师资格证书为基本要求。并且获得相关文凭和资格证书,只是表明达到了胜任力的起始标准,继续学习在知识快速更新的时代现实下成为必需的要求,专业发展比较成熟的国家都有关于专业人员继续学习的相关规定。

2. 技能

技能的根本内涵就是专业人员能够判断在什么时候采取什么干预方式最合适,这不仅要求在课堂上进行有效的练习,而且还要将各种方法成功地应用于真正的服务对象。实践和实习对于社会工作者在系统掌握知识的基础上将之真正转化为有效服务的技能是十分关键的。只有达到这两个标准的社会工作者才可以被认为是胜任的。由于社会工作服务内容繁杂,在实践中严格是成功应用专业技能的必要条件。美国很多州都规定,在授予执业执照之前,硕士研究学历的专业人员必须具备两年以上的全程督导工作经历。此外,人类社会问题的范围和工作手法的多样性致使完全意义上的胜任只能是一种梦想,因此,工作者必须将他们的工作范围限定在某一特定群体或领域。那些号称自己无所不能的人,或者在某些技术方面存在缺陷,或者干脆就是江湖骗子。

3. 敬业

我们常说"态度决定一切",而爱岗敬业就是一种端正的态度,是人类社会最为普遍的奉献精神。它看似平凡,实则伟大。一份职业、一个工作岗位,都是一个人赖以生存和发展的基础保障。同时,一个工作岗位的存在,往往也是人类社会和发展的需要。所以,爱岗敬业不仅是个人生存和发展的需要,也是社会存在和发展的需要。爱岗敬业应是一种普遍的奉献精神。只有干一行爱一行,才能专心致志地做好工作。如果只从兴趣出发,见异思迁,"干一行,厌一行",不但会让自己的聪明才智得不到充分发挥,甚至会给工作带来损失。

(三)专业胜任的特征

专业胜任具有四个重要特征:

(1)构成要素,主要表现在知识、能力、特质、动机、价值观等方面;

(2)胜任特征与工作绩效有密切的关系,可以预测员工未来的工作绩效;

(3)胜任特征与任务情景相联系,具有动态性、差异性、层次性;

(4)胜任特征能够区分业绩优秀者与一般者。[1]

进一步地,美国安托尼特·D.露西亚在《员工胜任能力模型应用手册》中提出

---

[1] 伍兵:《胜任特征与大学生就业能力》,《四川文化产业职业学院学报》,2007年第3期。

了胜任特征的构成一般包括六个层面:(1)知识:岗位任职者所掌握的基本知识、专业知识以及相关信息;(2)技能:完成特定任务的能力;(3)社会角色:个体对社会规范的认知和理解;(4)自我认识:个体如何看待和认识自己;(5)个性特质:个人所具有的生理、认识与心理特点;(6)动机:人们内心深处反复出现的一种牵挂,它驱动、指导并选择行为。[1] 胜任特征的构成虽表述方式各不相同,但基本的有两个层次:一是基准性胜任特征,即表层胜任特征,它是员工符合岗位要求的基础标准,是完成基本工作任务的胜任特征;二是鉴别性胜任特征,又称深层胜任特征,它是员工创造性的工作,是更好地实现岗位目标和人生价值的胜任特征。其中,知识、技能是表层胜任特征,社会角色、自我认识、个性特质和动机是深层胜任特征。

二、胜任力的研究方法

专业胜任能力一般分两个阶段:(1)专业胜任能力的获取阶段;(2)专业胜任能力的保持阶段。目前,国内外对专业胜任能力的研究主要采取功能分析法/业绩结果法(Function Analysis Approach/Performance Outcomes Approach)和能力要素法(Capability Approach)。功能分析法着眼于个体的工作结果,它主要通过分析个体的角色和任务而得到,根据功能分析法,个体层面的专业胜任能力主要表现为各种具体能力的组合,如澳大利亚、新西兰和英国等国家采用的就是这种方法;而能力要素法着眼于个体的投入分析,包括专业知识、专业技能和专业品质三个基本要素,被美国、国际会计师联合会等所采用。[2] 专业知识指构成某个职业特色的各种知识的总称;专业技能指在专业环境中用来合理、有效应用专业知识和体现专业品质的各种能力;专业品质指的是显示个体属于某个专业领域的合格成员所需要的职业品性,它主要包括专业行为原则和道德标准。

三、如何提高岗位胜任力

岗位胜任力是从品质和能力层面体现了个体与岗位工作绩效的关系,将工作中表现优秀者和表现一般者区分开来。例如,胜任力出众者具有较强的判断能力,即能够及时发现问题,采取行动加以解决,并设定富有挑战性的目标;胜任力低下者既不能发现矛盾,也不能很好地解决矛盾,更没有工作谋划与目标。因此,提高岗位胜任力是包括在银行业的所有工作中,都需要持续关注并提升个人能力的一个重点。那么,如何胜任岗位要求、做好新形势下的本职工作呢?

(一)要做到脑中有全局、心中有大局、手中有布局

不谋全局者,不足以谋一域;不谋万世者,不足以谋一时。善弈者谋势,不善弈

---

[1] [美]安托尼特·D.露西亚著,郭玉广译:《员工胜任能力模型应用手册》,北京大学出版社 2004 年版。

[2] 张玉亮:《国家审计人员专业胜任能力研究》,《经济论坛》,2007 年第 5 期。

者谋子。这些讲的都是一个道理,就是要有全局观念、大局意识、布局安排。只有了解全局,把握大局,通盘布局,才能高站位虑事、高水平谋事、高效率办事;否则,工作容易存在盲区,出现盲点,导致盲目,难免盲从。因此,要坚持在全局下思考,学会战略谋划,实现统筹兼顾。凡事站高一层,望远一步,努力做到把个人本职工作放到发展的大局下来认识、来把握、来部署、来推动,使工作的目标任务围绕发展来确立,政策措施根据发展来制定,成效用发展来检验。手中有布局,坚持在布局中推进,结合全局、大局的实际,抢占先机。

(二)理论精通、知识融通、信息贯通

学习是人一生的永恒主题,更是我们工作者重中之重的永恒主题。银行类工作也是一门科学,只有先学一时才会先干一步,只有深学一点才能高人一筹,必须掌握工作的发展规律,精通相关管理理论,运用科学的理论指导工作实践,做到站得高、看得远、想得深、干得好。因为银行工作的服务对象最终就是人,所以要做好,就必须融通各类知识,努力拓展自己知识上的长、宽、高;否则,人家谈经济,我们听不懂;人家谈科技,我们没听说;人家谈管理,我们不明白;以无知论有知,以狭窄对宽广,就难以服务好我们的工作对象。因为我们所处的时代是信息化的时代,各种信息扑面而来、瞬息万变,我们必须及时把握新情况、了解新信息,用新情况、新信息来指导发展、优化管理、完善工作。一个不善于利用网络贯通信息、学以致用的人,就像身边放着金矿而不会挖掘。必须进一步强化学习意识,养成学习习惯,以"全面摄取"的求学态度,广泛涉猎;以"按时就餐"的求学精神,持之以恒;以"细嚼慢咽"的学习方法,学深悟透;以"消化吸收"的学习效率,学有所获。努力做到学有专业、习有专长、术有专攻,做理论的专家;览群书、博学多才,做新知识的杂家;了解信息、重视信息、把握信息,做信息运用的行家,使自己真正成为谋划工作的高手、熟悉业务的里手。

(三)思路开拓创新、工作常抓常新、方法推陈出新

"创新是一个民族进步的灵魂","发展没有止境,创新就没有止境"。做好新形势下的银行服务与管理工作是一项全新的任务。这就迫切要求银行从业者必须破除那种只防出错、不求出新,只求保险、不担风险,只循陈规、不探新路,按部就班、亦步亦趋的思维定式;迫切需要银行从业工作者思路要开拓创新,举措要常抓常新,方法要推陈出新。要针对工作中遇到的新情况、新问题、新症结,善于换一个角度去思考、换一种途径去探索、换一个思路去解决,在继承的基础上研究新情况、深化新认识、开拓新思路、探索新方法,真正实现工作制度创新、方法创新、机制创新。如果用中国象棋来做一番比较,在银行工作中,我们应像"车"一样勇往直前,像"马"一样与日俱进,像"炮"一样跨越发展,崇尚创新、追求创新、实践创新,这样工作才能开辟新天地。

（四）对待事业有激情、对待工作有热情、对待人们有真情

感人心者，莫先乎情。激情、热情、真情，都是开启人们心灵之门的钥匙，是推动事业蓬勃发展的动力。银行类工作点多面广、线长量大，这就需要我们全心全意去投入、锲而不舍去追求、精神抖擞去面对、细致入微去关注；银行类工作人员是为人服务的工作者，这更要求我们时刻保持高昂的事业激情、饱满的工作热情、诚挚的服务真情。因为如果缺乏激情，就会墨守成规；如果缺乏热情，就会死水一潭；如果缺乏真情，就会浮光掠影、浅尝辄止。有了激情，才会有干劲、有闯劲、有韧劲；有了热情，才能消除暮气、聚集人气、激发士气；有了真情，才能为人们诚心诚意办实事、尽心竭力解难事、坚持不懈做好事。激情是一种执著，是对理想、对目标永不休止的追求；热情是一种专注，是对工作、对事业永不淡漠的精神状态；真情是一种爱，是对人、对事永不枯竭的爱。有了激情、热情、真情，人力资源工作者才能想人之所想，急人之所急，切实为人办实事、办好事，做人们的知心人、贴心人。这样，才算是真正地"胜任"了自己的本职工作。

第三节　投诉处理

一、客户服务的环境

当前服务经济已成为热门话题，我国各级政府越来越重视服务业的发展，国务院接连出台加快发展服务业的指导意见。服务业已从过去的从属产业成为经济发展的排头兵，服务经济也已是继农业经济和工业经济之后的第三种经济形态。服务经济的本质是知识、技术和关系。银行工作从本质上来看，也是为客户服务的重要业务。

任何一家商业银行在顾客服务的过程中，总是无法避免地要遇到一些顾客抱怨和投诉的事件，即使是最优秀的商业银行也不可能保证永远不发生失误或不引起顾客投诉，尤其是在目前客户要求越来越高、越来越"刁钻"的情况下。比较常见的两种错误的极端想法：一种是非常重视，从客服到质量部门，再追溯到生产部门，一环扣一环，把问题点最终落实到责任人，让责任人进行反省，这是理性与理性的对接，所以改善会很快；另一种是以各种理由进行搪塞和辩解，这种感性对感性的投诉是企业经营中最难解决的问题，也是中国商业银行从粗放型管理向精细化服务管理转型中的最大"瓶颈"。

其实，作为一个服务人员或是服务工作的管理者，我们必须对顾客投诉有一个清醒的认识，这样才能更加有效地做好服务工作。投诉是一把"双刃剑"。对于商业银行来说更是如此。正是有用户的投诉，我们的服务才有进步，客户的投诉是灾难，也是机会，关键在于你如何理解及面对。如果你视客户投诉为灾难，你将会每天背负沉重的压力;如果你把它当作好事,投诉就是提高商业银行服务水平的工具,甚至会促成客户成为银行的长期忠诚客户。

二、客户投诉分析

近些年,客户对消费品的质量或者享受服务的品质要求越来越高。如遇不满,客户则不会再委屈自己,而会将自己的不满向商家或者提供服务的单位提出,并要求得到合理的处理。投诉处理不好,会影响客户与企业的关系,有些投诉甚至会损坏企业形象,给企业造成恶劣的影响。企业应该珍惜以投诉这种特殊方式关心企业的人,解决好他们的问题就是改进企业的工作;否则,企业可能会失去更多的客户。所以,正确、客观地评价客户投诉并有效处理客户的投诉至关重要。

(一)客户投诉的含义

客户投诉是指消费者或顾客对企业产品质量或服务上的不满意,而提出的书面或口头上的异议、抗议、索赔和要求解决问题等行为。[①] 顾客投诉是每一个企业都会遇到的问题,它是顾客对企业管理和服务不满的表达方式,也是企业有价值的信息来源,它为企业创造了许多机会。因此,如何利用处理顾客投诉的时机而赢得顾客的信任,把顾客的不满转化为顾客满意,锁定其对企业和产品的忠诚,获得竞争优势,已成为企业营销实践的重要内容之一。客户投诉给了企业第二次满足客户需求的机会,企业可以通过客户投诉管理,妥善处理客户投诉行为而再次赢得客户的信赖,同时还能够间接赢得与其相关的更多潜在客户的信赖。

(二)投诉产生的原因

在解决投诉之前,我们一定要找到客户投诉的原因。找到问题的症结所在,才能有的放矢、合理而高效地处理问题。以下是一则案例:

A 先生是某银行的客户,某日中午 12 点左右急需使用现金 1 万元,于是去了离家最近的银行,想在柜员机上取钱应急使用。他到达银行后,在取钱的过程中发现该银行唯一一台柜员机由于故障无法使用,而银行没有贴出告示。于是 A 先生来到大堂值班经理处,说明来意,希望能够寻找解决办法。大堂值班经理回复:"可以取号排队取钱。"A 先生于是到取号机取号,这时发现在他之前有 39 位在排队办理业务,而此时该银行有 4 个窗口,其中只有 1 个窗口办理业务,按办理速度 2~3 分钟办理一人来计算,至少 A 先生要排队 90 分钟左右。A 先生无法等待,于是又到值班经理处寻找快速取钱的方法。大堂经理此时不耐烦地说:"不是和你讲过了吗?没有别的办法,只能排队。"

A 先生问:"那需要排多长时间?"

答:"那不知道,每个人办理业务的时间都不一样。"

[①] 张静:《商业银行客户投诉管理系统的研究与设计》,华北电力大学硕士学位论文,2012 年。

问:"那为什么4个窗口只有1个窗口办理业务?"

答:"他们去吃饭了。"

问:"我现在想取钱,可是你们的柜员机出现了问题,我急着用钱,你们能不能帮助我想一个办法。"

不耐烦地答:"每个人都说自己着急,如果每个人都像你这样,那还不乱了?"

A先生这时候已经生气地指出:"我是你们的客户,之所以在柜员机上取钱,是因为这样可以节省时间。可是你们的柜员机坏了,这是你们的责任,为什么不抓紧时间修好?另外,既然知道柜员机出了问题,为什么没有一套应急的流程。中午排队的人很多,为什么只开一个窗口,即使是吃饭也应该轮流去吃,为什么同时有3个人一起去吃饭?还有,作为值班经理,你应该有耐心地去解释、安抚顾客,而不应该给顾客脸色看。"于是,A先生将该银行及银行的值班经理投诉至96169。

通过上面的案例,我们来分析一下客户投诉的原因是什么。

(1)知情权没有充分享受:银行的柜员机出现故障,银行却没有在明显的位置上告知客户不能使用,而是在客户使用机器的过程中发现故障。客户的知情权被侵犯。

(2)需求没有得到满足:客户之所以在柜员机上取钱,是因为柜员机方便,而柜员机故障加之取钱要排长队,严重影响了客户的需求。客户的期望没有得到满足。

(3)时间被延误:客户急需用钱,时间紧迫,而由于银行没有应急的流程导致延误客户的时间,影响到客户的行程。

(4)存在被忽视:值班经理的不耐烦,让客户感觉自己没有受到应有的重视。

(5)对公司的某人、某事、流程、条款心存不满:值班经理的脸色、银行没有应急流程、中午柜员吃饭的事件导致客户对该银行严重丧失信心,从而导致客户的投诉。

(6)客户的权益被侵犯:客户自己的钱,存在银行里保管,在急用钱的时候却拿不到自己的钱,客户的权益被侵犯。

(7)信誉遭到质疑:"每个人都说自己着急,如果每个人都像你这样,那还不乱了?",这句话是对客户信誉的质疑和对客户的不尊重。

以上原因让客户丧失了信心,导致客户投诉。最根本的原因还是客户没有得到预期的服务,即实际情况与客户期望的差距。即使我们的产品和服务已达到良好水平,但只要与客户的期望有距离,投诉就有可能产生。

总结下来,引发客户投诉的原因主要可归结为以下几个方面:

(1)在使用服务的过程中,有人歧视或小看他们,没有人聆听他们的申诉;

(2)没有人愿意承担错误及责任;

(3)因为某人的失职令他们蒙受金钱或时间的损失;

(4)他们的问题或需求得不到解决,也没有人向他们解释清楚;

(5)客户认为我们应该义不容辞地去解决一切。

(三)客户投诉的目的

通常来说,对于客户来讲,投诉的目的有三点:

1. 客户希望他们的问题能得到重视

A先生投诉希望银行首先应该重视类似的事件,因为有很多的客户在使用过程中都会遇到这样的事情,而银行应该有一套应急处理的方法和流程。

2. 能得到相关人员的热情接待

银行的服务人员应该有很好的客户服务意识,并通过服务让客户感觉到舒服。

3. 获得优质服务,最终能使他们所遇到的问题得到圆满的解决

A先生最终希望能够取到钱,以应急使用。

(四)客户投诉的四种需求

1. 被关心

客户需要你对他表现出关心与关切,而不是感觉不理不睬或应付。客户希望自己受到重视和善待。他们希望与他们接触的人是真正关心他们的要求或能替他们解决问题的人,他们需要被理解的表达和设身处地的关心。

2. 被倾听

客户需要公平的待遇,而不是埋怨、否认或找借口。倾听可以针对问题找出解决之道,并可以训练我们远离埋怨、否认、借口。

3. 服务人员专业化

客户需要一个能用脑而且真正肯为其用脑解决问题的人,一个不仅知道怎样解决而且负责解决的人。

4. 迅速反应

客户需要迅速与彻底的反应,而不是拖延或沉默。客户希望听到"我会优先考虑处理你的问题"或"如果我无法立刻解决你的问题,我会告诉你我处理的步骤和时间"。

(五)客户投诉的好处

(1)投诉可以指出公司的缺点;

(2)投诉可以提供你继续为他服务的机会;

(3)投诉可以使他成为公司的长期理性顾客;

(4)投诉可以使公司产品更好地改进;

(5)投诉可以提高处理投诉人员的能力。

三、客户投诉处理

投诉处理是指商业银行为了提高客户服务质量,增加自己的效益,倾听不同意见,处理客户提出的不同事项,为企业发展提供保障。认真倾听投诉,表明了关注

并且向客户呈现出负责任的态度;保持冷静自信,记录客户投诉信息,不要打断客户,让他发泄愤怒或不满的情绪,表示您的同情和认同;收集事实和调查准确的数据,以便确认真正问题所在,记录客户提供的相关投诉信息并复述每一条数据,强调共同利益并且负责任地承诺一定帮助客户解决问题,激励客户参与商量解决方案,确认解决方案和兑现承诺,信息及时传递反馈,表现专业性和责任感。

(一)有效处理普通客户投诉的方法和步骤

1. 接受投诉

客户投诉处理方法的第一步称作"接受投诉",要求迅速受理,绝不拖延,这是第一个要素。坚决避免对客户说"请您等一下",因为你并不了解这位客户的性格,这个投诉对他的生活和工作带来多少影响,以及其后客户会有的反应。

投诉处理的目的不仅仅是避免给商业银行带来麻烦,更重要的是希望通过有效处理投诉,能够挽回客户对商业银行的信任,使商业银行的口碑得到良好的维护,有更多的"回头客",从而化"危机"为"契机"。

2. 化解怨气

客户在投诉时多带有强烈的感情色彩,具有发泄性质,因此要化解他们的怨气。在客户盛怒的情况下当客户的出气筒,需要安抚客户,采取低姿态,承认错误,化解怨气,以让客户在理智的情况下分析和解决问题。

3. 澄清问题

需要给客户一个宣泄不满和委屈的机会,来分散心里积压的不满情绪,如果放弃这个机会,就不利于投诉最终的处理。用提问题的方法,把投诉由情绪带入事件。

通过提开放式的问题引导客户讲述事实,提供资料。当客户讲完整个事情的过程以后,客户服务人员要用封闭式的问题总结问题的关键。例:"您刚才所说的情况是您在石家庄的用户中有一户向您反映,鸡用料后产蛋率下降了两个百分点并有少数软壳蛋和破损蛋出现,是这样的吗?"

4. 探讨解决,采取行动

探讨解决是指投诉怎么处理?是退,是换,还是赔偿。很多客户服务人员往往是直接提出解决方案,而未考虑到当客户失去了选择的余地时,他会没有做上帝的感觉。真正优秀的客户服务人员是通过两步来做的:第一步是先了解客户想要的解决方案,客户服务人员主动提出"您觉得这件事情怎么处理比较好"?然后第二步才是提出你的解决方案,迅速对客户投诉的问题进行有效解决。这样一来,不管客户是否已有解决方案的腹案,商业银行在解决问题时都会居于主动地位。

5. 感谢客户

感谢客户是最关键的一步,这一步是维护客户的一个重要手段和技巧。客户服务人员需要说四句话来表达四种不同的意思:

第一句话是再次为给客户带来的不便表示歉意；
第二句话是感谢客户对于企业的信任和惠顾；
第三句话也是向客户表示谢意,让我们发现问题,知道自己的不足；
第四句话是向客户表决心,让客户知道我们会努力改进工作。

6. 注意事项

没有一家商业银行能避免投诉,没有一个投诉会无缘无故。银行要抓住每一次"变投诉为财富"的机会,并处理好顾客投诉,争取把处理服务投诉作为再次赢得顾客、重获商机和重新树立银行形象的机会。

（二）有效处理特殊客户投诉的技巧

特殊客户投诉也称疑难投诉,一是难在"人"上,二是难在"事"上,三是难在"方案"上,它开始于普通投诉,却又不同于普通投诉,处理时有诸多注意事项。

1. 特殊客户投诉的类型

一个讲道理的人在不满的时候可能会变得不讲道理,然而从根本上说,他还是有理智、讲道理的。但难缠的人,具有一种用分裂的破坏性手段使别人注意他的心理需求,这样的人是极其难以沟通的,大多数难缠的客户是因为他们缺乏安全感,实际上他们也有一种被理解、想受欢迎、被重视的需求,尽管他们选择了一种不太合适、不太礼貌的方法。

难缠的客户类型有：易怒的客户,脾气比较暴躁,难以沟通,因此难缠；下流或令人讨厌的客户,饲料(畜牧)企业不会经常遇到,但服务企业经常会遇到,这些人文化素质很低、品行很差,可能就是流氓、地痞,但是他在生活中也扮演着客户的角色；矜持的客户,矜持的客户为什么把他称作难缠的客户呢？一般来说,矜持的客户有一些真实的想法,他不愿意说出来,这种人很高傲,很难沟通,不太容易接受服务人员的建议；霸道的客户,他的难缠众所周知；批评家,什么叫做批评家呢？就是习惯于指责身边的任何事物,他骂来骂去,最后照样买,看待任何产品和服务的时候,都带着批判的眼光,其实属于一种发泄性质；喋喋不休的客户,唠唠叨叨,没完没了；古怪的客户,他经常会提出一些超出客户服务人员想象的问题,根本就摸不清他的思路,你不清楚他为什么要这么做,他不是正常人的思维,客户服务人员给他提供一种服务,平常人都能够接受,但他不愿意接受,有的时候客户服务人员给他提供一些解决方案,但是他不满意,他一定要提出一些属于一般人不会提出的要求；犹豫不决的客户,他们在投诉的时候,往往会给出很多解决方案,他会反复地推翻,犹豫不决；酗酒的客户；爱争辩的客户。

2. 难缠客户的心理分析

（1）他们疲劳和沮丧；

（2）困惑或遭到打击；

（3）保护自我；

(4)感到被冷落；

(5)不善于说话或对语言的理解能力很差；

(6)心情不好因而在你身上出气。

3. 客户投诉原因分析

常见的客户投诉原因有以下几种：他的期望没有得到满足；他很累，压力很大或遇到挫折；他想找个倒霉蛋出出气；他总是强词夺理，而从来不管自己是否正确；你或你的同事对他作了某种承诺而没有兑现；他觉得如果对你凶一点，就能迫使你满足他的要求；他做错了事情时，遭到了你或你同事的嘲弄；他的信誉和诚实受到了怀疑；他觉得你和你的同事对他没有礼貌或冷漠；他觉得自己的利益受到了损失；他觉得你浪费了他的时间。

4. 难缠客户的应对技巧

(1)用微笑化解"冰霜"；

(2)转移目标；

(3)角色转换或替代；

(4)不留余地；

(5)缓兵之计；

(6)博取同情；

(7)真心真意拉近距离；

(8)转移场所；

(9)主动回访；

(10)适当让步；

(11)给客户优越感；

(12)做小手脚；

(13)善意谎言；

(14)勇于认错；

(15)以权威制胜。

(三)处理升级投诉的技巧

(1)处理升级投诉之前一定要对用户投诉的问题有全面的了解，做到心中有数；

(2)假设可能出现的几种情景及应对措施；

(3)在了解用户投诉意图的基础上，拟定可能的处理方案以供用户选择；

(4)把握好最终处理原则，超出原则不予接受。

(四)处理投诉过程中的大忌

(1)缺少专业知识；

(2)怠慢客户；

(3)缺乏耐心,急于打发客户;
(4)允诺客户自己做不到的事;
(5)急于为自己开脱;
(6)可以一次解决的反而造成客户升级投诉。

四、典型企业客户投诉处理案例

案例1 酒店顾客投诉处理

酒店是如何正确对待、处理客人的投诉,以便达到快速而又满意的效果呢?这一点值得我们银行业借鉴。酒店服务业将投诉处理的整个过程概括为五个字,即"听、记、析、报、答"。

1. 听

对待任何一位客人的投诉,不管是鸡毛蒜皮的事件,还是较棘手的事件,我们作为受诉者都要保持镇定、冷静,认真倾听客人的意见,要表现出对对方高度的礼貌、尊重。这是客人发泄气愤的过程,我们不应也不能反对客人的意见,这样客人才能慢慢平静下来,为我们的辩释提供前提条件。

2. 记

在听的过程中,要认真做好记录。尤其是客人投诉的要点、讲到的一些细节,要记录清楚,并适时复述,以缓和客人的情绪。这不仅是快速处理投诉的依据,也为我们以后服务工作的改进作铺垫。

3. 析

根据所闻所写,及时弄清事情的来龙去脉,然后才能做出正确的判断,拟定解决方案,与有关部门取得联系,一起处理。

4. 报

对发生的事情,做出的决定或是难以处理的问题,及时上报主管领导,征求意见。不要遗漏、隐瞒材料,尤其是涉及个人自身利益的,更不应该有情不报。

5. 答

征求了领导的意见之后,要把答案及时反馈给客人,如果暂时无法解决,应向客人致歉,并说明原委,请求客人谅解,不能无把握、无根据地向客人保证。

案例2 银行客户投诉处理

目前国内大多数金融机构均设有客服中心,采用统一电话号码接受客户投诉,客户在向分支机构投诉无果的情况下可拨打客服中心热线,客服中心将联动处理单下达到被投诉分支机构,要求其在规定时间内做出处理并向服务中心反馈处理结果。2011年下半年后,保监会和银监会先后印发《关于做好保险消费者权益保护工作的通知》和《关于完善银行业金融机构客户投诉处理机制 切实做好金融消费者保护工作的通知》,要求保险公司、银行业金融机构进一步改善消费者投诉环境,规范投诉受理处理的有关制度措施,使消费者维权渠道更加畅通。

以中国农业银行上海市分行客服投诉处理流程为例:[①]

(1)客户致电95599。

(2)投诉组成员倾听客户需求并在系统中确定业务类别。

(3)对于当场可以解决的投诉,如不是重复投诉,则立即给予客户回复;若是重复投诉,则查找原投诉记录,按原处理方式与客户解释,如客户接受,则做好电话总结,此流程结束;如不接受,则填写、打印督办单递交处理;如果既不是重复投诉也不能立即解决,则填写、打印督办单进行处理。

(4)后台人员收集、审核督办单,并做相应的记录。

(5)根据处理权限将督办单传真至相关部门。

(6)后台人员按时收取回复,对未按时限收回的督办单进行电话催办。

(7)后台人员与客户联系,告知反馈结果,并进行满意度调查。

而在具体执行投诉处理时,银行客服人员应坚持六步法则。即第一步:积极、有效地去倾听,鼓励客户发泄,排解愤怒;第二步:真诚、充分道歉,稳定事态;第三步:收集信息,了解问题所在;第四步:承担责任,提出解决方案;第五步:让客户参与解决方案;第六步:承诺执行,并跟踪服务。以上是有效处理客户投诉的六步法则及要点解释,下面我们针对A先生投诉的案例做一个简单的分析,以便让大家更好地了解各个要点的使用情况。

第一步:某银行CSR应该清楚地知道这是一个投诉电话。首先要了解客户的姓氏,用于在沟通的过程中称呼客户。同时,用鼓励的语言让客户抱怨。参考:"先生怎么称呼您?""您遇到了什么样的麻烦,您可以和我讲,没关系的。"

第二步:主动向客户表示歉意,让顾客感受真诚。参考:"真的很抱歉,A先生,由于我们工作的疏忽给您带来不必要的麻烦,我们真诚向您说声"对不起"。

第三步:积极的态度,展示出愿意为客户解决问题,并适当提问以了解更多的信息。参考:"A先生,我非常理解您的心情,这件事情换是我遇到,也一样感觉不好。您方便告诉我营业厅值班经理的工号吗?""您把您所在的营业厅的地址告诉我?"

第四步:了解问题的原因后,积极提出解决方案,并适当给予补偿。参考:"A先生,非常感谢您关注我们的服务细节,同时看得出您是一位非常支持我们工作的老客户。您看这样处理好不好?我现在马上联系您所在的营业厅,让营业厅现在帮您办理一下取款的业务。同时,对我们员工服务态度不好,向您表示道歉,我们会对她严肃批评;我们会把您的意见反馈至公司,为了以后我们改善工作流程。另外,为了感谢您对我们的支持,我们将帮您免费办理一张金卡(举个例子),这样您

[①] 李丹:《客户投诉处理的重要性与典型方案》,《业务平台》,2003年12月。

以后再去我行办理业务会更快、更方便。"

第五步：提出解决方案后，征询客户意见，让客户参与解决方案。参考："A先生，您看这样解决您的问题，您满意吗？您还有什么其他的要求吗？"

第六步：承诺执行，并跟踪服务。在完成整个投诉后，3个工作日内最好联系一次客户，征询客户对服务的满意情况，强化客户信任。参考："A先生，我马上和营业厅经理联系，您稍等×分钟。感谢您的来电，一会儿给您回复。"

以下是一些常见的投诉问题：

(1) 客户打电话，要投诉工号为×××的员工，称该员工告知其错误的时间信息，使客户白跑一趟，没有办成业务。你该怎么办？

(2) 客户打电话，称工号为×××的员工允诺3天之内给他答复，但已经是第五天了，也没人跟他联系。你该怎么办？

(3) 客户打电话，要投诉某位员工，称对其服务不满。但经查，该员工服务没有问题，而且此客户为企业大客户。你该怎么办？

(4) 客户打电话，称未收到上月账单，故拒付费用，要求马上为其恢复业务功能。但经查，账单已寄出多次，客户资料显示此客户过去有大量的投诉记录。你该怎么办？

(5) 客户打电话，表明对某项业务收费有疑问，要求退还收费，否则将向上级管理部门投诉。你该怎么办？

(6) 客户打电话，表明身份是记者，要投诉刚才接待他的某位员工，称其态度恶劣，并声称要将此事登报发表。你该怎么办？

附录7—1 某银行投诉处理流程(见图7—1)

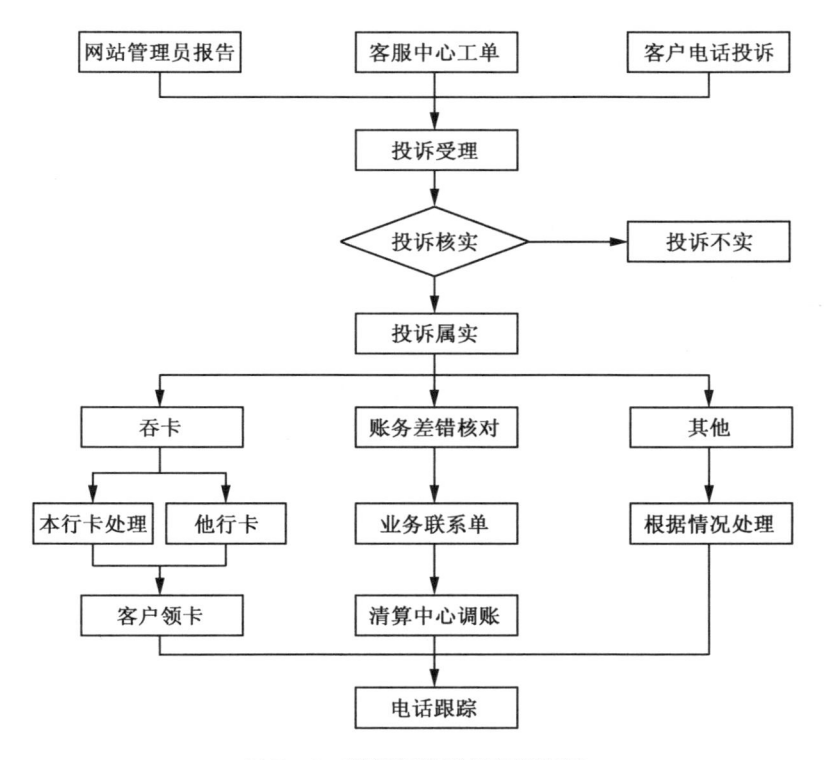

图7—1 某银行投诉处理流程图

附录7—2 中国银监会关于《完善银行业金融机构客户投诉处理机制 切实做好金融消费者保护工作》的通知

各银监局,各政策性银行、国有商业银行、股份制商业银行,金融资产管理公司,邮政储蓄银行,各省级农村信用联社,银监会直接监管的信托公司,企业集团财务公司,金融租赁公司:

为了保护金融消费者的合法权益,有效化解社会矛盾,促进银行业提高服务水平,根据《银行业监督管理法》和《商业银行法》的相关规定,现就有关事项通知如下:

一、银行业金融机构应当牢固树立公平对待金融消费者的观念,并将其融入公司治理和企业文化建设中,建立健全金融消费者保护机制。银行业金融机构董事会应当将关注和维护金融消费者的合法权益作为重要职责之一,并确保高级管理层有效履行相应职责。总行和各级分支机构应当确定一名高级管理人员负责维护金融消费者的合法权益工作。

二、银行业金融机构应当完善客户投诉处理机制，制定投诉处理工作流程，落实岗位责任，及时妥善解决客户投诉事项，积极预防合规风险和声誉风险。

三、银行业金融机构应当设立或指定投诉处理部门，负责指导、协调、处理客户投诉事项。

四、投诉处理工作人员应当充分了解法律、行政法规、规章和银监会的有关监管规定，熟悉金融产品与金融服务情况，掌握本机构有关规章制度与业务流程，具备相应的工作能力，公平、友善地对待金融消费者。

五、银行业金融机构应当加强营业网点现场投诉处理能力建设，规范营业网点现场投诉处理程序，明确投诉处理工作人员的岗位职责，严格执行首问负责制，有效提升现场投诉处理能力。

六、银行业金融机构应当为客户投诉提供必要的便利。在各营业网点和官方网站的醒目位置公布电话、网络、信函等投诉处理渠道。投诉电话可以单独设立，也可以与客户服务热线对接；与客户服务热线对接的，在客户服务热线中应有明显、清晰的提示。

七、银行业金融机构应当及时受理各项投诉并登记，受理后应当通过短信、电话、电子邮件或信函等方式告知客户受理情况、处理时限和联系方式。

八、银行业金融机构对客户的投诉事项，应当认真调查核实并及时将处理结果以上述方式告知。发现有关金融产品或服务确有问题的，应立即采取措施予以补救或纠正。银行业金融机构给金融消费者造成损失的，应根据有关法律规定或合同约定向金融消费者进行赔偿或补偿。

九、投诉处理应当高效、快速。处理时限原则上不得超过 15 个工作日。情况复杂或有特殊原因的，可以适当延长处理时限，但最长不得超过 60 个工作日，并应当以短信、邮件、信函等方式告知客户延长时限及理由。

十、对银监会及其派出机构转办的投诉事项，应当严格按照转办要求处理，并及时向交办机构报告处理结果。

十一、银行业金融机构应当实行客户投诉源头治理，定期分析和研究客户投诉、咨询的热点问题，及时查找薄弱环节和风险隐患，从运营机制、操作流程、管理制度等体制机制方面予以重点改进，切实维护金融消费者的合法权益。

十二、银行业金融机构要加强对各分支机构客户投诉处理工作的管理，将投诉处理工作纳入经营绩效考评和内控评价体系，及时研究和解决投诉处理工作中存在的问题，确保客户投诉处理机制的有效性。

十三、银行业金融机构应当充分发挥法律合规部门在客户投诉处理和维护金融消费者合法权益工作中的作用，加强合规风险的有效识别和管理，确保依法合规经营，切实维护金融消费者的合法权益。

十四、银行业金融机构应当加强员工维护金融消费者合法权益的教育培训工作,切实提高服务意识和服务水平。

十五、银行业金融机构接到大规模的投诉,或者投诉事项重大,涉及众多金融消费者利益,可能引发群体性事件的,应当及时向银监会或其派出机构报告。

十六、银行业金融机构及其各级分支机构应当做好金融消费者投诉统计、分析工作,并每半年形成报告,于每年 1 月 30 日和 7 月 30 日前报送银监会或其派出机构。

各银行业金融机构及其分支机构应当于 2012 年 7 月 20 日前将客户投诉管理办法、投诉渠道、投诉处理部门及其负责人和联系人的名单报送银监会或其派出机构。此后如客户投诉管理办法、投诉渠道有变动,变动情况应在半年报告中予以反映;如投诉处理部门及其负责人和联系人的名单有变动,应及时将变动情况报告银监会或其派出机构。

十七、银监会及其派出机构要加强对银行业金融机构客户投诉处理工作的监督检查,敦促其完善机制、落实责任、推进工作。

十八、对于涉及金融消费者权益保护的热点、难点问题,银监会及其派出机构可以向有关金融机构发出监管建议,并要求其在一定期限内采取预防或纠正措施;发现违法违规行为的,应当依法予以查处。

十九、对于一定时期内,信访投诉数量较高、处理不当或拖延问题较突出的银行业金融机构,应当在全辖区予以通报,并可作为准入和监管评级的参考依据。

请各银监局将本通知转发至辖内银行业金融机构,并督促其遵照执行。各银监局和银行业金融机构在执行中遇有问题,请及时向银监会报告。

资料来源:中国银行业监督管理委员会官网。

第八章 人际关系管理技巧

本章要点
- ★ 处理好客户关系的方法及意义
- ★ 如何与同事保持良好的人际关系
- ★ 如何与领导建立和谐的人际关系

人际关系是我们生活中的一个重要组成部分。倘若搞不好人际关系,将对我们的工作、生活及心理健康有不良的影响。在现实社会中,由于各人的性格、禀赋、生活背景及目的等的不同而在思想上产生一定的隔阂,这是正常的,也是可以理解的。人依据其年龄、性别、职业、职位、所处环境等情况而扮演着不同的社会角色,在与人接触时,不同的角色有着不同的行为规范,所以在与不同的人相处时,有不同的要求和技巧。本章将结合银行工作的常见实际情况,在接下来三节中论述人际关系相关问题。

第一节 与客户的关系

在目前电子商务越来越普及的大形势下,企业的市场管理、销售管理、顾客管理等都发生了很大变化,企业之间的竞争也由于信息网络带来的先进技术而变得更加激烈。但是,不管商务形式如何发展,企业要想保持与发展自己的竞争优势都必须尽可能地提高顾客的满意度,建立起顾客对产品的信赖、对企业的忠诚,只有赢得顾客,才能实现企业的盈利。[①] 在当前的环境下,企业的客户关系管理显得更加重要。

[①] 迟国泰、李敏玲:《电子商务环境下的客户关系管理策略》,《中国软科学》,2002年第7期。

一、客户关系管理概述

(一)企业客户

1954年,彼得·德鲁克在《管理实践》一书中写道:"精确地说,企业的目的只有一种:创造客户。"客户是企业存在和发展的基石。在竞争越来越激烈的市场,在客户关系管理方面领先取得成功的顶尖公司,如在线书商亚马逊、汇丰第一直通银行,已经论证了以客户为核心的明显优势。良好的客户关系能够让一个企业从竞争中脱颖而出,在改善赢利能力的同时培养内部客户和供应商的关系,给公司经营持续注入活力。

从最本质的角度看,客户对于企业的价值就在于他给企业所带来的收益[1],因此有人就将客户定义为"和企业建立长期稳定的关系,并愿意为企业提供产品和服务,承担合适价格的主体"。

(二)客户关系管理

客户关系管理简称 CRM(Customer Relationship Management)。CRM 概念引入中国已有数年,其字面意思是客户关系管理,但其深层的内涵却有许多的解释。

从字义上看,它是指企业用 CRM 来管理与客户之间的关系。CRM 是选择和管理有价值客户及与其关系的一种商业策略,要求以客户为中心的商业哲学和企业文化来支持有效的市场营销、销售与服务流程。如果企业拥有正确的领导、策略和企业文化,CRM 应用将为企业实现有效的客户关系管理。

CRM 是一个获取、保持和增加可获利客户的方法和过程。它既是一种崭新的、国际领先的、以客户为中心的企业管理理论、商业理念和商业运作模式,也是一种以信息技术为手段,有效提高企业效益、客户满意度、雇员生产力的具体软件和实现方法。其实施目标就是通过全面提升企业业务流程的管理来降低企业成本,通过提供更快速和周到的优质服务来吸引和保持更多的客户。作为一种新型管理机制,CRM 极大地改善了企业与客户之间的关系,实施于企业的市场营销、销售、服务与技术支持等与客户相关的领域。

总结起来,客户关系管理(CRM)有三层含义:
(1)体现为企业管理的指导思想和理念;
(2)是创新的企业管理模式和运营机制;
(3)是企业管理中信息技术、软硬件系统集成的管理方法和应用解决方案的总和。

---

[1] 陈静宇:《客户价值与客户关系价值》,《中国流通经济》,2002年第3期。

二、客户关系管理策略

客户关系管理策略主要在于维系现有客户,而不是一味地争取新客户。[1] IBM 的年销售额曾由 100 亿美元增长到 500 亿美元,其营销经理罗杰斯谈到公司的成功之道时说:"大多数公司营销经理想的是争取新客户,但我们的成功之处在于留住老客户。"很多调查也都证明,留住老客户比只注重市场占有率和发展规模经济对企业效益的贡献要大得多。据调查,1 个满意的客户会引发 8 笔潜在的生意,其中至少有 1 笔成交;1 个不满意的客户会影响 25 个人的购买意向;争取 1 位新客户的成本是保住 1 位老客户的 5 倍。[2] 银行业的发展也存在同样的规律。通过维系老客户,与客户加强交流和沟通,实现新业务的发展和销售,赢得用户的支持,理解并影响客户行为,最终实现客户获得、客户保留、客户忠诚和客户创利的目的。

(一)客户关系管理三大必备素质

1. 优秀的品行

优秀的品行对于银行工作人员来说是非常重要的,如忌妒心过强、过于自我而不懂得换位思考等,都会带来严重的消极影响。必备的优秀品行首先是信守原则。一个信守原则的人最会赢得客户的尊重和信任,满足一种需要并不是无条件的,而必须是在坚持一定的原则下满足。只有这样,客户才有理由相信你在推荐产品给他时同样遵守了一定的原则,他们才能放心与你合作和交往。其次是积极向上。有很多方式都可以表现出积极的态度,比如得体的服装、友善的姿势、热情的语调以及良好的电话沟通技巧。如果一个顾客因为提出了过多的要求而觉得有点不好意思,那么你应该回答:"您不用客气,我们的工作就是为了让您满意,没有您的支持,我们的事业也就无法兴旺。"另一个重要的方法就是对每一位顾客都展现热情的微笑。微笑往往能够让人们关系融洽,即便你的顾客对服务非常愤怒,也请保持微笑的姿态;恒心和毅力是银行工作人员夺标的基础。一个成功的银行人员在遭遇挫折或失败时,要永不认输,屡仆屡起,"咬定青山不放松",坚持到最后胜利。因此说,毅力和耐力是销售员赢得超大业绩的基石。

2. 突出的销售能力

缺乏说服力、应变能力不够、电话应对不当、不尊重对方、销售技术不够熟练、不是个好听众等,都可以说是工作能力上的缺陷。这种缺陷,意味着进行商务谈判的技巧不够成熟,也正是因为这个因素,许多银行工作人员经常会从销售战场上败下阵来,而且销售能力的缺陷大多是由于产品知识的不足以及对客户的心理没有

---

[1] 刘学军:《留住老客户——对 VIP 客户维系的探索和实践》,《中国电信业》,2010 年 5 月。
[2] 罗玮琳:《商业银行客户维系策略研究》,《商业经济》,2011 年第 11 期。

深入研究造成的。因此,银行工作人员首先必须知己知彼,了解客户的心理。另外,必须具有娴熟的销售技巧,才能在销售战场上百战百胜。除了销售技术的熟练,产品技术也需要完善和了解。

3. 以客户为本的工作理念

所谓以客户为本的工作理念,是指银行工作人员、客户经理一切服务工作的出发点和落脚点都在客户身上。具体包括:(1)不为难客户。你的善解人意会让他觉得温暖并且很抱歉,下次一有机会他就不会忘记补偿你,你也不会因为强人所难而丧失与这位客户今后可能继续交往的机会。(2)替客户着想。我们与客户合作一定要追求双赢,特别是要让客户也能漂亮地向上司交差。我们是为公司做事,希望自己做出业绩,别人也是为单位做事,他也希望自己的事情办得漂亮。因此在合作时要注意,不要把客户没有用或不要的东西卖给他,尽量减少客户不必要的开支,客户也会节省你的投入。(3)尊重客户。每个人都需要尊重,都需要获得别人的认同。对于客户给予的合作,我们一定要心怀感激,并对客户表示感谢。而对于客户的失误甚至过错,则要表示出你的宽容,而不是责备,并立即共同研究探讨,找出补救和解决的方案。这样,你的客户会从心底里感激你。(4)关心顾客。在与顾客接触的时候,一定要真正从顾客的利益出发,至少让顾客感觉到你的真诚。(5)主动帮助顾客解决问题。如果顾客有问题,即便不是由于你的工作失误造成的,那也要主动为顾客解决问题。

(二)客户关系管理六大策略

策略一:关系定位

古希腊有个国王,想从三个儿子中选一个当新国王,于是就和他的大臣商量了一个对策,要他们三个分别送一封信给在镇守边疆的大将,却又派宫廷里的建筑师在他们去边疆的必经之路上用很轻的材料仿造了一块巨石。最后,三个儿子都把信送到在镇守边疆的大将手里,并陆续回到皇宫。老国王问三个儿子:"你们是怎么把信送到的呀?"

大儿子说:"我在路上遇到巨石,于是绕道很远才送到的。"

二儿子说:"我也遇见了巨石,只好从水路划船过去。"

三儿子说:"我也遇到了巨石,但我是从路上直接走过去的。"

听三弟这么说,两个哥哥都很惊讶,路上有巨石,他怎么可以从路上走过去呢?老国王也问:"难道你没有碰到巨石吗?"

"碰到了,但是我想试试能否将它移开,结果我轻轻地一碰,它就滚下去了。"

最后小儿子获得了王位。

与客户建立良好的关系也要搬开一块巨石,这块巨石就是:客户永远是强势方,工作人员和客户是不平等的。只要银行工作人员的心态一改就可把它推开。

银行工作人员是帮助客户解决问题的,客户是帮助销售人员达成交易的,大家是各取所需的平等关系,双方之间没有谁强谁弱,只有能不能相互满足。所以,与客户关系的定位应该是:互帮互助,相互平等。

策略二:亲和力

马云在接受中央电视台《新闻会客厅》栏目的专访时,对记者抱怨说,当年在做销售的时候非常艰难,艰难的原因不是他不够努力,也不是他不够专业,是因为他的长相没有亲和力。亲和力就是你与别人接触的过程中对方跟你的亲近度,亲和力高的人就是招人喜欢的人,要让自己的言行、举止给客户带来快乐而不是痛苦。那么作为银行工作人员经常与客户接触,怎样提升自己的亲和力呢?

● 微笑

微笑可以提高亲和力,日本的"保险销售之神"原一平应该是一个代表人物。原一平身高一米五几,相貌也极其一般,这就造成了他不招客户的喜欢,给他的销售工作带来了极大的困难,虽然他非常努力地每天去拜访40名客户,但几个月下来他还是没有成交。有一次,他去一家寺庙推销保险,寺院的主持说就你现在的样子,我是不会买你的保险的,你满脸的焦虑、疲惫,没有任何快乐的成分,我怎么敢向你买保险呢?原一平被老和尚的话点醒了,回去他就刻苦地练习微笑,有一段时间,他因为在路上练习大笑,而被路人误认为神经有问题,也因练习得太入迷,半夜常在梦中笑醒。历经长期苦练之后,他可以用微笑表现出不同的情感反应,也可以用自己的微笑让对方露出笑容。后来,他把"笑"分为38种,针对不同的客户,展现不同的笑容;并且深深体会出,世界上最美的笑就是从内心的最深处所表现出来的真诚笑容,如婴儿般天真无邪,散发出诱人的魅力,令人如沐春风,无法抗拒。

● 找到相同点

找到与客户的相同点也可以增加你的亲和力。人的脸色是易变的,刚刚接触客户时,他们的脸色往往是"冷"的。如果你问他是哪里人,他说是洛阳的,你说你也是洛阳人,他的脸色就会由"冷"转"热",如果你们是同一个村,那就更"热"了,为什么呢?因为你们有共同点,每个人都认同自己的出身和自己的爱好,如果你的出身和爱好与他的是相同,他就自然会喜欢你。

● 投其所好

在业务服务的过程中有效地模仿对方说话的方式,经常提到对方,适当地进行赞美,并认真地与对方沟通。这种投其所好的方法都能增加你的亲和力。

策略三:同流

在与客户沟通的时候要和客户同流,因为同流才能交流。如果客户爱国,你不爱国,他说中国好,你说中国不好,这种情况下你们是很难交流的。不能很好地交流,怎么与客户建立良好的关系?这就要求银行的工作人员要"见人说人话,见鬼说鬼话"。如果客户用词比较粗俗,我们也要粗俗,如果客户痛恨一些事物,我们也要表现出对该事物的痛恨,这种同流的举动能很快地拉近彼此的关系。在同流里边还有一个方法也能引起客户的好感,那就是相似性。人都喜欢和自己相似的人,不管是观点上、动作上、语气上、个性上、背景上、生活方式上,只要是相似的,双方都会产生好感。

一位研究员在分析保险公司销售记录后发现,很多成交的保单有一种现象,就是顾客的年龄、宗教信仰、政治观点或其他习惯与成交的销售人员相似。我们在与客户沟通的过程中即使有一点点相似都会引起客户正面的反应,而这种正面的反应很容易让我们与客户交流得更加顺畅。所以,作为销售人员要经常声明自己与客户的相似性。如果你知道客户喜欢露营,你也说自己非常喜欢远离喧嚣的城市;如果对方喜欢吃川菜,你也要说自己对川菜情有独钟。这样,会给自己的工作和服务带来很大的便利。

策略四:赞美

每个人都想证明自己在这个社会上是与众不同的、是有价值的,所以在每个人的内心深处都有一种强烈的渴望,那就是得到别人的认可。而真诚的赞美就是对对方的认可。与客户交流的过程中,赞美的技能是必修技能。赞美分明赞和暗赞,明赞是直接夸客户,如你的工厂非常干净、你今天气色很好、你很漂亮等;暗赞是赞人于无形,你夸了,对方没有感觉到你夸他,但他心里却很舒服。暗赞有很多套路,如曲线救国、隔山打牛、连拍、自说自话等。

策略五:接触与合作

人都喜欢与自己熟悉的人打交道,人也喜欢与自己信任的人打交道。银行工作人员要做好销售,就要与客户越来越熟悉,就要不断地赢得客户的信任。

怎么才能与客户越来越熟悉呢?答案是:多接触。销售员要主动与客户联系,不能让客户联系他们。只有多接触、多交流,才能越来越熟悉,可以经常与客户进行沟通,比较直接有效的沟通方法是登门拜访,与客户面谈;一些不是很重要的事情或紧急事情还可以通过电话、邮件与客户沟通;利用公司的刊物以及市场的最新行情、动向等比业务员口头说更有说服力;可以适当地开一些座谈会,以贯彻落实公司的市场思路、销售新政策。在登门拜访时需要注意提前规划拜访路线、时间安排、洽谈主题、沟通方法等主要问题,不能走到哪想到哪。

那么怎么赢得客户的信任呢?答案是:多合作。在IBM的销售人员心目中有一件喜事:产品出现问题。按道理,产品出现问题是坏事,怎么是好事呢?因为IBM的销售人员会快速地解决客户的问题,通过这样一个合作过程就可以使客户对他们的信任更进一层。

策略六:延伸

在明朝后期战事连连,关内有农民起义,关外有清军,朝廷打仗都希望打胜仗。但非常希望打胜仗的不是皇上,也不是大臣,而是信使,因为如果他信袋里装的是一封捷报,当他到达皇宫后一定会得到英雄一样的待遇,美酒、美女都可以让他尽情地享用，但如果他报的是战败的消息，那就没有这么好的待遇了，有的时候甚至会被杀头。按道理战场打胜仗或败仗与他们有什么关系呢？那么他们的待遇为什么不同呢？是延伸起到了作用，人们不会单独地看一件事情，往往会把两件不相关的事情联系起来。这一点对所有工作都是很重要的。很多事情与自己的工作内容没有什么关系，但它们却可以左右成功与否。延伸有好的，也有坏的，如销售员请客户去客户喜欢吃的饭店吃饭，客户吃得很高兴，就会把生意推销成功，这是好的延伸；如果请客户吃饭的饭店销售员喜欢但客户不喜欢，这就会把生意推向失败，这是坏的延伸。所以，在我们的工作中要多做好的延伸，才有利于业务的顺利开展。

三、商业银行的客户关系管理

客户是现代商业银行的一种重要资源，"得客户者得天下"已得到越来越多企业的认同。银行的发展离不开客户。以客户为中心，实行营销推广和服务吸引"双举并进"的战略，必须做到业务创新，快速响应市场需求，满足客户的个性化要求，可以维护并加深与客户的关系，扩展自己的人脉，从而增强其市场竞争力。

可以看到，目前商业银行的核心竞争力已不是体现在营业网点等硬件设施上，而是体现在人性化的服务上，并且表现为能体现在向客户提供最佳服务能力的提升上。而银行实施客户关系管理是金融市场开放、竞争的结果，是银行产品的服务多样化的结果，是信息网络技术日新月异、迅猛发展的结果，是银行生存发展的需要。银行需要与客户建立良好的关系，而且因为最好的客户会给银行带来更大的利润，所以需要努力维持与这部分客户的关系。

作为客户关系管理的关键，与顾客建立良好的关系是重中之重。全面普及客户关系管理的经营理念，全面推行银行客户关系管理，将客户关系管理的观念渗透到银行经营管理的全过程，渗透到银行各个部门、每一个员工。要做到这一点，必须大力普及客户关系管理的观念。国内商业银行在实施客户关系管理的过程中，要加强对全员客户关系管理观念的培育，让从银行的决策者到基层柜员、从市场营销部门到产品开发和支持部门，都认识到客户关系管理的重要价值。客户关系管理是一项系统工程，涉及银行的方方面面，只有银行每一个环节、每一名员工都融入客户关系管理中，银行客户关系管理才能高质量地顺畅运行。

VIP原本是一个政治术语，代表了政界的权威人物。后意大利经济学家巴雷发现了经济世界中20%的人拥有80%的财富，从此一条被称为"二八"原则的规律应运而生。该原则被广泛地运用在管理理论和管理实践中。在企业的价值客户中，往往极少数的客户创造了企业最大份额的利润，这类极少数客户被称为关键客户，或者VIP客户。如何服务和维护好这些关键客户，与之建立起长期稳定的合作关系，是客户关系管理研究的领域之一，同时成为经理们尤其是服务经理们急切需要解决的问题。由于以"服务至上"著称的银行需要重点维持和开发好这些VIP客户,笔者试图从以下方面进行讨论,以抛砖引玉。

(一)实现零距离服务

改变沟通管理方式,增强交流力度,使银行与VIP客户的关系回归到零距离,事实证明可以极大地提高VIP满意度。零距离服务的具体举措有:

1. 缩短服务环节的时间

笔者曾经到一家银行的营业厅排队取款,突然有一个客户没有排队就径自到窗口申请取款,正当其余客户议论纷纷时,该银行的工作人员解释说:该银行有规定,只要存款超过了一定的金额,即可以享受免排队的服务。既然成了规则,其他的客户也就没有意见了。这是一个典型的对VIP客户缩短服务环节的案例。还有的银行,在其VIP客户提交上来的各类服务申请上作出特别的标识,以便接下来的所有审批和受理环节加快速度。目前,修改企业现有的服务流程中,对VIP的服务实行特殊程序以快速响应VIP的服务请求,成为公认有效的举措。

2. 加大主动服务的频次

我们可以根据服务发起的时机,将服务分为被动服务和主动服务。所谓被动服务,是在客户有要求的情况下企业给予服务,比如客户要求更改自己的账户密码;所谓主动服务,企业出于对客户的关怀而单方增加的服务,比如银行向客户推荐新的金融产品和提供客户融资咨询。主动服务是当今服务管理的重点,如果企业在提供主动服务时,在服务的频次上对不同的客户区别对待,会取得事半功倍的效果。

3. 建立有效的客户反馈机制

建立一个反馈的渠道,使得客户的种种意见和评价能够通畅地在该渠道上流动,最后流动到企业的各个职能部门去——这是服务体系建设中非常重要的环节。在笔者目前正在咨询的一家著名的银行里,普通顾客通过抽样的访谈或者专门的客户咨询电话反馈意见。而对于VIP客户,则由专门的客户经理每月一次登门拜访,面对面收集客户的意见,填写"VIP客户沟通记录表",而且职能部门经理至少每半年拜访一次VIP客户。这种面对面沟通能够有效地纠正沟通网络上层层累积的信息失真,及时把握VIP客户的心理动态,快速处理有损客户利益的事件或者预防该类事件的发生。建立沟通渠道时,需要充分考虑客户的便利性——或许这正说明了为什么许多公共场所,比如航空候机厅、车站放置的意见簿上填写的意见寥寥无几,客户需要最直接、最快速、最有效果或者效果可以预见的反映问题的渠道。

(二)取得客户的信任

在客户关系管理中,有一个非常重要的术语称为客户忠诚度,它以客户流失率、客户平均交易年龄、客户在某银行各网点的交易量占其总消费量的比例等指标来度量。而客户忠诚的基础是在客户通过企业长期的服务表现产生了信任,以至于即便有多家供应商可以选择,客户仍然心甘情愿、一如既往地继续与您合作。客户的信任,是一个企业、一个品牌价值的组成部分。那么如何争取到VIP客户的信任呢?

1. 关心客户利益如同关心自己的眼睛

笔者曾经到上海一家书店购买《上海地图》。该书店服务员问我"为什么要买地图",我回答"需要查找一个地名"。该服务员当即替我找到了地名,之后建议我不必再买地图——替我省钱!这件小事情让我久久难忘,因为它里面体现了关注客户利益的服务水准。这种服务,从商业的角度,它的焦点不是卖出一张地图而是建立信任;它的焦点不是眼前利益而是长远合作。关键在于企业到底把客户的利益放在什么位置上,是将客户的利益视为自己的眼睛呢?还是置若罔闻?要想取得客户,尤其是VIP客户的信任,先要解决好此问题。

2. 提供差异化服务项目

服务的程序可以让一般客户和VIP客户共用,但服务的项目却应该严格区分,或者同样的项目在服务深度上应该加以区分。只有如此,才能够体现将有限的服务资源用在刀刃上以产出最大的边际利益的初衷。2017年初,花旗银行上海办事处推出了对小额存款户加收服务费的规定,此举一出,引发了金融界的一场轩然大波,因为这实在有点出乎老百姓的意料——我存钱还要倒贴?这里不讨论此举是否符合中国相关的金融政策或者中国实际的消费环境,但其规定本身体现了区别化服务和服务资源倾斜,这种视角却是值得赞赏的。事实上,花旗银行对其VIP客户的服务水平是世界公认的。从宏观的角度看,顾此必然失彼,抓了芝麻会丢掉西瓜,VIP就是服务经理们的西瓜。差异化服务,不仅体现在VIP和一般客户在服务上有所差异,还体现在不同的VIP客户在服务上也有所差异,因为不同的VIP关注点不同,这就是真正意义上的个性化服务。笔者接触过的深圳保险业的客户经理们,在差异化服务上做得很到位、很成功。他们往往根据客户的财务实力、收入预期、家庭结构、风险好恶,设计不同的投保组合和制定不同的服务策略,这种方法可以推广到其他行业。

3. 妥善处理不合格品和客户投诉

企业为VIP提供产品或者服务时会有不合格的情形发生,即使有的企业达到了通用公司原总裁杰克·韦尔奇所倡导定义的质量水平,仍然有百万分之一的机会将不合格品提供给客户。对于VIP,如果出现提供不合格品或者客户投诉的情形,客户经理的反应一定得快,而且往往需要企业突破常规的举措。因为这种不合格品若处理不当,将是危机;若处理得当,将是巩固和发展业已建立起来的合作关系的良机。有人曾经研究服务过一家外资的空调企业,其空调电机由江苏省一家民营企业提供,电机的采购量占该民营企业同型号电机的1/3以上。在一次耐久性测试中发现该空调电机所配备的电容器有质量隐患,该民营企业很快决定协助更换所有同类的电容器,其更换费用全部由该民营企业承担,决策干脆,没有讨价还价,没有托词和借口。笔者认为这种"先赔后赚"的服务策略使用到 VIP 服务上应该是非常明智的,因为 VIP 是利润种子,是企业的"金饭碗"。在出现不合格品时,企业需要用行动来证明自己值得信赖,一次行动远超百次承诺。到今天为止,该民营企业仍然和笔者曾服务的那家外企保持着良好的合作关系,而且这种关系给它带来了部分海外空调电机订单。

(三)让客户参与管理

在管理学中,有一种激励理论就是参与式管理,通过让员工参与管理来提高员工的士气,这种内部的激励原则同样可以运用到外部,笔者建议,在企业进行重大的技术或者管理的活动时,不要忘了请客户参与和见证活动过程。一方面,使客户能够从自己的立场对企业提出要求,让企业一开始就将这种要求考虑进自己的产品中去,这样的产品面市后不太可能遭受到客户拒绝;另一方面,客户感受到被尊重和关怀,这种感受将换来长久的忠诚。仍然以前面提到的空调企业为例,该企业每月组织一次质量改善会议,邀请全国重要经销商参加该会议,反馈质量情况并提出改进建议,这是非常有效的提高客户满意的办法——因为这种参与使得客户在遇到问题时,由原来的和企业对立的立场不知不觉地转移到共同思考谋求问题妥善处理的立场上来,这种转变对于建立互动的客户关系是至关重要的。

(四)内部过程透明化

在 DELL 网站上订购电脑的客户,可以在网上非常便捷地查询到自己的产品在 DELL 的运营系统中进行到哪个阶段,以及各阶段是否达到自己的订货要求。精明的面包店,把面包的烤制现场搬到前台,通过玻璃橱窗加以隔离,这样面包购买者可以观察到生产过程、现场的卫生状况。这种将内部过程透明化的做法,可以使客户对自己的产品形成过程心中有数,当然更重要的是客户可以第一时间表达自己的愿望。

(五)感情交流

在对银行工作人员的咨询实践中发现,运用客户满意度调查可以有效建立起与 VIP 的"感情",尤其是企业根据调查的意见进行了切实的管理改进让 VIP 客户看到效果后,这种感情就更加"深厚"。对 VIP 的满意度调查的关键在于确定合适的调查方法和方式,设定启发性的调查表格,分析和改进 VIP 服务管理并且反馈结果。调查方式通常有面谈、电子邮件、传真、信件;调查方法有百分百调查、抽样调查。设定表格时需要注意设置的问题应该具有一定的发散性,运用联想法、词语法、情景设计、图示法等,尽量挖掘 VIP 客户的建议和掌握客户的深层心态——因为我们调查的目的是改善 VIP 服务。有一点常被忽略,就是企业把满意度调查的意见整理、分析之后,将结果反馈给 VIP 客户并对其配合表达谢意,这样调查工作才能够形成闭环。互动型的客户关系建设的目的永远都在于保留和发展企业的VIP客户。所谓法无定法,只要能够达到目的,企业可以创造性地采取各种措施,并且逐步建立自己的VIP服务体系,企业还应当定期地检讨、评估和不断修正自己的VIP服务体系以推陈出新,真正实现互动的发展与改变。互动的客户关系的实施可以让我们的工作开展得更加如鱼得水。

第二节　与同事的关系

一、与同事和谐相处的重要意义

同事是与自己一起工作的人。由于工作的关系,同事之间经常需要相互协作以完成特定的目标,因此同事间会有较多的接触和互动,与同事相处得如何,直接关系到自己的工作、事业的进步与发展如何。如果同事之间关系融洽、和谐,人们就会感到心情愉快,有利于自己的身心健康,有利于工作的顺利进行;反之,同事关系紧张,相互拆台,经常发生摩擦,就会影响正常的工作和生活。

此外,如果你能够在日常工作中与每一位同事都处理好关系,对于个人能力的锻炼也是非常有好处的。有句歌词唱得好,"朋友多了路好走"。在职场办公室也是一样,独木不成林,企业里最重要的核心文化之一,就是团队合作。当同事愿意提供支持和帮助时,员工既可以从同事那里得到与任务相关的知识和技能,也容易将同事作为商讨新问题、新想法的伙伴,促使产生解决问题的新方法。因此,一个人与同事之间人际关系的好坏非常重要,如果一个人与同事关系不好,很可能同事就不支持他的工作,因而工作的质量难以保证。

二、引起同事关系不和的常见原因

同在一个单位,或者同在一间办公室,搞好同事间的关系是非常重要的。关系融洽,百利而无一害;倘若关系不和,甚至有点紧张,那就弊大于利了。导致同事关系不够融洽的原因,除了重大问题上的矛盾和直接的利害冲突外,平时一些言行举止的细枝末节也是一个原因。那么,哪些言行会影响同事间的关系呢?

(一)领导面前献殷勤

对单位的领导要尊重,对领导正确的指令要认真执行,这都是对的,但不要在领导面前献殷勤,溜须拍马。有些人工作上敷衍塞责,或者根本没本事,一见领导来了就让座、倒茶、递烟,甚至公开吹捧以讨领导的欢心。这种行为虽然与同事没有直接的利害关系,但正直的同事是很反感的,他们会在心里瞧不起你,不与你合作,有的还会对你嗤之以鼻。如果你的上司确实优秀,你真心诚意佩服他,那应该表现得含蓄点,最好体现在具体工作上。有些人经常瞒着同事向上司反映情况,而这些问题往往是同事们平时在办公室里谈论的,这实际上是一种变相的献殷勤,同事得知后也会极其厌恶。

(二)不说可以说的私事

有些私事不能说,但有些私事说出来也无妨。比如,你的男朋友或女朋友的工作单位、学历、年龄及性格脾气等;如果你结了婚,有了孩子,也就有了关于爱人和孩子方面的话题。在工作之余,与同事顺便聊聊这些话题,可以增进了解,加深感情。无话不说,通常表明感情很深;有话不说,自然表明人际距离的疏远。信任是建立在相互了解的基础之上的。

(三)热衷于探听家事

每个人都有自己的秘密。有时,人家不经意把心中的秘密说漏了嘴,对此,你不要去打破砂锅问到底。有些人热衷于探听别人的私事,事事都想了解得明明白白,根根梢梢都想弄得清清楚楚,这种人是要被别人看轻的。从某种意义上说,爱探听人家私事是一种不道德的行为。

(四)明知却推说不知

同事出差或者临时出去一会儿,这时正好有人来找他,或者正好来电话找他,如果你知道,不妨告诉对方;如果你确实不知道,那不妨问问别人,然后再告诉对方,以显示自己的热情。明明知道,而你却直通通地说不知道,一旦被人知晓,那彼此的关系就势必会受到影响。无论谁找同事,你都要表现出真诚和热情,这样外人也会觉得你们之间的关系很融洽。

(五)拒绝同事的"小吃"

同事带点水果、瓜子、糖之类的零食到办公室,休息时大家分吃,你就不要因难为情而一概拒绝。有时,遇上同事中有人获奖或评上了职称之类的好事,大家高兴,要他买点东西请客,这也是很正常的。对此,你可以积极参与,不要坐在旁边一声不吭,更不要人家给你东西吃,你却一口回绝,表现出一副不屑为伍或不稀罕的神态。人家热情分送,你却每每冷拒,时间一长,人家就有理由说你清高和傲慢,觉得你难以相处。

(六)有事不肯向同事求助

轻易不求人,这是对的,因为求人总会给别人带来麻烦,但任何事情都是辩证的,有时求助别人反而能表明你对别人的信赖,能融洽关系,加深感情。比如你身体不适,你同事的爱人是医生,你可以通过同事的介绍去找医生就诊。倘若你不肯求助,同事知道了,会觉得你不信任人家,你不愿求人家,人家也就不好意思求你;你怕找人家麻烦,人家就以为你也很怕麻烦。良好的人际关系是以互相帮助为前提的。因此,求助他人,在一般情况下是可以的。当然,要讲究分寸,尽量不要让人家为难。

(七)该做的杂务不做

几个人同在一个办公室,每天总有些杂务,如打开水、擦门窗、夹报纸等,这些虽都是小事,但也要积极去做。如果同事的年纪比你大,你不妨主动多做些。懒惰是人人都厌恶的,如果你从来都不打开水,可每天都要喝;报纸从来不夹,可每天都争着看,久而久之,人家对你就不会有好感。如果你自己的房间收拾得非常干净,可在办公室里从不扫地,那么人家就会说你比较自私。几个同事在一起,就是一个小集体,集体的事要靠集体来做,你不做,就或多或少有点不合群了。

(八)进出不互相告知

你有事要外出一会儿,或者请假不去上班,虽然准假的是领导,但最好要同办公室里的同事说一声。即使你临时出去半个小时,也要与同事打个招呼。这样,倘若领导或熟人来找,也可以让同事有个交代。如果你什么也不愿说,进进出出,神秘兮兮的,如果正好有要紧的事,同事就没法说了,有时也会懒得说,受到影响的恐怕还是自己。互相告知,既是共同工作的需要、联络感情的需要,也能表现出彼此的尊重与信任。

(九)常和一人"咬耳朵"

同一个办公室有好几个人,你要对每一个人尽量保持等距离,尽量始终处于不即不离的状态,即不要对其中某一个特别亲近或特别疏远。不要老是和同一个人说悄悄话,也不要总是和一个人进进出出;否则,也许你们两个亲近了,但疏远的可能更多,甚至有些人还以为你们在搞小团体。如果你经常与同一个人"咬耳朵",别人进来又不说了,那么别人不免会产生你们在说人家坏话的想法。

(十)有好事儿不通报

单位里发福利、领奖金等好事,如果你先知道了或者已经领了,却一声不响地坐在那里,从不向大家通报一下,也从不帮人代领。这样几次下来,别人自然会有想法,觉得你太不合群,缺乏团体意识和协作精神,以后他们也会如法炮制。长此下去,彼此的关系就不会和谐。

三、如何处理好同事关系

(一)礼仪方面的注意事项

1. 尊重别人

相互尊重是处理好任何一种人际关系的基础,同事关系也不例外。同事关系不同于亲友关系,它不是以亲情为纽带的社会关系,亲友之间一时的失礼,可以用亲情来弥补,而同事之间的关系是以工作为纽带的,一旦失礼,创伤难以愈合。所以,处理好同事之间的关系,最重要的是尊重对方。学会尊重别人,从负责卫生的阿姨到各个部门的同事,不论这个人在公司中处于什么职位。例如,到办公室的时候,如果看到阿姨在打扫自己的办公室,那么最好去帮助她,并表示感谢。这样的结果往往是,阿姨最爱打扫你的办公室,办公室里的鲜花换得最勤,这就是相互尊重的结果。同样,对待任何部门的同事,都是以尊重的态度。去报销,总是对他们的工作表示理解并感谢;中午总是争取和大家坐在一起吃饭并且说笑;自己可以为任何一点小事,对任何一个人表示感谢,因为我知道,即使是他们分内的事情,但是如果你重视了他们的工作、尊重了他们的工作,他们同样也会尊重你的工作。因为人都有被别人认为有重要的需求。因此要传达给他们的信息就是,他们对自己非常重要,他们的工作,不仅是履行他们的工作职责,更是对自己个人极大的支持和帮助。为此要感激他们、尊重他们,这样大家就可以成为朋友。

2. 物质上的往来应一清二楚

同事之间可能有相互借钱、借物或馈赠礼品等物质上的往来,但切忌马虎,每一项都应记得清楚、明白,即使是小的款项,也应记在备忘录上,以提醒自己及时归还,以免遗忘,引起误会。向同事借钱、借物,应主动给对方打张借条,以增进同事对自己的信任。有时,出借者也可主动要求借入者打借条,这也并不过分,借入者应予以理解,如果所借钱物不能及时归还,应每隔一段时间向对方说明一下情况。在物质利益方面无论是有意或者无意地占对方的便宜,都会在对方的心理上引起不快,从而降低自己在对方心目中的人格。

3. 对同事的困难表示关心

人们遇到困难,通常首先会寻求亲朋帮助。但作为同事,应主动问讯,对力所能及的事应尽力帮忙。这样,会增进双方之间的感情,使关系更加融洽。

4. 不在背后议论同事的隐私

每个人都有"隐私",隐私与个人的名誉密切相关,背后议论他人的隐私,会损害他人的名誉,导致双方关系的紧张甚至恶化,因而是一种不光彩的、有害的行为。

5. 对自己的失误或同事间的误会,应主动道歉说明

同事之间经常相处,一时的失误在所难免。如果出现失误,应主动向对方道歉,征得对方的谅解;对双方的误会应主动向对方说明,不可小肚鸡肠、耿耿于怀。

(二)同事间的交谈艺术

在同事之间要建立良好融洽的人际关系必须经常相互沟通,除相互帮助、相互谅解之外,得体、恰当的语言也是非常重要的。许多争吵,甚至发生在平时关系非常密切的同事之间,很大一部分原因就是说话不讲艺术,使对方误解,以致造成同事间的隔阂,那么同事之间怎样交谈比较恰当呢?

1. 要注意对方的年龄

对年长的同事,最好谦虚些、服从些,当然,尊敬是最起码的。年长的同事往往是高你一辈的,经验比你丰富得多,与他谈话,切不可嘲笑其"老生常谈"、"老掉牙",应该持尊重的态度,即使自己不认为正确,也要注意聆听,而后再提出自己的意见。对于年长的人,最好不要轻易问他们的年龄,因为有些人往往很忌讳这一

点,问起他们时,常使他们感到难堪和颓丧。所以,在与年长的同事谈话时,不必提起他的年龄,而只去称赞其干的事情,你的话肯定会温暖他的心,使他重新感到自己还年轻,还很健康。

对于年龄相仿的同事,态度可以稍微随便些,但也应该注意分寸,不可出言不逊,伤人自尊,在与自己年龄相仿的异性同事说话时,尤其注意,不宜乱开玩笑、态度暧昧,以免引起一些不必要的猜疑。

对于年纪比你小的同事,也要注意一定的分寸,应该保持慎重、深沉的态度,年纪较小的同事,有些思想可能太冒进,或知识经验不及你,所以与他们谈话时,注意不要对其随声附和,降低自己的身份,但也不要同他们进行辩论,不要执意坚持自己的意见,只需让他了解你希望他对你有适当的尊敬,他就会因此而保持适当的态度和礼仪,但是千万不要夸夸其谈,卖弄经验,在自己的知识范围外还信口开河,否则一旦被他们发觉,就会减少对你的信任与尊重。

2. 要注意对方的地位

与地位高的人谈话,常使自己有一种自卑感,从而木讷口钝、思想迟缓,但有人为了改变这种情况,却走到相反的极端,即对上级高声快语,显得粗鲁无礼,这两种态度都是不可取的。与地位高于你的同事谈话,不管他是不是你的顶头上司或其他部门的领导,都应采取尊敬的态度,一则他的地位高于你,二则他的能力、知识、经验、智慧也显然比你高,应该向他表示敬意。需要注意的是,与地位高的人谈话,必须保持自己的独立思想,不要做一个"应声虫",使他认为你唯唯诺诺,没有主见。要以他的谈话为主题,听话时不要插嘴,应该全神贯注,他让你讲话时,要尽量讲题内话,态度应轻松自然、坦白明朗,回答问题要适当。与地位较低的人谈话,也不要趾高气扬,应该和蔼可亲、庄重有礼,避免用高高在上的态度来同他谈话。对于他工作中的成绩应加以肯定和赞美,但也不要显得过于亲密,以致使他太放纵,不要以教训的口气滔滔不绝地讲个没完,使对方感到厌烦。

3. 要注意对方的性别特征

交谈时,要注意性别不同,方式也大为不同,同性别的同事之间的谈话当然可以随便些,而对于异性同事,谈话就应特别当心,当然并不是指要处处设防、步步为营,但起码"男女有别"还是不错的。比如,一位女同事,身材肥胖,你千万不能"胖子,胖子"地乱叫;但换位男同事,叫他几声"胖子",他可能丝毫不介意。再比如一次企业的聚会上,有一位新来的女同事是个老处女,即便你是为关心她起见,也不能走上去问她:"××,你看起来很显老,到底多大?"真这样做,恐怕这位女同事要记恨你一辈子。女同事与男同事讲话,态度要庄重、大方,切不可搔首弄姿、过于轻佻。男同事在女同事面前,往往喜欢夸夸其谈,谈自己的冒险经历,谈自己的事业及自己的好恶,更喜欢发表自己的意见,让听者感到惊奇与钦佩,所以男同事需要的是一个听话者,女同事要当一个听话者,请注意切勿太唠叨,声音太大,不要总想找机会打岔,纠正对方或对家里的长短抱怨不停。但是,如果对方令你难以忍受,那么请巧妙地打断他的话或干脆直截了当地告诉他:"对不起,我还有事。"

4. 要注意对方的语言习惯

我国地域广阔,方言、习俗各异,一个规模较大的单位,不可能只由本地人组成,一定还会有各地的同事。要特别注意这点:不同的地方,语言习惯不同。自己认为很合适的语言,在其他不与你同乡的同事听来,可能很刺耳,甚至认为你是在侮辱他。比如:小齐是西北某地区人,而小秦是北京人,一次,两人在业余时间闲聊,谈得正起劲,小齐看见小秦头发有点长,就随口说:"你头上毛长,该理一理。"不料,小秦听后勃然大怒:"你的毛才长呢!"结果两人不欢而散。无疑,问题就出在小齐的一个"毛"字上,小齐那个地方的人都管头发叫做"头毛"。小齐刚来北京,时间不长,言语之中还带着方言,因此不自觉地说出来,而北京却把"毛"看作是一种侮辱性的骂人的话,什么"杂毛"、"黄毛",无怪乎小秦要勃然大怒。还有许多其他的语言习惯,如北方称老年男子叫老先生,但如果上海市嘉定区人听来,就会当是侮辱他;安徽人称朋友的母亲为老太婆,是尊敬她,而在浙江称朋友的母亲为老太婆,那简直就是骂人。各地的风俗不同,说话上的忌讳各异,在与同事交往的过程中,必须留心对方的忌讳话,一不留心,脱口而出,最易伤同事间的感情。即使对方了解你不懂得他的忌讳,情有可原,但至少你还是冒犯了他,在双方的交谊上是不会有增进的,因此应该特别留心。

5. 要考虑对方与自己的亲疏关系

倘若对方不是相知很深的同事,你也畅所欲言,无所顾忌。那么,对方会如何反应呢?你说的话,是属于你的,对方愿意听你的吗?彼此关系浅薄、交情不深,你与之深谈,则显得你没有修养;你说的话是关于对方的,你不是他的诤友,不配与其深谈,反倒是忠言逆耳,显得你冒昧;你说的话是关于国家政治方面的,对方主张如何,你并不清楚,却偏高谈阔论,容易招惹一些不必要的麻烦。因此,在一个企业内,要同身边的同事搞好关系,谈话时必须注意对象的亲疏关系。对关系不深的同事,大可聊聊天、海阔天空吹一吹;而对于个人的私事还是不谈为好,但这并不等于对任何同事都要遮遮掩掩,见面绝不超过三句话,而只说些不痛不痒的场面话。如果是交情匪浅的同事,则可以不断地交流思想,促膝谈心,互相关心对方的生活与私事,替对方出出主意,排忧解难,这样,还可以增进彼此间的团结与友谊,更有利于工作。但需要注意的是,不要学小人说三道四,东家长西家短,捡些"某领导的韵事"、"某同事的野史"谈起来没完,这样既显无聊,而且会破坏同事间的团结、损坏同事的名誉。

6. 要注意对方的层次与性格特征

你与同事交谈,首先要了解他的个性,对方喜欢委婉的话,你说话应该讲求一点方式和方法;对方喜欢直来直去,你大可不必与之绕来绕去,摆迷魂阵;对方喜欢钻研学问,你应该说比较有水平的话,而对方文化层次较低,你就应该与之谈些家长里短的俗事;对方如果喜欢推心置腹,你就应该多说些诚恳、质朴的话。当然,这并非是"六月天,孩儿脸",一天三变,而着实是搞好同事关系的良策。比如,小杨生性耿直,说话直来直去,无所隐瞒,偏偏碰上喜欢说话绕弯的张某。一天清早,张某刚从厕所出来,正遇上小杨,小杨就大声问道:"从哪儿来?"张某见有别人在场,且有两位女同事,便随手一指:"从那儿来。"小杨却不明白:"那儿是哪儿?"张某只好含糊说:"W.C。""W.C"原意是英语厕所的缩写,小杨偏偏不知,又不甘心,继续大声问:"W.C是什么东西?"张某见旁人注目,便悄悄地扯扯小杨,小声道:"1号。"小杨环顾四周,正好1号房间是某女同事的宿舍,大为惊讶:"大清早你上小王屋里干什么?"张某面红耳赤、无地自容。上述虽为一个笑话,但也可以证明,对不同的人讲不同的话实在重要。如果小杨讲究一点说话方式,不再寻根究底地问下去,或者张某讲话干脆一点,告诉小杨说"厕所",双方就不会纠缠不清,弄得两人都非常尴尬。

7. 要注意对方的心境

与同事谈话,应该注意,什么时候是适宜的时候,比如,对方工作正在紧张、繁忙的时候,你不要去打扰他;对方正在焦急时,你也不要去同他闲聊;对方如果正陷于悲痛之中,你更要选择适当的话题。

(三)沟通方面的注意事项

1. 常微笑,与对方有眼神交流

俗话说得好:"抬手不打笑脸人。"与同事相处,如果对他们正在热烈讨论的话题感觉无话可说,那么你要学会微笑倾听。与对方说话时,一定要有眼神交流。

2. 在涉及具体个人的是非八卦时巧妙地保持中立

这时候,一点都不插嘴也是不好的,有人的地方就有是非,所谓水至清则无鱼,人至察则无徒。当你的同事们八卦时,要学会巧妙地保持中立,适当地附和几句:"是吗?"对于没有弄清楚的事情千万不要发表明确的意见。总之,要学会"参与但不掺和"。

3. 关注周围的新闻

把近期的新闻作为话题,是一个很好的选择。周围发生的、大家比较关注的事情,比如房价啊、交通啊等可以聊。另外,还可以讨论一下"五一"、"十一"怎么过这类大家说起来都很高兴的事情。

4. 女人的话题在有女人的地方一定受欢迎

如果你想和女同事找话题,那就更简单了。关于女人的话题,一定受欢迎:美容、打折、化妆品、衣服、鞋和包、减肥……一些小技巧和小经验的交流,立马让你们话如泉涌。

5. 自己要调整心态,别先入为主地认为和同事无话可聊

在职场中，想要与同事愉快相处，自己首先要抱着积极的心态融入大家的想法，平时多留心周围同事关注的事情，为寻找话题打下基础。

6. 面对不同年龄层的人，聊不同的话题

与年轻一点的人在一起，食物、衣服和生活中的趣事都是很好的话题，而与年龄大一点、有孩子的同事在一起，话题都离不开孩子，你可以听他们说说孩子的趣事，附和几句。与年长的同事聊天，要有一种请教的姿态，表现出你希望听到他的建议和教诲。当然，这些都要因人而异，所以在平时要多留心同事的爱好和性格，寻找共同的兴趣点。

7. 不聊同事的隐私，少谈本单位的事情

同事之间在一起天南海北都可以聊，但是不要涉及隐私，即使是同事自己告诉你，你在发表意见的时候也要三思而后行。你怎么对人，人家怎么对你。

8. 同事间聊天时要注意倾听

多倾听对方的意见，重视对方的意见，这是一种很重要的沟通技巧。与同事聊天你要注意聆听、聆听再聆听。

9. 不能太软弱

处理同事关系是一种艺术，也是一门学问。有的人有着天生的亲和力，自然颇得人缘。而大千世界，人心各异，应对不同性格的人，光有亲和力远远不够，还得讲究点策略，这也是处理人际关系的关键和难点所在。有时，想得到别人的尊重也不易，表现得太过软弱的话，有些人就会处处为难你。

(四) 职场人际禁忌五方面

1. 没有自己的原则

在与同事的相处中，免不了互相竞争，此时，恰当地使用接受与拒绝的态度相当重要。一个只会拒绝别人的人会招致大家的排斥，而一个只会向别人妥协的人不但自己受了委屈，而且还会被认为是老好人、能力低、不堪大任，且容易被人利用。因此，在工作中要注意坚持一定的原则，难免卷入诸如危害公司利益、拉帮结伙、损害他人等事件中去，遇到这样的情况要注意保持中立，避免被人利用。

2. 窥探同事隐私

在一个文明的环境里，每个人都应该尊重别人的隐私。窥探别人的隐私向来被人认为是个人素质低下、没有修养的行为。因此在与同事的交往中，要保持恰当的距离，注意不要随便侵入他人"领地"，以免被同事讨厌，不愿与你交往。

3. 带着情绪工作

如果你在工作中经常受到一些不愉快事件的影响，使自己的情绪失控，那可就犯了大忌。如果看到自己不喜欢的东西或事情就明显地表露出来，那么只会造成同事对你的反感。每个人都有自己的好恶，对于自己不喜欢的人或事，应尽量学会包容或保持沉默。你自己的好恶不一定合乎别人的观点，如果你经常轻易地评论别人,同样会招致别人的厌恶。

4. 算计别人

任何人都会对别人的背后算计非常痛恨,算计别人也是职场中最危险的行为之一,这种行为所带来的后果,轻则被同事所唾弃,重则失去"饭碗",甚至身败名裂。作为老板,他绝对不希望自己的手下互相倾轧,老板希望每一位员工都能发挥自己的长处,为自己带来更多的效益,而互相排斥只会增加内耗,使自己的企业受损,周围的同事也同样讨厌那些喜欢搬弄是非、使阴招、发暗箭的人,因为每个人都希望有一个和谐、宽松的工作环境,并与自己志趣相投的人共事。

5. 经常向同事借钱

处理好同事之间的经济关系相当重要。由于平时会在一起聚会游玩,发生经济往来的情况可能会比较多,最好的办法就是 AA 制。当然,特殊情况下向同事借钱也没有什么不妥,但记得要尽快归还。如果经常向别人借钱,会被认为是一个没有计划的人,别人会对你的为人处世产生不信任。记住不要轻易欠别人一块钱,并把这一点作为一个原则。当然也不要墨守成规,遇到同事因高兴的事请客时不要执意拒绝,同时记得要多说一些祝贺的话。跟同事之间的关系需要保持一定的距离,适时隐藏自己的性情,拥有自己为人处世的原则,具有冷静和成熟的头脑,是职场成功的关键。

四、经典案例分析

乔丹是一个有篮球天赋的人,不过在刚开始的时候,虽然他平均每场都能拿到 40 多分,可是团队总体成绩却一直没有提高,原因在于他只顾自己投篮得分,却不把球传给队友。后来在教练的劝说之下,他开始试着把球传给其他队友。出乎他意料的是,这不仅没让他个人的名声受损,球队的整体成绩也上升了,这时公牛队才成为一支冠军球队。在他融入团队之后的 8 年内,他们获得了 6 次总冠军。

乔丹是一个传奇,然而没有团队的协作,也不会有乔丹的今天。每当人们看到乔丹和队友配合默契时,总是为他们的合作报以热烈的掌声,这便是团队的魅力,也只有高效的团队,才能有如此出色的成绩。

一个企业的生存与员工的合作精神是分不开的,有凝聚力的团队才能造就优秀的企业。在竞争如此激烈的社会中,员工之间的合作更成了企业发展的重中之重。没有团队精神的个人英雄,即使取得一时的胜利,很可能也是最后的胜利,因为个人英雄一旦胜利后,就会故步自封,抱着自己的成绩不放,不再进取,从而阻碍企业及个人的发展。而且不重视合作的人势必不喜欢帮助同事,这样的人的人际关系不是很好,别的同事也不愿意与他合作,最终使团队就像一盘散沙。对于团队中这种有高能力的害群之马,即使不舍,老板也不会给予重任。

一个人要想在职场中得到更好的发展,无论能力有多强,都需要与同事保持良好的人际关系。只有你们相互帮助,才能让你们都得到更多的业绩,千万不要以为与同事合作就要把功劳分给别人,如果你觉得只要是自己一个人做出来的成绩就都是自己的,这种想法就只会毁掉你的职场前途。

第三节 与领导的关系

一、单位人际中的领导关系

上至国家领导,下至普通百姓,人人都有自己的领导,只是人们的叫法不同,有的叫"领袖",有的叫"老板",也有的叫"头儿",总之都是一种人,那就是领导你的人。对你的领导,你可能把他看作自己的朋友,也可能把他看作自己的"敌人"。在年轻干部成长的过程中,如何构建和谐的人际关系,特别是与领导之间的关系至关重要。在国外,曾有人做过调查:在成功的因素中,智慧、专业技术、经验等只占成功因素的15%,而良好的人际关系却占85%。[1] 也就是说,作为一名下属,即使你才华横溢,如果得不到领导的重视,也是英雄无用武之地。

要做职场中的赢家,就必须掌握与领导相处的技巧,与领导搞好关系,得到领导的赏识和器重,以便能得到重用,成就一番事业。

二、如何与领导建立和谐的人际关系

在日常的工作和生活中,一件十分重要的事情就是要与人沟通——不仅要与同事、下属沟通,更要与上级领导进行有效的沟通。领导者都是性情中人,年轻干部经常与上级领导进行有效的沟通,是保持良好的上下级关系的基础,对自己将来的成功和发展具有重要意义。

(一)处理与领导关系的原则

1. 服从而不盲从

被领导者要服从领导者,没有服从就没有领导,没有服从就形不成统一的意志和力量,任何事业都难成就。在我国,人民是国家的主人,国家权力属于人民,下级与上级的根本利益完全一致。上下级关系中的服从虽有强制性,但没有统治和压迫的性质,这种服从的强制性完全是维护人民利益的需要,是发展社会主义事业的需要。因此,作为下属,服从上级组织、服从领导,不是奴性的表现,而是对人民事业高度负责的理性行为。我们在坚持服从原则时,注意把服从领导同服从中央领导统一起来,把对上级负责同对人民负责统一起来。当发现领导的指示、决定与中央的路线、方针、政策有矛盾时,要及时向领导反映,并要坚决按照中央的路线、方

---

[1] 孙郡锴:《与领导相处的学问》,中国华侨出版社 2007 年版。

针、政策指导自己的工作；当发现领导的指示、决定不符合客观实际，执行起来不利于党的事业时，也应积极向领导反映，申明看法，敦请领导修改指示、决定。下级自觉做到这一点是很不容易的，它不仅需要智慧、才能，而且更需要勇气和胆识。

坚持服从原则，还应注意对领导的决议、指示不能因自己有不同的意见而不执行。正确的态度是一方面积极向领导反映自己的意见，另一方面在领导没有采纳自己的意见修改决议指示之前，仍要按原指示决议执行，在执行中积极采取措施，把可能造成的损失减少到最低程度。当然，执行的结果证明领导指示是错误的，责任由领导承担。

2. 尊重而不崇拜

尊重是沟通双方情感、建立融洽的人际关系的前提和条件。对于领导来说，出于尊重需要的心理需求更强，因为尊重是提高领导者威望、增强领导控制力和驾驭能力、保证工作顺利开展的精神力量。任何一个领导者，如果失去了下级对自己的尊重，那就不可能有较高的威望和较强的号召力、凝聚力，因而也就不可能真正发挥领导者的作用。下属对上级领导的尊重，应当以事业为重，坚持组织原则，绝不能有任何个人的不良动机。

一般来说，下级容易做到尊重领导，问题是当遇到领导有明显弱点或者业务不熟，甚至工作能力不如自己的时候，作为被领导者如何对待，这是下级能否自觉尊重领导的一个考验。如果下级缺乏自知之明，就可能自觉或不自觉地流露出瞧不起领导、贬低领导的情绪，这不仅有损于领导者的威信，伤害与领导的关系，而且对全局工作不利。如果领导明显不称职，作为下级可以按照组织原则，通过正常渠道，向更上一级组织提出意见，但在领导未离开现岗位之前，仍然应该维护他的威信，尊重他的人格，支持他的工作，这才是下属应持的正确态度，是觉悟高的表现。

同时也应注意，对领导应当尊重，但绝不应该崇拜。崇拜是不科学的、愚昧落后的意识。领导干部和领袖人物都是人，尽管他们相对地说有较高的才能和胆略，但不是"完人"，缺点和错误在所难免。搞崇拜必然要美化领导，文过饰非，崇拜能滋生庸俗的人际关系，如阿谀奉承、行贿受贿、拉拢投靠、人身依附、结党营私等。庸俗的上下级关系是政治腐败、社会腐败的一种表现，是建设社会主义民主政治和社会主义市场经济的腐蚀剂，崇拜会给上级帮倒忙，使上级脱离群众，形象不佳。一个明智的领导者是不应赞成下级对自己搞崇拜的，而且还要对搞崇拜者进行批评教育。对上级的尊重和搞个人崇拜在本质上是不同的，但从尊重滑向崇拜却比较容易，区别就在于个人的动机、在于是否坚持原则、在于能否把握尊重的分寸。

3. 尽责不卸责

搞好工作，力争显著的政绩，这是大家的共同愿望，所以要想赢得上级的尊重，首要的就是把本职工作做好，做工作表现出色，提高自己的自身素质，敬重自己的工作，将工作当成自己的事，尊重自己的工作，热爱自己的岗位，以主人翁的姿态把敬业的精神贯穿到自己工作的每一个环节中去。具体来说,一是要当一个积极的执行者,对上级的决议、指示和下达的各项任务,不仅要坚决贯彻执行,而且要在不违背上级精神的基础上,结合各自从事实际工作的情况,制订出切合实际的实施方案,圆满地、富有创造性地完成上级交给的工作任务。切忌照抄照转,防止工作一般化。二是要当一个诚实的信息员。上级决策的依据来自下级,每个职工都有责任向领导反映真实情况。那种华而不实、好大喜功、报喜不报忧的不良作风,会给党的事业带来不可弥补的损失。我们应本着对上级负责、对党和人民负责的精神,当一个诚实的信息员,如实反映基层情况和其他有关重要信息,以便上级领导了解和掌握全面、真实的情况。三是要当一个无私的好参谋。职工不但有责任向上级反映真实情况,而且有义务向领导提出自己的建议。常言说:"当局者迷,旁观者清。"在一定意义上,下级对上级领导来说也可以算是一个"旁观者",他们了解基层的实际情况,可以也应该为领导献计献策,当好参谋。四是遇到矛盾要尽量自己设法解决。工作中遇到一些难以预料的、比较棘手的麻烦时,单位职工要冷静思考,认真分析,采取多种方式予以解决,通过不断地解决错综复杂的矛盾,锻炼自己、提高自己。对属于自己工作范围内的矛盾,尽快解决,不能让其激化;对超出职责范围但自己又有能力解决的矛盾,要协调有关部门想方设法解决,不能回避,把矛盾推给他人;当遇到涉及全局性的矛盾时,要积极争取,尽力解决,不能把矛盾推给领导。

4. 正气不俗气

在8小时之外的生活圈内和社交圈内,下级应当同领导保持一种正常而亲密的同志关系。这里要注意两点:一要讲正气,不要称兄道弟。在现实生活中,常常听到一些人称呼单位的"一把手"为"老板",或者互相称兄道弟,这是极不严肃的,不仅不能效仿,而且必须加以制止。领导是组织部班子中的核心人物,唱的是"主角",但不是"老板",他同班子成员和普通干部群众一样,在政治上都是平等的。因此,下属不要把"老板"和"哥们儿"套用在领导身上,应当以"同志"来称呼。二要追求高尚,不要低级趣味。在8小时之外,下级与上级成员之间会有一些接触,但这种接触要把握分寸,切忌庸俗化,一方面,对上级要采取尊重爱护的态度,自觉维护上级的权威,体谅上级的繁忙与困难,当与己有关的问题一时得不到解决时,不可妄加非议、评头论足、恶语中伤或采取无理行为;另一方面,又不能对上级阿谀奉承、溜须拍马,置原则与人格于不顾,搞人身依附。有些人在上级面前一味恭维,见到上级有缺点非但不指出,反而替其掩饰,还有的请客、送礼、打小报告等,这些都是把自己与上级的关系庸俗化的表现。为此,我们必须坚决予以摒弃。总之,讲正气、追求高尚是一种"黏合剂",搞庸俗关系则是一种"腐化剂"。下级与上级相处往来,只有讲正气、讲党性、讲原则,彼此之间的关系才能牢固长久,彼此之间的感情才会真挚纯朴,彼此之间的合作才会卓越成效。

5. 局部服从全局

任何事物都存在着全局和局部两个方面,全局是指事物的整体及其发展的全过程,带有照顾各方面和各阶段的性质。局部是指组成事物整体的一部分及发展的某个阶段。全局和局部是对立统一的。在全局和局部的关系上全局统率局部,局部隶属于全局。全局的利益是大多数人民群众的根本利益、长远利益之所在。全局和局部的关系反映在领导关系方面就是上级与下级的关系。作为下级必须识大体、顾大局,使局部服从全局,小道理服从大道理,这是自己在处理与领导关系时应遵循的原则。遵循照顾全局的原则,就是要积极支持领导的工作。首先,想问题、办事情不能只顾局部利益和眼前利益,而应从全局出发。当局部利益与全局利益发生矛盾时,舍得放弃局部利益,甚至牺牲局部利益以顾全局利益。其次,要努力做好自己的工作,以局部工作的良好绩效为领导全局工作创造有利条件,推动全局工作。最后,要正确维护领导的权威。要从思想到言行举止体现尊重上级;要正确对待领导的缺点和错误,绝不背后议论、贬低;要积极支持、热情帮助能力比自己弱的领导,执行他的正确指示,尊重他的领导地位。

6. 直言不妄言

作为下属应善于用直言、真言以至诤言来增进与领导之间的了解、融洽彼此之间的感情。对领导进言时要讲真话,不唯唯诺诺、吞吞吐吐,更不能花言巧语。对领导进行评价时,要讲实话,不讲风言风语。向上级组织反映情况要实话实说,特别对本部门处室工作中存在的一些矛盾和问题及少数群众不太客观的评论,要敢于公正评判,让上级明辨是非。

(二)处理与领导关系的方法

下级处理与领导的关系,既要坚持原则,又要讲究方法和艺术,把原则性与灵活性紧密而巧妙地结合起来。

1. 学会与领导有效沟通

与人坦诚相待,反映了一个人的优良品格。下属在工作中要赢得领导的肯定和支持,很重要的一点是要让领导感受到你的坦诚。工作中的事情不要对领导保密或隐埋,要以开放而坦率的态度与领导交往,这样领导才觉得你可以信赖,他才能以一种真心交流的态度与你相处。以理服人不是说服领导的最高原则,如果没有让领导感受到你的坦诚,即使你把一项事情的道理讲得非常明白,实际上一点用也没有,因为人是有强烈感情色彩的动物,生活中情大于理的情况比比皆是,在感情与道理之间,人往往侧重于感情,领导者当然也不例外。来到一个单位后,第一件需要做的事情就是学会主动沟通、与人坦诚相待。此外,要注意沟通场合,切合时宜地进行沟通。领导者的心情如何,在很大程度上影响到沟通的成败。当领导者的工作比较顺利、心情比较轻松的时候,如某些方面取得成功、节日前夕、生日等,心情会比较好,这是与领导进行沟通的好时机。当领导在某一方面取得成功,你准备向他表达祝贺时,你要选择一个比较适当的场合,营造一下氛围,同时提出你的问题。我们要向领导提议一件事情,注意场合、选择时机是很重要的。

2. 了解、熟悉领导内心,善于领会领导意图,并给予适度的恭维

下属只有了解上级领导的个性心理,才能方便与他沟通。对领导有个清楚的了解是为了运用心理学规律与领导进行沟通,以便更好地处理上下级关系,做好工作。人性中有一种最深切的秉性,就是被人恭维的渴望。这种渴望,不仅仅是愿望,也不仅仅是欲望和希望,而是被恭维的渴望。在与领导者交往中,要永远记住,领导者都希望下属恭维他、赞扬他。你要找出领导的优点和长处,在适当的时候给领导诚实而真挚的恭维。你可以请领导畅谈他值得骄傲的东西,请他指出你应该努力的方向,你要恭恭敬敬地掏出笔记本,把他谈话的要点记录下来。这样做会引起他的好感,他会觉得你是一个对他真心钦佩、虚心学习的人,是一个有培养前途的人。我们要明白,领导者所做的每一件事情,都一定有他的理由。对你看不惯的方面,你不要过多地批评、指责和抱怨,更不要当面顶撞或争论,而要给予充分的谅解,必要时给予领导适度的恭维。这里举个例子,曾国藩是清朝末期著名的智者和儒将。有一天,曾国藩与幕僚们谈论天下英雄豪杰,他说:"彭玉麟与李鸿章均为大才之人,我曾某人有所不及,虽然我可以夸奖自己,但我生平不喜欢这一套。"一位幕僚逢迎说:"你们三位各有特长。彭公威猛,人不敢欺;李公精敏,人不能欺。"说到这里,说不下去了,因为他不知道如何来赞美他的顶头上司,但曾国藩并不放过他,继续追问"自己如何"?大家都找不到恰当的词语来赞美曾国藩,只好哑言无语。正在沉默之时,一个年轻的下属突然站出来说道:"曾帅仁德,人不忍欺!"众人拍手称快。曾国藩十分得意,心中暗想:"此人大才,不可埋没。"不久,曾国藩升任两江总督,提拔那位机敏的年轻下属担任了盐运使这个要职。

3. 尽可能地使领导了解你

应该运用有效的方式和方法,使领导了解你的工作的重要性和可行性,理解你的意图,这是使领导"愿意"帮助你的重要心理基础。常用的方法有四种:

(1)反复强调法。

这种方法可以加深领导的印象,使领导对某件工作的了解由一开始的不知到最后的"知之甚深",从而采取支持下属的明确态度。下级运用反复强调法,通常是在领导对某项工作的认知还处于"空白"状态,对这项工作的重要性和可行性还抱着"半信半疑"态度的情况下。下级在首次向领导提出请示时,应选择合适的时间和场合,并适当加重语气,强调这项工作的重要性,以引起领导的重视。如果一次未能奏效,万勿操之过急,可变换方式和方法,反复强调多次,直到领导完全采纳或部分采纳为止。

(2)侧面疏通法。

这种方法通常是下级在向领导"正面请示"无效的情况下,采取的一种辅助方

法和补救办法。有时候,由于下级的身份和影响力,还不足以使上级改变态度,甚至说多了反而会将事情弄僵。这时候,下级就不应该一味地"正面强攻",而应该改用"侧面疏通法",巧妙地使上级在"不失体面"的情况下,转而采纳你的意见,支持你的工作。

(3)实绩启迪法。

领导对客观事物的认识,总是要经历一个逐步深化的过程。有时候,当某一项工作尚未搞起来时,领导对其重要性和可行性的理解总是比较浮浅的。任你磨破嘴皮、说干嗓子,他获取的仍然是一些模糊、抽象的概念。这时候不应该再搞无效的说服,而应该及时采用"实绩启迪法",使领导在实绩面前受到启示,从而转变态度。向领导展示"实绩",方法也是多种多样的。例如:下级可以在职权允许的范围内,先搞一些小试验,待取得预期的成绩以后,再请领导来现场亲眼看看、亲耳听听;也可以在邻近地区,选择一个在这方面搞得不错的先进单位,请领导去参观学习;还可以收集整理报刊上介绍的外地经验,供上级进行决策时参考。总之,"实绩"可以通过下级的辛勤努力、勇于开拓来获得,也可以"借"用外单位或书刊上的现成经验。通过"实绩"启迪,有时候往往能收到事半功倍的效果。

(4)时势催逼法。

在某种情况下,下级也可以对举棋未定、行动迟缓的上级,施加一定的精神压力,使他在"时势"的潮流面前,感到再不支持下属的工作,就有"失职"和"落后"的危险,从而"催逼"他转变态度,积极支持和帮助下属开展工作。"催逼"的方法多种多样,下级可根据不同特点的领导、不同的客观条件,灵活采取适当的"催逼"方式。较常用的"催逼"方式有向领导展示上级组织部门的文件或某个主管领导同志的指示精神;向领导展示党报上刊载的有关社论、评论或重要文章;向领导提供全国或兄弟单位开展这项工作的进展情况以及有关资料、情报、经验、信息等。在采用"时势催逼法"时,为了确保收到良好的效果,应注意掌握三条原则:第一,此方法不到迫不得已时,最好不用;第二,使用"时势催逼法"时应讲究方法,即使领导受到"催逼",又不让他意识到下属正在"催逼"他,否则领导会萌生一种抵触心理,给工作增添不必要的阻力;第三,区别不同特点的领导,对症下药。

最后,当与领导发生争执时需记住以下几点:要尽量让自己保持心平气和;看准时机,把握机会;清楚表达自己的观点;提出解决问题的方法和建议;要能够变换角度充分理解上司;永远记住:领导决定着你的职场命运,学会收敛自己不能受一点委屈的脾气。

(三)与领导相处的技巧

积极倾听领导的谈话,明白领导的意图,和领导进行心与心的交流,良好的沟通有利于建立良好的人际关系。与领导相处有哪些技巧呢?

1. 不对领导怀有敌意

不管领导是年轻还是年长的,不要对领导怀有敌意,有意见和问题可以商讨。如果对领导有意见,你只有两条路选择:要不自己是领导,要不辞职走人。能力不足就要收起自己的锋芒。

2. 不要刻意讨好领导

如果你有讨好领导的习惯,那你就要注意了,拍马屁千万不要拍到马蹄上,最重要的是不要和领导以哥们相称,领导说这话是客气,下属说这话也就是犯上了。

3. 做其他事情要领导吩咐

不知道你是不是经常会遇到这样的事情,其他部门工作上有事请你帮助,这个时候你是自己直接过去还是和领导商量呢?其实这两种方法都不可取,你可以直接告诉你的同事,请和我们领导说一下,如果可以,领导会安排我过去帮你的。

4. 少关心领导的私生活

生活是生活,工作是工作,每个人都希望有自己的个人空间,不要去关心领导的私生活,那是人家自己的事,不是每个人都希望自己的私生活被人知晓,少过问,少打听,做好自己的事。

5. 不要和领导争吵

与领导意见不同是常有的事情,这个时候不要争吵,先听,再分析,最后提出自己的意见。争吵是最不明智的方法,伤感情不说,领导也会更加厌倦你。

6. 不要在领导面前耍小聪明

聪明是好事,但是要小聪明就是糊涂事了,如果你处处显得比领导还聪明,偶尔还要耍点小聪明,那么你就要小心背后会有人处理你了,因为你的存在并不是部门的福气,离开是早晚的事情。

7. 背后不要评价领导

背后说领导坏话,迟早会被同事出卖,如果很多不和谐的因素是因为你搞起来的,可想而知,领导对你是什么态度,少说话,非要说话就不要说评价领导的话。

8. 不在领导面前说别人

你和领导关系好可以,但是因为你和领导关系好,就排挤别人,那只能说明你不成熟,你要是经常在领导面前说别人,势必会让领导觉得你不可靠。

三、经典场景下与领导相处的策略

在职场中,不可避免地会与领导接触,如果不懂得与领导相处的礼仪,想赢得领导的信任恐怕就不是很容易的事了。要想在事业上获得成功,就必须以一种良好的心态与上级领导相处。如果在与领导相处中发生如下五件事,可要好好应付。

1. 在办公室和领导坐面对面该怎么办

被安排和领导在一个办公室里办公,并且共用一张大方桌,两人的笔记本背靠背挨着。实话实说,这种概率以前约为零,眼下也不太多,只有在一些现代管理扁平化的办公室里才会偶然出现。如果你摊到这种事情,坐到了你顶头上司的对面,那么需要掌握的生存法则就是这样简单:木已成舟,那么暂时先受着吧。从大的方面讲,这有助于你个人涵养的提升;从小的方面讲,领导一定记住了你。工作效率大大提高,工作有起色,老板又坐你对面,看在眼里的机会也会比常人多出许多。所以,你其实是在做分内的事,但会收到超常的回报。这样一思考,坐在领导对面,是否也没那么不堪了呢?

2. 怎么应对领导对你的共餐邀请

其实这个事儿没那么复杂。领导邀请一起吃饭,一般情况下,你就大大方方地去吃一顿吧——从几率上来说,这一顿应该不需你掏钱。如果他或她没喊别人,指定你一个,那么情况就另当别论。姑且可以有几种可能:第一,他或她找你有事商量。这说明你是值得商量的人选,多吃几顿,离心腹不远。另外,这事儿不宜被更多人知道,所以你也不要声张。第二,他或她看你顺眼,纯属私人情谊。老板也是人,高处还不胜寒,所以,你的作陪是友情输出。第三,他或她对你有别的意思。如果经你各种感官分析,觉得这是后一种,而你对这人又只想敬而远之,那么方案一:可以张罗再多几个同事一起去;方案二:以晚上有约、以有家室为挡箭牌;方案三:以减肥不吃晚饭为挡箭牌;方案四:婉拒无效,明拒。

3. 怎么应对同事抢功,甚至当着你的面抢功

同事抢功,自古有之。功劳不易得,很多人都眼馋它。一般来说,谁汇报谁加分。每个层级都有晒表现的欲望。大家不想当沉默的大多数,所以总会有不安分的人要先人一步,摘取胜利的果实。面对这种"惯犯",偶尔被他抢一次,可能属于生命的常态。但屡屡被抢,那就暴露了你个人的问题:守本不住。怎么办呢?首先,工作内容多多利用内部邮件联系。这样做的好处,就是有记录可查。其次,用好转发抄送邮件的功能。凡是没有保密要求的事项,都可以在发给直接经办人的同时,抄送给所有相关人员,哪怕只是一点点的干系,也要给他转发抄送一份。如此一来,收件人就会知道,还有若干人等都会知道这个项目的进展情况,抢功的人也会有所顾忌。

4. 怎么应对领导让你做一个你很难完成的工作

领导的任务常常比你预想的麻烦一点——在你的预想里,最好什么事都不要自己动手。怎么应对呢?一般来说,先硬着头皮接着为宜。你不能一开始就嫌它烫手,手一甩,就给拒了,这相当于一种打脸行为。倒不是因为"君命不可违",而是,你都不尝试一下,怎么知道自己不可为呢?如果你希望自己的职场顺遂一点,你又没有什么过硬的后台,那么你的姿态还是得稍微积极一点。不管是老板,还是普通人——包括你自己,好好想一下,大家都喜欢一件事情交代出去,办事的人能踏踏实实给你一个不错的结果。你打了电话给快递的人说10点要出门,请他9点半来取件,如果对方在指定时间敲门,你下次使用这家快递的频率一定会比拖到下

午1点的公司更高一点。这道理很简单,人人都不喜欢麻烦。所以做麻烦的解决者比做麻烦的制造者会更受这个世界的欢迎。

5. 领导的领导,当着领导说你工作有问题

领导的领导当着领导吐槽你——这说得有点绕——实际就是被大老板训了。遇到这种情况,当然够你郁闷几天的。在有些单位,这意味着你的"天花板"提前到了,你就收拾东西、整理心情准备再出发吧。但是,在健康一点的单位,你还有机会。首先,要确认自己工作存在的问题。有问题,找到解决之法即可。不要在无关紧要的问题上——比如这下领导怎么看我,大领导以后又会怎么看我——花费过多的时间,围绕你出现的核心事件,做好梳理工作。其次,总结问题与经验。不犯错的人已经和恐龙一起灭绝了。人人都会犯错,但如何对待它,却决定了层次的高低。有的人令错误变成了杯弓蛇影,永远都在忌惮它;有的人则把它变成了街坊,低头不见抬头见。聪明人会把它变成"前任",有这么回事,但不再有来往。

总之,下属与领导进行沟通,要讲究方法、运用技巧,保持良好的上下级关系,不是人格扭曲,不是狡诈诡谲,不是欺上瞒下,不是阿谀奉承,也不是人际交往异化流俗,而是为人处世的一门学问。应该指出,良好的上下级关系的建立不是一朝一夕的事情,而且这种关系也永远处于动态的发展变化之中。这就需要每个下级都要在及时解决矛盾、消除障碍中不断发展上下级之间的良好关系。需要强调的是,和衷共济,不断开创组织工作的新局面,是保持良好的上下级关系的落脚点。

第九章　情绪与压力管理

本章要点

- ★ 情绪与压力概述
- ★ 银行从业者压力来源分析、压力后果剖析
- ★ 情绪和压力管理以及银行如何创造良好的工作环境

由于银行业的特殊性,平时工作压力较大,良好的心理状态是银行人必备的法宝。本章将探讨如何在银行职场中调整情绪和管理压力,达到身心最佳状态,出色地完成工作目标。

第一节　情绪与压力概述

一、压力简述

从 20 世纪到 21 世纪初,人类社会发生了空前的变化,科技飞速发展,社会高度进步,发明创造不断涌现,人类的奥秘不断地被探索。伴随着这高速发展的节奏,人类也在不断地改变和提高自己,学习知识技能,锻炼社会适应能力,以应对越来越激烈的社会竞争。在这个过程中,每个个体都承受着不同程度的压力,成就越高,责任越大,压力也就越来越大。而事实往往是,人们掌握了如何让自己取得成功的知识和技能,却没有学会如何面对压力和如何有效地管理压力。由各种压力所引起的社会问题层出不穷。因员工压力过大造成的员工经常性的旷工、心不在焉、创造力下降而给企业带来的损失,仅在美国每年就超过 1 500 亿美元。

在心理学上,压力是个体察觉"需求"与"满足需求"的能力不平衡感。按照美国著名应激心理学家拉扎鲁斯(Lazarus)的话,心理压力是个人感受到的要求与资源的不平衡感,而压力应对则是个人试图控制这种不平衡感所做出的努力。

心理学研究表明,适度的压力会激发人的动机和表现。按照耶基思—多德森

法则（Yerkes-Dodson Law），各种活动都存在动机的最佳水平。动机不足或动机过分强烈，都会使工作效率下降。换言之，当个人的行为动机处于一个最优值时，其工作效率是最高的；而当个人的动机低于或高于这个最优值时，其工作效率都不能达到最佳表现。所以，适度的压力是身心健康的保障。在运动心理学上，这又被称为"倒 U 型理论"。

总之，压力对于个人来讲，并非都是坏事，人在最初面对生活挫折与困境时，首先体验到的是烦恼与焦虑，但如能积极化解，人所感到的就是力量与信心。这诚如美国第三十五任总统肯尼迪所言："在中文当中，'危机'这个词是由两个字组成的，一个是'危'，一个是'机'。由此，任何压力都挑战个人的应对能力和自我成长。"

压力可以是一种驱动力。当你有了欲望或出现紧迫感的时候，压力就随之而来。美国《时代》杂志在 1983 年 6 月提出，在 80 年代，职业压力已经成为一种流行病。研究发现，有 50%～80%的疾病都是与心理疾病和压力有关的。所以有的研究者断言，你说一个疾病，我就可以告诉你都与压力有关系，压力与任何疾病都可以产生关系。压力是一种非特定的反应，不同的人表现出来的是不同的身体状况。除了对身体的伤害以外，过度的工作压力对于组织的消极影响也是巨大的。因为如果员工的压力过大，会引起工作者的不满、消极，对工作的不负责任，另外，会出现高离职率，还有缺勤等问题。

为了预防和减少压力对员工个人和组织造成的消极影响，发挥其积极的效应，许多企业管理者已开始关注员工的压力管理问题。企业实施适当的压力管理能有效地减轻员工过重的心理压力，保持适度的、最佳的压力，从而使员工提高工作效率，进而提高整个组织的绩效、增加利润。

二、情绪简述

（一）关于情绪的概念

情绪是身体对行为成功的可能性乃至必然性在生理反应上的评价和体验，包括喜、怒、哀、乐等几种。行为在身体动作上表现得越强就说明其情绪越强，如喜则会手舞足蹈、如怒则会咬牙切齿、如忧则会茶饭不思、如悲则会痛心疾首等就是情绪在身体动作上的反应。情绪是信心这一整体中的一部分，它与信心中的外向认知、外在意识具有协调一致性，是信心在生理上一种暂时的、较剧烈的生理评价和体验。情绪可以影响人的身体，所以保持开心的情绪对健康有莫大的好处。

关于"情绪"的确切含义，心理学家还有哲学家已经辩论了 100 多年。情绪是指伴随着认知和意识过程产生的对外界事物的态度，是对客观事物和主体需求之间关系的反应，是以个体的愿望和需要为中介的一种心理活动。情绪有 20 种以上的定义，尽管它们各不相同，但都承认情绪是由以下三种成分组成的：(1)情绪涉及身体的变化，这些变化是情绪的表达形式；(2)情绪涉及有意识的体验；(3)情绪包含认知的成分,涉及对外界事物的评价。由于情绪与情感表现极易混淆,比如爱情的满足感总是伴随着快乐,所以在情绪定义中情绪与情感的关系是辩论争议的主要方面。

情绪被描述为针对内部或外部的重要事件所产生的突发反应,一个主体对同一种事件总是有同样的反应。情绪持续时间很短,产生的情绪包含语言、生理、行为和神经机制互相协调的一组反应。人类的情绪也来自生物性能,特别是在演化中被强化。因为情绪可以为一些远古人类常常面临的问题提供简单的解决方法(如产生恐惧并决定逃离)。

许多学派给情绪下的定义反映了这些特点和这类关系。例如,功能主义把情绪定义为:情绪是个体与环境意义时间之间关系的心理现象(Campos,1983)。阿诺德的定义为:"情绪是对趋向知觉为有益的、离开知觉为有害的东西的一种体验倾向。这种体验倾向为一种相应的接近或退避的生理变化模式所伴随。"(Arnold,1960)拉扎勒斯提出了与阿诺德类似的定义:"情绪是来自正在进行着的环境中好的或不好的信息的生理心理反应的组织,它依赖于短时的或持续的评价。"(Lazarus,1984)这些定义都标示出情绪对人的需要和态度的关系,阿诺德和拉扎勒斯还指出了情绪依此而具有的特点,诸如体验、生理模式、评价等。

美国哈佛大学心理学教授丹尼尔·戈尔曼认为:"情绪意指情感及其独特的思想、心理和生理状态,以及一系列行动的倾向。"根据《牛津英语词典》的解释,"情绪"的字面意思是"心理、感受、激情的激动或骚动,任何激烈或兴奋的精神状态"。

情绪与"情感"一词常通用,但有区别。中国大部分的心理学教科书与《心理学大辞典》中都认为情绪与人的自然性需要相联系,具有情景性、暂时性和明显的外部表现;情感与人的社会性需要相联系,具有稳定性、持久性,不一定有明显的外部表现。情感的产生伴随着情绪反应,而情绪的变化也受情感的控制。通常那种能满足人的某种需要的对象,会引起肯定的情绪体验,如满意、喜悦、愉快等;反之,则引起否定的情绪体验,如不满意、忧愁、恐惧等。

(二)关于情绪的实验

1. 与颜色的关系

不同的颜色可通过视觉影响人的内分泌系统,从而导致人体荷尔蒙的增多或减少,使人的情绪发生变化。研究表明,红色可使人的心理活动活跃,黄色可使人振奋,绿色可缓解人的心理紧张,紫色使人感到压抑,灰色使人消沉,白色使人明快,咖啡色可减轻人的寂寞感,淡蓝色可给人以凉爽的感觉。

英国伦敦有一座桥,原来是黑色的,每年都有人到这里投河自杀,后来,将桥的颜色改为黄色,来此自杀的人数减少了一半,充分证实了颜色的功能。

2. 脑切除实验

1892年,高尔兹发现被切除大脑皮层的狗变得十分凶猛。1925年,卡农等人对切除大脑皮层的猫进行了经典研究并确定了"假怒"动物标本的手术方法。1934年,巴德把"假怒"一词引入生理心理学中。他指出切除猫的大脑皮层之后猫对各种不愉快的刺激如轻触、气流等均表现出极度夸大的攻击行为表现:弓腰、竖毛、咆哮、嘶叫和张牙舞爪等。这些行为缺乏指向性,很难说动物伴有怒的内心体验,故称此行为"假怒"。其脑机制是:只要破坏边缘皮层、大脑皮层与下丘脑的神经联系,使大脑皮层对下丘脑的抑制解除,下丘脑机能亢进就会出现"假怒"。对于这些实验事实,生理心理学界广为接受的观点是,下丘脑在情绪的表现中具有重要作用。

3. 其他实验

古代阿拉伯学者阿维森纳,曾把一胎所生的两只羊羔置于不同的外界环境中生活:一只小羊羔随羊群在水草地快乐地生活;而在另一只羊羔旁拴了一只狼,它总是看到自己面前那只野兽的威胁,在极度惊恐的状态下,根本吃不下东西,不久就因恐慌而死去。

医学心理学家还用狗做了嫉妒情绪实验:把一只饥饿的狗关在一个铁笼子里,让笼子外面另一只狗当着它的面吃肉骨头,笼内的狗在急躁、气愤和嫉妒的负性情绪状态下,产生了神经症性的病态反应。实验告诉我们:恐惧、焦虑、抑郁、嫉妒、敌意、冲动等负性情绪,是一种破坏性的情感,长期被这些情绪困扰就会导致身心疾病的发生。一个人在生活中对自己的认识与评价和本人的实际情况越符合,他的社会适应能力就越强,越能把压力变成动力。

(三)情绪的作用

情绪是适应生存的心理工具,是进化的产物。在低等动物种系中,所有的情绪只是一些具有适应价值的行为反应模式。当特定的行为模式、生理唤醒及相应的感受状态出现后,就具备了情绪的适应性,其作用在于发动机体能量使机体处于适宜的活动状态。所以,情绪自产生之日起便成为适应生存的工具。人类继承和发展了动物情绪这一高级适应手段。情绪的适应功能根本在于改善和完善人的生存和生活条件。由于人生活在具有高度文化的社会里,情绪适应功能的形式有了很大的变化,人用微笑向对方表示友好,通过移情和同情来维护人际联结,情绪起着促进社会亲和力的作用,但对立情绪有着极大的破坏作用。如果没有了情绪,人类恐怕就成为高级机器人。妈妈仅仅是"妈妈"而已,念这个词,你不会产生依恋、安全感、爱,面前称为"妈妈"的这个人,与大街上陌生人的区别仅仅是称呼不同。可以说,情绪是人类"灵魂"最重要的组成部分。没有了情绪,我们将成为行尸走肉。

细究情绪的作用,我们可以从个体和集体两个角度进行分析。

1. 从个体角度来分析

恐惧和愤怒可以令人产生应激反应,身体大量分泌肾上腺素,使人面对危险时得以用最快的速度逃跑或奋力搏斗,极大地提高了生存概率。愤怒还是人类的重要武器。弱者用于自卫,保护自己的利益不受侵犯。考虑到愤怒的力量,强者轻易不敢欺压弱者。强者利用愤怒的武器维护权力。此外,实验表明,切除猕猴的杏仁核,其在群体中的地位从统治者下降为从属者。

高兴等正面情绪会产生多巴胺,这是大脑对人体的奖赏,可以强化人类的许多行为。为了高兴,人们看电影、听音乐,继而努力工作、赚钱,追求成就、自我实现;反之,悲伤、羞耻等负面情绪是一种惩罚,让人努力去避免被老师批评、被老板骂,约束自我行为。

爱是人类个体之间互相帮助的动力之一。出于爱,人自愿地帮助群体中其他人,因此也换得他人的帮助。一个不爱别人的个体,在群体中生存是很困难的。

2. 从集体角度来分析

有个著名的囚徒困境的故事说明如果人类摆脱了情绪,成为理性的个体,则会陷入囚徒困境,无法自拔,结果是集体利益受到损失。因此,人类社会必须用道德来补充,而道德正是建立在爱、羞耻、恐惧、愤怒等情绪之上的。

因为愤怒,弱者得以保护自己最后的生存资源不被掠夺。歹徒面前,会有人敢于挺身而出,民不聊生时百姓自然会揭竿而起,中华民族到了最危险的关头,就会团结起来赶走侵略者。因为恐惧,人们不敢触犯法律,不敢冒犯尊长,社会才建立起基本秩序。因为爱,一代又一代的人们繁衍,建立家庭,保护和教育下一代,为了爱人和后代,宁可牺牲自己的利益。因为高兴和喜悦,人类创造了艺术,创造了灿烂的文化,创造了一个又一个伟大的成就。

情绪与健康有密切的关系。情绪可通过神经、内分泌和免疫系统引起的生理变化影响健康,严重时也可导致疾病。乐观的情绪有利于健康和长寿,而严重的负性情绪本身就是一种不健康状态。

(四)情绪和压力

联合国的一项报告称:压力是 21 世纪的"流感"。压力问题已经成为 21 世纪中国雇主们的一大挑战。面对瞬息万变的竞争时代,企业面临的生存以及发展的考验比以往任何一个时期都更为严峻。而作为企业中坚力量的中、基层管理者,他们承受的压力和承担的责任一样重大。虽然压力可以成为激发管理人员工作能量及潜能的助力,但压力若管理不当或视而不见,则可能成为影响绩效的消极阻力;长期超负荷压力还可能转变成为个体生理及心理健康的无形杀手。更甚的是,所谓"上行下效",作为管理者,长期无效管理的压力将产生消极、负面的情绪污染,进而导致组织内部消极工作气氛弥漫、员工工作士气低迷、工作绩效不稳定甚至绩效低下等后果,使企业蒙受巨大的损失。

人是企业中最重要的资源,情绪是人类活动的激励源泉。企业的发展前景、管理者的工作状态、同事之间的人际关系、工作压力、职位晋升、薪酬状况及在企业中的安全感,甚至个人家庭生活的和谐与否、父母的身体状况等都会给在组织中的成员带来压力。一般来说,处于情绪低潮的员工工作效率将会大大下降,暴躁的情绪还会造成企业员工的内耗,抵触情绪的滋生会导致工作效率降低。健康的情绪已成为企业在日益加剧的竞争中开始不断珍视的重要资本,它是个人达成绩效和团队成员间相互信任、高效协作的基石。无论是高层管理者还是基层员工,情绪管理能力将成为战略实现、组织稳定、绩效提升的最重要环节,企业的管理者们都将成为组织的情绪教练,这将是未来最值得我们关注的人力资源管理全新思维。

生活在竞争激烈的现代社会,每个人都要面对来自工作、生活、学习和情感等多方面的压力。沉重的压力导致人们情绪不良、学习效率下降、生活质量降低,甚至引发疾病等不良后果。那么,该如何面对压力、管理情绪呢?

情绪管理就是善于掌握自我,善于调制合体、调节情绪,对生活中的矛盾和事件引起的反应能适当地排解,能以乐观的态度、幽默的情趣及时地缓解紧张的心理状态。

"冰冻三尺非一日之寒",改变不良习惯不是一件容易的事。掌握了正确的方法,人们就能平稳渡过压力和情绪纷扰的难关,让疲惫的心灵从此充满激情与活力。

第二节 银行从业者压力来源分析

一、压力来源分析

银行从业人员的心理压力源是多方面的,有与社会环境密切相关的共性压力,也有因银行职业的特性而程度有所不同的、带有职业特点的压力,主要体现在以下几个方面:

(一)超负荷的工作压力

银行业素来以"三高"人才为主:高学历、高压力和高收入。根据2005年"金融控股产业人员全方位大调查"的结果显示,50.9%的金融从业人员每周工作时间为41到50个小时,工作51到60个小时的占23.1%,工作超过60个小时的占10%,每天工作时间平均长达10个小时以上。27.2%的受访人员认为目前压力指数介于71到80分之间,而男性人员受访者认为压力指数超过80分以上的占36.9%。

现在商业银行的柜员工作时间一般都很长,工作强度比较大,大部分柜员都是过着朝七晚六的生活且中午只有半小时的就餐时间。不仅如此,法定节假日期间银行往往不仅不能关门,甚至比平时更加繁忙,一般柜员很少有机会享受到法定假日的休息权。

(二)银行职业的特殊性带来的心理压力

银行工作是服务性工作,具有公开性,职业要求银行人员维护储户和国家的利益，而被服务者却因个性的不同而产生对服务满意度的不同回应，这样的工作性质使银行人员长期处于与客户博弈的状态，部分银行人员职业上的不适应也会形成心理压力。

此外，银行柜员作为以客户为至上这一理念的第一执行者，一方面，要不折不扣地执行上级行的各项制度；另一方面，客户的要求千差万别，客户素质参差不齐，如何平衡好这两方面的关系也是一项重要的技能。

政府和社会各界对银行工作的期望值越来越高，对银行人员的能力提出了越来越高的要求，使银行人员产生能力的恐慌。这样的高标准与银行人员现实能力的反差使银行人员产生焦虑情绪。

（三）对业绩的高要求带来的心理压力

银行业作为周期性行业，其经营管理的绩效与周期的增长或衰退呈正相关的关系。如今银行竞争激烈，产品同质化严重，银行业从业人员经常面对极大的经营任务压力、同行业竞争的压力、业务上风险控制的压力，多项工作都具有时效性限制，银行业工作绝对称得上是时间紧、任务重。如何能够吸引更多的客户？如何与已有的客户增强联系？如何增大客户在银行的资产？这些问题都值得银行从业人员思考。由于工作任务具有周期性，从业人员面对繁杂的工作内容，难免会产生职业疲劳，甚至职业倦怠。

（四）行业竞争愈发激烈带来的心理压力

随着经济的发展，工商企业的业务经营环境日益复杂化，银行间的业务竞争也日益剧烈化，银行人员的业务发展能力强弱是其在行业内赖以生存的基础。伴随着地方商业银行、外资银行、合资银行等新型银行的兴起，给八成以上银行员工带来的心理压力增加。在市场资源固定的情况下，门槛人口随之流失，传统的国有商业银行与新型银行之间的议价能力存在明显差距。

（五）考试和培训繁多

银行的培训很多，一般是培训业务知识，拓展能力方面的培训不多。刚招进来的新员工一般都要集中培训一个月左右的时间，然后再分配上岗。到了岗位之后通常会给新人安排一个老师，单独教他，使其能够快速上岗。

柜员参加的培训一般有服务礼仪、业务操作规范、新业务介绍等，因为柜员白天都在上班，所以培训经常安排在晚上，在白天高强度的工作之后还要在晚上接受培训，工作压力较大。

客户经理参加的培训内容就要丰富得多，一般每周都会有一到两次，主要是培训新业务。银行的理财产品层出不穷，每出一种新产品，就要召集去培训，有时候是现场讲解；有时候是视频会议，内容涉及贷款、基金、保险、外汇、信托、信用卡等各方面；有时候也会请一些知名的咨询管理公司来做营销技巧提升的培训，或者在某个酒店举办投资报告会什么的，要求客户经理人员等参加；还有的时候会有茶艺、收藏品、奢侈品等特殊专题的培训,这些培训也会占用员工很多的周末休息时间。

除了培训之外,还有一些需要参加的考试。银行作为一个经营风险的行业,有很多标准需要遵守,所以对职工的培训和持证资质要求还是很高的。以下列举了一些银行从业人员需要参加的考试:

(1)上岗考试,包括笔试和技能,像点钞、计算器、电脑录入等,这种技能每个季度都要考一次,防止时间长了技术生疏。

(2)转岗考试,如果想要转做别的岗位,就要参加笔试和面试。

(3)银行从业资格证考试,包括公共基础、个人理财和风险管理三门,入行后必须考。

(4)基金销售资格考试,客户经理必考,通过后才能合规地销售基金给客户。

(5)保险销售资格考试,客户经理一般需要参加此类考试。

(6)证券从业资格考试,客户经理需要参加,因为经常有客户向其咨询股票等有关理财事宜,所以银行从业人员最好具备相关的背景知识。

(7)AFP——中国金融理财规划师,一般理财客户经理会参加此类考试,考试前还必须参加全国的集中培训或者网络培训,两门科目,难度中等。

(8)CFP——国际注册理财规划师,如果想做高级客户经理,必须参加培训加考试,五门科目,难度较大。

其他的还有一些像金融英语、会计师、经济师、证券分析师等资格证考试,对银行的工作都有帮助,可以为员工资质加分。

(六)银行工作节奏快

银行的业绩考核是每月一小考、每季一中考、半年一大考、年末再来个终极考核,催着员工不断地前进前进。所以,在月末、季末、半年末和年末的时候,员工也感受到了较之平常更大的压力。

(七)工作稳定而变化不大,职业倦怠感严重

由于银行工作需要大量一线的员工,许多工作人员都是从柜员做起,时间一长,让人感觉银行是重复机械的流水性工作。如果领导对于员工没有很明确的培训计划和晋升机制,长此以往,容易导致员工产生职业倦怠情绪。特别是对于刚刚踏进银行大门工作的大学生,会因为现实与理想的落差而产生职业倦怠。这种倦怠感会导致工作积极性下降,情绪低落,对待服务对象冷漠。所以,员工自身的职业规划和银行对于员工的关心非常重要,可以淡化这种情绪,让员工精神饱满地投入工作中。

二、压力后果剖析

据权威机构对银行从业人员心理缓释调查结果显示:银行企业管理方面在缓

解人员精神压力方面的工作相当滞后。仅有20%的受访人员回答,所在的银行采取了或正在采取员工精神减压的措施。而大部分员工只有通过自己来缓解部分压力。过大的心理压力会引起有机体过度的情绪紧张,使正常的思维活动受到干扰和限制,降低工作效率,以致产生以下几个方面的反应和后果:

(一)心理健康岌岌可危

对工作的满意度下降是过度工作压力"最简单、最明显的心理影响后果"。有事实表明,当员工工作过于单调,工作反馈机制不健全,对工作缺乏控制感,又常伴随角色模糊及角色冲突时,其压力感和不满感同时增加。除工作满意度下降外,工作压力的其他心理症状还包括紧张、焦虑、易怒、情绪低落。

(二)生理问题接踵而至

压力的初期,最容易引起的就是生理症状。工作压力能使人的新陈代谢出现紊乱,心率、呼吸率增加,血压升高,头疼,易患心脏病。每个人都有承受外在压力的基本能力,但当所承受的压力太大或本身的承受力太弱时,便可能形成心理疾病,轻者表现为神经症,重者成为精神病。

(三)行为异常,危机四伏

由于心理压力过大所带来的心理及生理异常必然导致行为异常。心理压力对个人的工作绩效、决策等行为也会产生不利影响。例如,压力能导致员工怠工、旷工甚至跳槽。心理压力也会妨碍有效的决策,当人们感到压力增大时,就会倾向于拖延和回避决策,表现出注意力不集中,常常忽视重要信息等。

风险隐患一触即发。当银行人员感到承受的压力超过其心理承受能力时,其不良情绪会直接挫伤银行人员的工作积极性和热情,形成职业倦怠。近年来,一些银行的案件不绝于耳,大案、要案时有发生,更重要的原因还是人的因素,因为员工心理压力过大,自暴自弃而产生铤而走险的心理,或者产生贪污、腐败、堕落的人格心理等。所以,巨大的心理压力必然造成员工工作准备不充分、创造性低,导致银行工作质量低劣,最终埋下极大的风险隐患。

第三节 情绪和压力管理

压力是一个社会上普遍存在的现实问题。几乎没有一个人能逃出压力的藩篱,只是承受力大与小的问题。压力就像小提琴的琴弦,没有压力就不会产生音乐。但是,如果琴弦绷得过紧,就会断裂。压力应该被控制在适当的合理等位上,使压力的水平能够与生活相协调。事情往往说与做总是很难相得益彰的,如何管控自身的压力,能够化压力为动力也的确不是一个简单的问题。

心理压力的大小是相对于每个人的心理承受能力而言的,同样的压力对于不同的人有不同的反应。心理压力与人的心理承受能力的关系就像洪水与大坝,决堤的原因也许并不是洪水太大,很可能是大坝不够坚固。

压力管理(Stress Management),就是个体用有效的方法应对在压力情况下的生理、心理唤起。我们需要用正确、理性的认知模式管理压力与不良情绪,掌握压力与情绪的自我管理方案和技巧;利用学习到的管理工具提高情绪的自我管理能力;焕发工作与生活的热情,建立融洽的社会关系与工作关系,提升幸福指数与工作满意度,提高工作绩效与职业竞争力。一般来说,压力和情绪管理要从客观条件和个人主观上着手,下面简略谈谈应对压力的策略。

一、个人情绪和压力管理

压力无处不在、无时不在,各行各业都存在形形色色的压力,只是不在其位不知道罢了。比方说,作为前台柜员,所要做的不是抱怨、埋怨外部环境给太大的压力,而是要时刻反省自己有没有真正做到干一行爱一行。做临柜工作讲的就是专心、诚心、热心,什么事情都要求自己做得最好,从而严格要求自己,从不斤斤计较个人得失,用一流的服务水平、团结协作的精神以及不怕苦、不怕累的顽强品质,从事自己热爱的职业。只有这样,才能化压力为动力,在人生长河中乘风破浪,一往无前。

(一)注重个人情绪调整

在管理情绪方面,可以尝试以下几种方法:

1. 最佳调整情绪法

(1)不作非分之想。

对人对事不要抱过高的期望值,做事情、想问题既要从好的方面去设想,又要从坏的方面去考虑,做最大的努力和最坏的打算。期望值过高,常常超越实际,往往有落空的可能。如果留下一点心理空间,作一点糟糕的设想,这样坏结局就容易接受,好结局则使人产生喜出望外的情绪。

(2)积极参与生活。

对各种事物要倾注热情,因为热情能驱散懈怠和忧愁,热情能鼓起进取的风帆。热情是一种持久、稳定的情感。只要内心充满热情,就能产生内在驱动力,驱散埋在心头的阴霾。当自己不悦时,将全部精力投入丰富多彩的生活,你就会感到其乐无穷,感到自己未被人遗忘,进而焕发出勃勃生机。

(3)创造愉悦心境,人生不如意事十之八九。

在遇到困难和挫折时,要保持革命乐观主义的态度,这是克服不良情绪的制胜法宝,也是产生愉快心情的源泉。每个人都可根据自己的情况,去设想和创造一个心情愉快的环境。情绪好坏虽受外界因素的影响,但也是可以控制的。人可以通过种种手段来使心理倾向平衡。比如,困难面前不气馁,委曲面前不怨人,知足常乐,心底无私,这样的话,心境自然就会开朗、豁达。事实证明,自我愉悦是良好情绪的根基,也是养生的良药。

2. 赶走不良情绪六方法

(1)阿Q精神胜利法。

当出现烦躁易怒情绪的时候,可以采用阿Q精神胜利法来缓解,告诉自己那些不好的事情一定还有转机,只是好的解决办法还未想到,坚定自己的信心就一定可以将事情处理好。通过这样一种良好的心理暗示,可以有效地调节自己的不良情绪,让自己变得有耐心去面对事情。

(2)情感倾诉法。

在遇到不好的事情的时候,可以寻找同伴诉说自己的心情,面对自己的好朋友,你可以向对方大倒苦水,对方一定会倾听,然后从中找出自己过去的不幸与你对比共勉,这样你的不良情绪也可以得到很大的缓解,然后还可以从友人的经验中找到一些宝贵的解决经验。

(3)运动法。

遇到心情不好的时候,运动是一种很好的发泄方法,暂时将那些不愉快的事情放下,找时间出去锻炼一下,出一身汗之后就会变得轻松很多。可以出去打打球,或者跑步、散步也可。在运动的过程中让不好的情绪随着汗液排出,使自己放松下来。

(4)注意力转移法。

在烦躁易怒的时候,不妨将自己的注意力先从烦心的事情上移开,注意周围的其他事情,试着去做,正所谓"手忙心不乱"。

(5)往正面想。

在遇到心情不好的时候,如果发现自己已经有了一些负面的想法,那么应自行控制制止,多让自己往正面积极的方向想。比如,早上醒来心情非常恶劣,那么这时可以先闭上眼睛,想象这一天可以很顺利,想想今天又有什么新挑战等,不断地在自己的脑中重复"加油"、"成功"等正面的词。

(6)将情绪告知他人,减少冲突。

当自己的心情不好时,往往很容易迁怒于旁人,所以这时要注意将自己的心情状态告知他人,这样可以减少很多不必要的误会和冲突。

3. 五大习惯调整情绪

情绪使我们的生活多姿多彩,同时也影响着我们的生活及行为。当出现不好的情绪时,最好加以调节,使情绪不要给自己的生活及身体带来坏的影响。

(1)用表情调节情绪。

有研究发现,愤怒和快乐的脸部肌肉使个体产生相应的体验,愤怒的表情可以带来愤怒的情绪体验,所以当我们烦恼时,用微笑来调节自己的情绪可能是一个很好的选择。

(2)人际调节。

人与动物的区别在于他的社会属性。当情绪不好时,可以向周围的人求助,与朋友聊天、娱乐可以使你暂时忘记烦恼。

(3)环境调节。

美丽的风景使人心情愉悦,而肮脏的环境会使人烦躁。当情绪不好时可以选择一个环境优美的地方,在大自然中,心情自然而然会得到放松,还可以去那些曾经去过留下美好回忆的地方,记忆会促使你想起愉快的事情。

(4)认知调节。

人之所以会有情绪,是因为我们对事情做出了不同的解释,每件事情不同的人观点不同,则会产生不同的情绪反应。所以,我们可以通过改变我们的认知,来改变我们的情绪。比如说,在为了某件事烦躁时,可以对事情进行重新评价,从另外一个角度看问题,改变我们刻板地看问题的方式。

(5)回避引起情绪的问题。

如果有些引起情绪的问题我们既不能改变自己的观点,又不能解决,就可以选择逃避,先暂时避开,不去想它,待情绪稳定时,再去解决,而且有时候问题的解决方案会在做其他事情时不经意地想出来。

(二)注重个人压力管理

1. 思想共鸣升华,激发内在动力

人的努力的动力分为内在动力和外在动力两个层次。外在动力是名、利等被他人认可的动力,内在动力是自身的兴趣爱好等方面的动力。当今社会许多人过分关注外在动力而忽视了内在动力,因此,当外在动力没有得到满足时感觉痛苦,得到满足后又感觉空虚,造成幸福度不高,都是因为忽视了内在动力的原因。加强银行核心价值观、银行道德等文化建设,引导银行人员把个人的全面发展与银行事业的发展紧密地结合起来,认识到所肩负的重大责任,认识到在银行工作很光荣、银行事业大有前途,激发不断奋进的精神。

一个人的能力有大有小,只有不断地学习、积累,才能使一个人的能力不断地提升,而对于从事金融行业的人来说则更为重要。想让一个银行在各个领域一直处于领先地位,与行里有着一群高素质、高水准的员工是分不开的。只有业务素质提上去了、工作能力提高了,才能减少差错的发生,真正实现"双零"。每年各个银行都会有新的业务和新的系统上线,这就要求内部人员不断地学习,提高自身的能力,才能适应银行业快速发展的工作需要。不同的人放在不同的岗位,所谓各尽其才,就是这种工作上的体现。因此,在银行这个大的团队里要有各种各样有能力的人存在,才能使其发展更平稳、更快速。而这也是每个银行职工存在的基础。

2. 内外兼修并重,提高业务水平和挖掘自我潜质

这是缓解压力最根本的因素。只有对各项业务都了如指掌,才能够处变不惊,

商业银行服务规范与职业伦理

应对并克服各种不利的因素和挑战。银行人员的工作压力普遍源于自己的能力不能适应工作需要,最有效的方法是通过教育培训使银行人员不断提升自己的工作水平,提高对困难的解决能力,使困难的工作变得轻松。而银行人员自身要持有活到老、学到老的心态,把学习当作常态,把考试当作一种催化剂,保持与时俱进的态度。打铁还需自身硬,只有自己专业化和职业化到位,机遇终会眷顾有准备的人,才可以在职场晋升的关键时刻把自己成功地推销出去。

随着金融行业的竞争日趋激烈,银行工作人员要有清醒的认识。作为一名一线员工,要尽职尽责地服务好每一位客户,让客户有宾至如归的感觉,使其成为银行的忠实客户。如何才能有效、高效地提供好服务呢?第一,要具备服务的条件和基础。首先就需要熟悉各项法律法规、制度规定、各系统操作流程,成为业务上的能手,这才是提供服务的前提。第二,要定位准确,目标一致,需要在有效控制风险的前提下最大限度地发展业务,来实现银行价值。第三,要换位思考,如果目前确实还没有有效的办法能够解决客户实际的困难,要尽快向上级行相关部门汇报,寻求支持,希望能够满足业务发展和客户的需要。只有这样,才能真正提升自我,为客户创造条件,为银行的可持续发展作出贡献。

3. 互信共赢保障,提升团队信任度,构建自我修复圈

人际关系造成的心理压力成为职场压力的一个重要方面,主要是团队成员互相之间缺乏信任和交流,使原本小小的误会不仅得不到及时的解决,反而积累成为大的矛盾,职场中不少人因此而苦恼。自我修复圈是指一群可以听你诉说,并提供情感支持的人。这些人可以帮你渡过艰难时刻,让你感到亲切、温暖,你也会觉得被接受,这些都会减少压力。而且把自己的情感说出来的行为本身,就是一种释放压力的有效方式。通过自我支持系统尽可能地帮助银行人员适应环境,沟通情感,相互理解,减少孤独,促进银行人员的认同感和归属感。

此外,如果压力确实很大,还可以求助心理医生或者找朋友倾诉等,以上都是作为银行工作人员自己主观上可以努力做到的,尽量管控压力,不让压力吞噬自己。

二、创造良好的工作环境

(一)关心关爱基层员工,协同构建减压机制

银行高管层越来越多地认识到柜员群体对于银行经营与管理的基础性、战略性、全局性的作用,采取多种措施来提升柜员的位置。例如:不少商业银行淡化了正式工与社会用工之间的身份界限,放宽了短期合同制员工向正式职工转职的条件,与此同时,出台了各种激励措施激励员工评各种职称,为员工开辟了更广的晋升之路。近几年,在减压机制建设方面也取得了很大的进展。有关部门开始认识到柜员群体压力问题的严重性和危害性,从而不断地增强解决其压力的紧迫感和

责任感。监管部门研究出台了《银行柜员工作压力评估制度》《关于减轻银行柜员工作压力问题的指导意见》,细化了人力资源部门在减轻压力问题方面的任务与责任。同业协会组织出台并实施《银行网点节假日轮休指导意见》,商业银行实行节假日轮休制,有效地缓解了一线员工的工作压力和劳动强度,保障了广大员工的休息权。

(二)科学指导,合理引导,拓宽释放压力的渠道

商业银行要不断地采取专业的手段,科学管理柜员压力,有效疏导柜员情绪,引导柜员快乐地工作。有些商业银行已经开始为员工提供各种心理咨询服务,定期开展心理素质培训活动,帮助员工在了解自己心态的同时加以自我调节,通过培训活动提高员工的心理素质和抗压能力,以一种成熟的心态对待职业压力。

针对造成柜员问题的外部压力源积极处理,即减少或消除不适当的管理和环境因素,处理柜员压力所造成的反应,即情绪、行为及生理等方面症状的缓解和疏导;改变柜员个体自身的弱点,即改变不合理的信念、行为模式和生活方式等。通过引进专业的心理管理技术,通过长期的疏导和"精神按摩"以使员工获得一种强大的心理承受力。一切外来的帮助都是间接的,银行人员要关注、理解并善待自己的情绪,掌握自我心理调适方法来维护心理健康,改变对压力的敏感性。通过谈心谈话等方式,及时了解银行人员的心理状况,疏通银行人员心理压力倾诉的渠道,对正在经历高水平压力的人员提供方便的咨询服务。

(三)营造合作、高效团队的企业文化

学习狼性文化,发挥团队的协作精神,提高员工的主人翁意识。大力推行尊重人、理解人、关爱人的平等管理模式,努力使员工保持高效、健康、愉悦和昂扬向上的职业状态。在日常工作中充分发挥各个岗位的联动机制,例如,大堂经理对客户进行分流,不断提高自助设备和电子银行的使用率,以减轻柜台压力,并在客户进行抱怨和不满时及时疏导客户的情绪。此外,作为一个团队文化就必须建立各种文化载体,如在工作之余组织柜员进行一些体育锻炼,节假日组织一些野外活动等,这样既能增强员工之间的感情,又能释放工作中积累的压力,何乐而不为呢?

(四)提高自身的工作能力和职业素养

临柜人员的工作是艰辛的,同时也是快乐的。只要苦练技能、提高素质、热忱服务,就能得到上级的认同和客户的赞扬,从而消灭压力于无形之中。扎实学习,练好内功,在当前金融系统深化改革、金融产品和业务不断出台的今天,临柜人员必须熟悉和掌握新业务、新知识,去解决日常工作中出现的问题。只要有业务能力、有业务知识,问题就都不是问题,压力也不再是压力。另外要注重细节,细致入微,用一流的服务赢得顾客。客户是服务对象,也是我们的"上帝",为他们提供高效、优质的服务,是我们的神圣使命。生活中,有太多的酸甜苦辣,有太多的荣辱得失,但工作中,银行人员是服务者,必须用自己的努力来维护银行的社会形象,用微

笑来展示银行的魅力，用汗水来拓展银行的发展空间。

如果压力和情绪不处理妥当，风险隐患一触即发，而巨大的心理压力，必然造成员工工作准备不充分，创造性低，银行工作质量低劣，最终埋下极大的风险隐患，所以学会压力和情绪管理是行业人员的当务之急。虽然银行从业人员的心理压力来源不同于其他类别的工作人员，缓解压力的方法也不尽相同，但最终的目的都是要提高人们的工作效率，完善生活质量，增强人们热爱生活的信心。

第十章　职业价值与责任

本章要点

★　责任
★　做好分内事
★　岗位认知
★　正确地认识自己
★　树立正确的职业价值观

职业价值与责任是指商业银行员工在从事服务业务、承担工作职责和义务的过程中对自己所从事的职业的认识和态度以及对职业目标的追求和向往。职业价值是银行员工的内心尺度，凌驾于整个人性中，支配着银行员工的信念、目标、行为、态度，使银行员工认识世界、明白事物对自己的意义和进行自我了解、自我定向、自我设计等。职业责任和岗位要求与物质利益存在直接的关系，具有明确的规定，具有法律及其纪律的强制性。

第一节　工作职责

一、责任的含义

在现代汉语中，责任有三个基本的含义：分内应做的事；特定的人对特定事项的发生、发展、变化及其成果负有积极的主张义务；因没有做好分内的事情或没有履行主张义务而承担的不利后果或具有强制性的义务。

由此，责任的含义应当至少包含两个方面：一是指分内应做的事，即我们日常所讲的"应尽的责任"；二是指没有做好分内应做的事而必须承担的过失或惩罚，也就是我们通常所讲的"应追究的责任"。① 在本书中,编者把责任定义为:由一个人的资格和能力所赋予并与此相适应的,完成某些任务以及承担相应后果的法律和道德的要求。

在经济学中,责任归属于能够以最小成本避免损失的一方。在西方古典哲学中,康德认为,责任是善良意志概念的体现,德行和责任不能区分。在中国传统文化中,不负责任的行为,就是作为人的德行的丧失,是无人性可言的。

在日常相关语境中,"责任"一词往往有以下几种用法:"有……的责任"、"应对……负责"、"不负责任的"、"应受谴责的"等。就这些"责任"的语境而言,可以大致将责任做如下分析:

(1)非强制性的责任。这种责任是主体的一种自觉自愿的行为选择,往往表达为"某人应该做某事"。这种应该的责任一般都与一定的角色相联系,有时就是指一定的职责、应当做或不做的事或行为。这种责任可因多种原因产生,譬如一定的地位、角色、承诺、自愿行为等。

(2)强制性的责任。这种责任主要是主体对外部要求的回应或内化,往往表达为"某人必须做某事"。这种必需的责任一般都与一定的义务相联系,有时就是指一定的职责、必须做或不做的事或行为。这种责任也可因多种原因产生,譬如一定的职位、法律关系、契约等。

(3)谴责性的责任。这种责任主要是针对已经发生过的行为而言的,是主体对自己过去行为的后果的一种承担,往往表达为"追究某人的责任"。这种责任的谴责是基于行为人须有相应的义务,而行为人违反了这种义务或没有履行好这种义务导致了一定程度的严重后果。谴责往往来自道义或者法律,谴责的方式、程度会因许多因素的差别而不同。

(4)因果责任。这种责任是作为因果关系的责任,但并不是一般的因果联系,而是在因果联系之外有可归责因素,往往表达为"应对……负责任"。如果没有因果联系,一般不能把一定结果的出现归责于另一方。但是基于不可抗力时虽有因果关系却不能归责于某人,也不需要承担受谴责的责任。

(5)能力责任。人的认知、推理、控制能力等理性能力,是归责的基本前提之一。无行为能力主要是指行为人不能认识自己的地位和外界的情况,不能认识行为的因果关系,不能预见行为的后果等主观状况。

对于一个无行为能力的人而言,我们可以从三个方面来理解其责任范围:一是没有必须做某事的强制性要求;二是对行为造成的不良后果,无行为能力人无须承担相应的责任。三是行为不是出于行为人自愿,而是强制使得行为人失去对行为的控制能力。

---

① 刘期彪:《当代大学生责任的伦理概说》,《当代教育理论与实践》,2009年第4期。

在上述五种责任中,前两种主要指的是一种事前责任,或者叫前瞻的责任。第三和第四种主要指的是一种事后的责任,或者叫后顾的责任。而第五种说的是不管是事前责任还是事后责任,都有一个行为能力的问题。

二、做好分内事

本分之内的事情指自己应负责任的事情,这是做人的基本原则。"德者,才之帅也。"本分作为为人处世的基本道德原则,我们始终都应该把它放在统领位置。在守本分中长本事,有了本事不忘守本分,这样才能真正使自己在道德上趋于完善,在事业中走向成功。尽本分没有高低贵贱之分。主席处理国务属于本分;战士戍守边关属于本分;科技人员研制"神九"也属于本分;但交警日夜站岗、清洁工早出晚归就不属于本分吗?在社会中,担当的角色不同,分工不同,同样是分内事,只要尽力都值得赞扬。尽本分不在于高速的效率,也不在于优异的质量,而在于对待它的真挚态度,人人各司其职、尽忠职守,社会秩序井然,国泰民安。

(一)恪守职业本分

作为国家公民,每个人首先必须遵守国家的法律法令。如同医生的本分是救死扶伤、商人的本分是依法经营一样,不同身份的人还要恪守自己的职业道德。分内事是什么,我们每个人都有自己的理解,但是最重要的还是我们自己的本职工作,本职工作是我们最基本、最应该保质保量做好的。

学生的本分是念书,作为新一代大学生,守本分必须树立崇高的理想信念,模范践行核心价值观,在大是大非面前明确方向、站稳立场,模范地贯彻执行党的路线、方针、政策,在守本分中履职尽责,提高服务社会的本领。在自己的本分事上精进努力,福虽未至,但已远离祸害。有一次,菲律宾的一家舞厅,有300多位学生在那里举办舞会,他们都是即将毕业的大学生。深夜十二点多正玩得高兴时,不料天花板的照明灯突然爆炸,失火了。瞬间,舞厅变成灾难现场,300多位学生在一片火海中无路可逃。有150多人不幸被烧死,其余的则受轻、重伤。如果这些学生谨守本分,不彻夜不归,就不会发生这种不幸的事件。可是他们却深夜逗留在设施不安全的场所,结果竟遭此横祸。这些年轻人正值黄金年华,生命力正旺盛,刚要投入社会,但是宝贵的生命就这样损失了,令人惋惜!

教师认真备课乃是老师的本分。大家知道,上海市的中学历史不纳入中考,被称为"副科"。学校也很少安排专业的老师来教,多由其他主科老师顺便教一教,所以,平时很少有老师备课。多数时候,老师拿着课本站在讲台上讲一讲,要么就是划个提纲让学生去背。有一位姓吴的老师,人有点胖,听说大学专修历史专业。他与其他教副科的老师不一样,每次都认真地备课,讲得很仔细,而且还有许多东西是课本上没有的。当时,学生也不以为然。二十年后,同学聚会,也请他来参加。聊天中得知,这么多年,他一直在同一所学校教历史,哪怕是对课本上的历史内容早已烂熟于心,他上的每一堂课都会重新备课,而且会增加一些自己看书获得的新知识,他的备课本已堆得老高。这让学生很是惊讶,老师却坦然地说:"我只是守本分罢了。"

一个村庄有一位姓葛的妇女,她的故事被乡邻们交口称赞。原来,她一个人在家照顾三个瘫痪在床的亲人:一个是公公,一个是婆婆,一个是小叔子。更让人由衷敬佩的是,她是十年如一日地坚持着……真为这个女人感到不容易,更为她的那份孝心所感动。可见到她时,发现她就是一个普通的农民。她初中毕业,嫁给了现在的丈夫。夫妻一起在外打了几年工,不幸的事就接二连三地降临到这个家庭。于是,她不得不留下来照顾小孩和三个瘫在床的亲人。问她:"累不累?"她说,"怎么不累?有时夜里做梦都哭醒了。""那你为什么还能坚持十多年呢?"她沉默了片刻,"其实没什么,我只是尽到了一位妻子、一个儿媳妇的本分。"

(二)先做好眼前的事

现在,越来越多的人都忘记了本职工作,总想着寻找容易做、好做的事。例如:公务员碰面会问:"你那个职务好吗?"意思是说:"工作轻松吗?责任轻吗?薪水待遇高吗?"生意人碰头会问:"你那个生意好做吗?"意思是说:"竞争激不激烈?好不好赚钱?"一般工作者相遇,问的也是工作好不好做,意思也是"是否事少、钱多、离家近"。

如果你刚进入职场,那就先把分配给你的工作做好,这样才有资格去考虑晋升与发展。老板交代的事没做好,怎么会给你晋升的机会呢?今天,你的工作完成了吗?下班的那一刻,你的心理是否有满足感呢?如果今天你做好了眼前的事情和分内的事情,相信下班的时候,你也一定会有一份舒畅的心情。有的职场人,总是感觉不到工作的快乐,上班也总是无精打采。也许微薄的收入像枷锁一样困扰着自己,让人急切地希望减轻自己身上沉重的负担。但是,如果这个人只是不停地抱怨,感叹命运对自己的不公,抱怨自己的父母、自己的老板,抱怨上苍为何如此不公,那么,请记住:一个职场人所埋怨的情况,并不是真正导致职场不顺的原因,其根本原因就在于这种抱怨的行为。

李开复在博客中写道,有一次他听了家人的推荐,下班后就径直到理发店找到了一位名叫 Gary 的小伙子理发。Gary 看到李开复非常激动,马上就聊开了,李开复尽量耐心地回答他的问题。40分钟后,理发结束。回到家里,家里人大吃一惊!原来,年轻的理发师只顾跟李开复讨论问题,他的头发却成了无辜的牺牲品。看着惨不忍睹的头发,李开复下定决心永远不再去这家理发店了。在他看来,年轻的理发师忽视了一点:有理想并追寻理想是好的,但只有先把分内的事做好,才有资格期望更多。如果你是一个理发师,那么只有先把客人的头发理好,才有资格寻求客人帮忙。——头发理不好,客人不回来了,以后怎么帮你的忙呢?如果你是学生,那么只有先把书读好,才有资格去实现自己的梦想。——基础课没学好,怎么能找到最合适的工作,来实现自己的梦想呢?对于职场人来说,同样如此。如果你做不好手头的工作,那就别抱怨老板不给你机会。那些喜欢大声抱怨自己缺乏机会的人,往往是在为自己的失败找借口。没有人会因为坏脾气和消极负面的心态获得奖励和提升。仔细观察任何一个管理健全的机构,你会发现,最成功的人往往是那些积极进取、乐于助人、能顺利完成本职工作的人。

(三)守本分与长本事

本分,是做人的基本原则。本事,是人的能力素质。一个人不论本事大小、素质高低,都必须守本分,这是立身做人、成就事业的前提和基础。离开做人的本分,本事再大的人也难有作为。一个人获得事业上的成功,既靠本事,又靠本分。不守本分,难有本事。

一次,齐景公问政于孔子。孔子对曰:君君臣臣,父父子子。意思是说,搞好政治,为君的要尽君之道,为臣的要尽臣之道,为父的要尽父之道,为子的要尽子之道。孔子的话,实质上阐述了做人的本分,并把它作为为政的一个重要问题提了出来,这是很有深意的。一个守本分的人,必然能够认真履行责任和义务,扎扎实实地做好工作,并在实践中不断地增长自己的本领。

对任何人来说,没有能力固然对工作不利,但不守本分,肯定会走弯路、摔跟头。这就像开车一样,要保证安全,一方面要有较高的驾驶技术,保持车辆性能良好,另一方面要严守交通法规,该慢则慢,该停则停。但有的人却总不安分,不守本分,今天想着动一下自己的职务,明天想着调一下工作岗位,后天又想着拉拉关系,谋一点个人利益等。有的人甚至将政策法规置若罔闻,干一些违法乱纪的事。有的人辉煌半生,却晚节不保;有的人前程看好,却中道跌落。他们不是没有本事,而是没有守住本分,把持不住自己,落得一失足成千古恨。这说明,一个人本事再大、能力再强,倘若不守本分,则足以助其恶、铸其错。人的能力有大有小,素质提高有快有慢,但只要本分做人,刻苦努力,就一定能够成为一个无愧于自己、无愧于他人、无愧于社会的人。守本分不是安于现状、不思进取,也不是平平庸庸、没有建树,而是要"从心所欲不逾矩",把守本分与长本事统一起来,使两者相辅相成、互相促进。

【案例】 银行别忘了自己的分内事

"排队时间太长,办事效率低"、"脸上没笑容"、"意见簿成了虚设,提了也不见改进"。某记者在市内的几家银行采访时发现,营业大厅里陈列的意见簿上怨声一片。在银行产品日新月异的今天,只有这些怨言十几年不变,它表明银行在忙于创新品的同时却忽视了练练自己的基本功。"这是干什么的?"在某银行营业大厅里,一位老大爷拿着架子上的一份宣传彩页看了半天,显然被上面的"专业"词汇搞糊涂了,只见他摇了摇头,又把单页放回了原处。据了解,几乎每隔一段时间,银行就会举办不同形式的新品推介会,"一站式"、"直通车"、"通道"……银行忙个不停,不断地在原有的产品上添加新的功能,或者研发新的金融产品,但老百姓的热情却始终提不上去。不少市民反映,对于许多金融产品他们根本不知道是做什么用的,对自己的生活会有什么帮助。一位张女士在意见簿上写道,现在银行几乎天天推基金,今天说这个好,明天说那个不错,她对此却并不感兴趣,银行派发的宣传单页让她感觉像是在"强行推销"。有关部门的调查也表明,老百姓日常生活中接触较多的仍然只是存取款、贷款、银行卡等传统业务,至于其他的"衍生"金融产品,由于与老百姓生活的"关联度"和"紧密度"稍差,往往不能引起人们的兴趣。此外,在意见簿上还有人提出,银行创新的金融产品更多地将目光投向了少数"VIP"客户,即所谓的大客户。因此,银行忙着推出的新产品老百姓暂时用不着,而打交道最多的传统型业务,其服务水准又难以让人满意。不可否认,如今银行创新的脚步迈得更快了,这是一种进步,老百姓的金融生活由此变得更加丰富多彩,也确实是好事。但是这种进步不能以忽略自己的分内事为代价,银行作为服务行业如果服务上不去,创新再多的产品就成了资源的浪费。

三、银行从业人员的分内事

（一）对银行负责

忠诚于银行事业,培养对银行工作的荣誉感。牢记银行与员工是一荣俱荣、一损俱损的关系,银行的发展离不开员工的提升和进步。银行员工应具备丰富、精深的专业知识,包括银行产品、市场营销、客户关系管理、客户服务知识等;同时不断地充实金融、法律制度、风俗习惯、社交礼仪、客户心理等多方面的知识和信息,提高个人综合素质。同时,银行员工要具备较强的服务意识和专业的服务能力,以特色服务来服务客户和发展客户,达到发展业务的目的,实现银行和员工的双赢。对银行负责,简单地说就是在日常工作中,言行举止要稳妥得当,从银行的利益为出发点,维护银行的声誉,做有利于银行发展的事情。

（二）对客户负责

银行是一个具有公共服务性质的机构,"客户就是上帝"也同样适用,各项业务的开展离不开客户,形影相随,可以说客户承载着银行的兴旺发展,是银行最重要的资源。对客户负责是银行赢得忠诚客户的根本,负责一些,再负责一些,为给客户提供快捷、准确的服务;礼貌、公平地对待所有客户;为客户的信息保密;适时对客户进行风险提示和信息披露。以优质的服务满足客户的需求,通过服务客户为银行创造效益。

（三）对个人负责

在银行工作,整日与金钱打交道,面对大量的资金,要常思贪欲之害,常怀律己之心;在工作上认真负责,时刻提升自身的知识水平,加强业务学习,提高业务素质。从根本上就是要对自己的行为、工作负责。具体体现为一点就是要遵纪守法,确保行为合法合规,对自己的工作行为负责;要诚实守信,做到廉洁从业,对自己的思想素质负责;要专业胜任,具备服务客户的知识和能力,对自己的工作能力负责;要勤勉尽职,切实履行岗位职责,对自己的工作岗位负责。

(四)对社会负责

银行经营的稳定性影响着当地经济的发展和人们生活的稳定。银行如何实现稳定社会、促进经济发展的作用,立足点在银行从业人员。银行员工的行为是否合法合规,尽心尽职,应当履行的义务是否尽职履行,关乎银行的稳健经营,关乎社会的长治久安。银行员工对社会负责,还要在工作中发现违法行为要及时阻止及上报,协助有权机关共同打击违法犯罪行为,维护社会稳定。

第二节 职业胜任力

一、岗位认知

岗位认知是职业人对一个工作岗位的理解和认识,包括岗位职责、工作技能要求、岗位价值、地位、待遇等。一个合格的职业人,要想做好未来从事的工作,必须对该工作或岗位进行深入的理解和认识,探清在未来的工作岗位上所要扮演的角色。

莎士比亚说:"世界是一个大舞台,所有男人和女人不过是舞台上的演员,他们都有上场的时候,也都有下场的时候,一个人一生中扮演着许多角色。"

(一)认识职业角色

1. 角色

角色,专指演员扮演的剧中人物,也比喻戏曲演员专业分工的类别。

"角色"一词源于戏剧,自 1934 年米德(G. H. Mead)首先运用角色的概念来说明个体在社会舞台上的身份及其行为以后,角色的概念便被广泛应用于社会学与心理学的研究中。社会学对角色的定义是"与社会地位相一致的社会限度的特征和期望的集合体"。在企业管理中,组织对不同的员工有不同的期待和要求,就是企业中员工的角色。这种角色不是固定的,会随着企业的发展和企业管理的需要而不断地变化,比如,在项目管理中,某些项目成员可能是原职能部门的领导者,在项目团队中角色可能会变为服务者。角色是一个抽象的概念,不是具体的个人,它本质上反映一种社会关系,具体的个人是一定角色的扮演者。

一个人对自己在社会与组织中所处地位的认识,应该在心目中勾画着自己的形象,思考着自己应该在社会中承担何种角色。角色扮演者对社会地位、作用及行为规范的实际认识和对社会其他角色关系的认识,这些都是角色认知的表现。任何一种角色行为只有在对角色认知十分清晰的情况下,才能很好地扮演。

角色行为是指一个人按照特定的社会与组织所赋予的角色的特定的行为模式而进行的行为。一个担任商店营业员角色的职工,其在商店内的行为模式是要有熟练的服务技能,丰富的业务知识,周到、热情的服务态度。而作为一个单位的领导与管理者的角色,其行为模式应该是要完成多项领导行为与职能,包括群众组织者、群体教育者、群体利益代表者与维护者、信息使用和传播者的角色行为。

角色期望是指团体中多数成员期望或要求其中某一成员做出的某些应有的行为方式,即担任某一职位者被期待的行动或特质,其内涵包括信仰、期望、主观的可能性、权利与义务的行使等。角色期待的主要功用在于使角色行使者明白其权利与义务,即角色的学习。角色的学习经常随着角色的改变而进行,因而角色的学习是无止境的。可以说,人们正是在错综复杂的社会关系中,在不知不觉的角色学习的过程中,逐渐把社会的行为规范转化为个人的道德行为。

如果人们对一个角色的期待与要求不一致,或者一个人身兼的几个角色之间要求不一致,就可能使人处于角色冲突之中。在交往中,人们应学会扮演多种角色,在一定场合还需要灵活地变换角色,只有这样,才能在复杂多变的情境中有效地工作。此外,角色冲突还表现为角色改变时,新旧角色之间发生的冲突。

角色评价是指他人对一个人的角色扮演的评论与估价。人们自然而然地从角色期望开始,最后对角色扮演者的角色行为"评头品足",做出应有的评估。

角色知觉中的角色认知与角色行为是指角色扮演者主观方面的因素;而角色期望与角色评价是指他人对角色扮演者的反馈信息,属于客观方面的因素。角色知觉作为复杂的社会认知与社会知觉中的一个方面,只有在主客观因素相互作用的条件下,才能最后形成一个完整、正确的角色知觉。这也说明,角色知觉是一个人在社会实践中动态的实现过程,而不是消极的、静态的反映过程。准确的角色认知,一方面要求人们知道布置给他们的具体任务、具体的职责或者负责的后果。但是员工会(不仅仅)因为没有完成他们都不知道但属于自己职责的任务而被解雇。另一方面要求他们知道不同的任务和业绩期望之间的优先顺序[包括质量和数量的困境,例如一小时服务多少顾客(数量)与给予每位顾客多好的服务(质量)。它也指给不同的任务合理安排时间和资源,例如,一个经理一周该花多少时间训练员工,知道完成任务的首选方法(适用于有超过一种的方法可以完成任务的情况,有清晰的角色认知的员工知道哪种方法对组织来说较优)]。

2. 职业角色

角色可以由不同的职位和岗位担任。

职业角色,是指社会和职业规范对从事相应职业活动的人所形成的一种期望行为模式,也就是人们在一定的工作单位和工作活动中所扮演的角色。①

---

① 中国职业规划师(CCDM)认证培训教程。

随着社会的发展,职业角色作为一个最重要的社会角色越来越受到人们的关注。职业角色是以广泛的社会分工为基础而形成的一整套权利和义务的规范、模式。由于社会地位是社会角色的内在本质,因此社会地位的多样性也就决定了社会角色的多样性。职业角色作为社会角色的一种类型,除具有社会角色的一般特征外,还具有专门性、营利性、相对稳定性、合法性和社会性等特征。

3. 如何扮演好自己的角色

(1)明确角色期待。

对于任何角色,社会期待是客观存在的,有的存在于社会文化习俗中,有的存在于规章制度中,有的存在于法律法规条文中。不同的角色期待相互联系、相互交织,形成复杂的期待网络。这一网络对于一个社会的正常存在和发展,对于构筑基本的社会诚信水平是至关重要的。作为社会个体成员,应该将对角色的社会期待内化为对自己的主观要求,哪些应该做、哪些必须做、哪些不能做,应该做到心中有数。

【案例】

李嘉诚经营企业很注重管理的艺术,他认为在人生不同的阶段,需要有不同的梦想,并为之奋斗。李嘉诚的童年是在贫穷饥饿中度过的,但年仅14岁的他却为自己立下了一个简单而又沉重的目标:自己必须挣得足够一家人存活的费用。就是在这样朴素理念的指引下,22岁的李嘉诚终于成立了属于自己的工厂。以前在给他人做事时,他凭忍耐、任劳任怨就可以了,但现在有了自己的公司,这些品质已经远远不够了,于是他开始注意降低失败的几率,这为他以后稳健的经营打下了良好的基础。李嘉诚还认为,知识必须与意志相结合,静态管理自我的方法必须延伸到动态管理中,理性的力量加上理智的力量,如何避免让聪明的组织干愚蠢的事才是问题的核心。从李嘉诚的经历我们可以了解到他的成功与对自身正确的角色认知是分不开的。童年时期的李嘉诚对自己的定位是全家的支柱,而当他有了自己的公司后,他懂得进一步充实自己,降低失败的几率。正是这种静态管理自我的方法,使李嘉诚跻身财富榜前列。

(2)致力角色实践。

诚信是通过行动来验证的,言而无信是当今社会诚信缺乏的主要表现,言而无信的实质是当事人在明确角色期待的情况下角色实践的失败。作为个体成员,要努力使自己的角色行为与社会期待相一致,不断地纠正角色实践中的偏离倾向。例如,管理者的角色认知:对于管理者来说,要使自己能在企业中发挥自己应有的作用,首先也必须认识自己作为一个管理者在企业中的作用,也就是角色认知,充分扮演好自己在企业中的角色。作为管理者,实际上在工作中需要经常转换角色,而要转换角色,首先要认识自己的角色及其功能和作用,这样才能扮演好自己的角色;否则,你的角色扮演很容易出现偏差,影响自己的工作绩效和职业生涯。所以,角色扮演能力在管理作用的实现方面起基础性作用。

【案例】

80多年前的一个冬天,美国南加州沃尔逊小镇上来了一群逃难的流亡者。镇长杰克逊大叔给一批又一批的流亡者送去粥食。这些流亡者,显然已好多天没有吃到这么好的食物了,他们接到东西,连一句感谢的话语也来不及说,就个个狼吞虎咽。只有一个人例外。当杰克逊大叔将食物送到他的面前时,这个脸色苍白、骨瘦如柴的年轻人问:"先生,吃您这么多东西,您有什么活儿需要我做吗?"杰克逊大叔想,给一个流亡者一顿果腹的饮食,每一个善良的人都会这么做。于是他说:"不,我没有什么活儿需要您来做。"流浪汉听后很沮丧,说:"先生,那我便不能随便吃您的东西,我不能没有经过劳动,便平白得到这些东西!"杰克逊大叔想了想又说:"我想起来了,我家确实有一些活儿需要您帮忙。不过,等您吃过饭后,我就给您派活儿。""不,我现在就做活儿,等做完了您的活儿,我再吃这些东西!"这个人便是石油大王哈默。

(3) 协调角色冲突。

任何个人都不是"单向度"的,总有其多种社会属性,会同时担当多种社会角色,而不同的角色各有其角色期待,不同的角色期待可能会产生不一致甚至对立,这就会使得个体成员在角色实践中出现困惑,产生角色冲突。社会中的非诚信行为的出现,有时不是行为人刻意行骗,而往往是身处角色冲突中难以兼顾,出现对某一角色期待的实践倾斜。这就要求我们正视角色冲突的现实,进一步提高协调自身角色冲突的水平,合理实践不同的角色期待,从而适应多样化社会对我们的要求。

【案例】

俞敏洪在他的励志演讲中曾经说过这么一个例子:我每年都要面试几百个本科生,坦率地说,大部分人都是眼高手低,恨不得上来就当总经理,上来就给他一份全世界工资最高的工作。有的时候,我会试一下,我说:"同学,所有你想要的工作,我这都没有了,但是我现在有两个卫生间没人打扫,你愿意不愿意干?"几乎不会有学生说,"那我就扫吧",实际上,他在拒绝打扫两个卫生间的时候,丢失了一个非常重大的机会。我让一个大学毕业生去打扫两个厕所,很明显是对他的考验,他在打扫卫生间的时候,我绝对会关注他的一举一动,当他真的把两个卫生间打扫得好,你想,我能让他一辈子打扫卫生间吗?至少我给他增加工资,我让他打扫两个卫生间,当他把四个卫生间都打扫干净以后,我肯定不会让他打扫八个卫生间,我会考虑是不是把所有打扫卫生间的后勤人员都给他管理,他不是很自然地变成管理者了吗?当他把这些打扫卫生间的人员管理得井井有条,整个公司的环境因为他的管理变得赏心悦目,你想,我不把他提到后勤主任这个位置上,我提谁?他如果又干得雷厉风行、非常出色的话,我不把他送到哈佛大学去读MBA,我送谁?当我把他送到哈佛大学读完 MBA,他回来,他不当新东方的总裁,谁当?

(二)理解岗位职责

1. 岗位职责

岗位职责,指在某一组织内部,根据规定一个岗位所要求的去完成的工作内容以及应当承担的责任范围。岗位,是组织为完成某项任务而确立的,由工种、职务、职称和等级内容组成。职责,是职务与责任的统一,由授权范围和相应的责任两部分组成。

岗位职责是责任、权利、义务的综合体,权利、责任、义务必须对等,有多大的权利和责任就应该尽多大的义务,任何割裂开来的做法都会导致该岗位规定的工作内容无法完成或者不能达到该岗位的工作效果。对于员工而言,必须明确自己的岗位职责,否则就不知道自己的定位,就不知道应该干什么、怎么干、干到什么程度,也就无法扮演好自己的角色。一个商业银行普通柜员,他的工作难道仅仅只是办理储蓄或者对公业务吗?他的准确定位应该是银行产品的推销人、银行形象的代言人、银行服务的提供者、银行发展的当家人,还是社会责任的当事人?因此,在社会具有普遍认识的"我是干什么活的"作为对岗位职责的理解。我们每一个人都需要充分认识自己岗位职责的内涵,以便把握好自己的定位。

2. 商业银行岗位结构

(1)商业银行内部组织架构。

商业银行的内部组织机构一般由决策机构、执行机构和监督机构三个部分组成。

决策机构包括股东大会、董事会以及董事会下设的各委员会。

执行机构包括行长(或总经理)、各业务部门、职能部门和总稽核。

监督机构主要有监事会及内部监督机构。股东大会在选举董事的同时,还要选举监事,组成监事会。监事会的职责是代表股东大会对全部经营管理活动进行监督和检查。

商业银行在不同国家由于银行体制、经营环境不同,其内部组织机构不可能完全一致。但一般而言,商业银行内部组织形式在许多国家都有相似之处。

【案例】 国内部分商业银行内部组织架构

● 中国工商银行内部组织架构(见图 10—1)

商业银行服务规范与职业伦理 3．

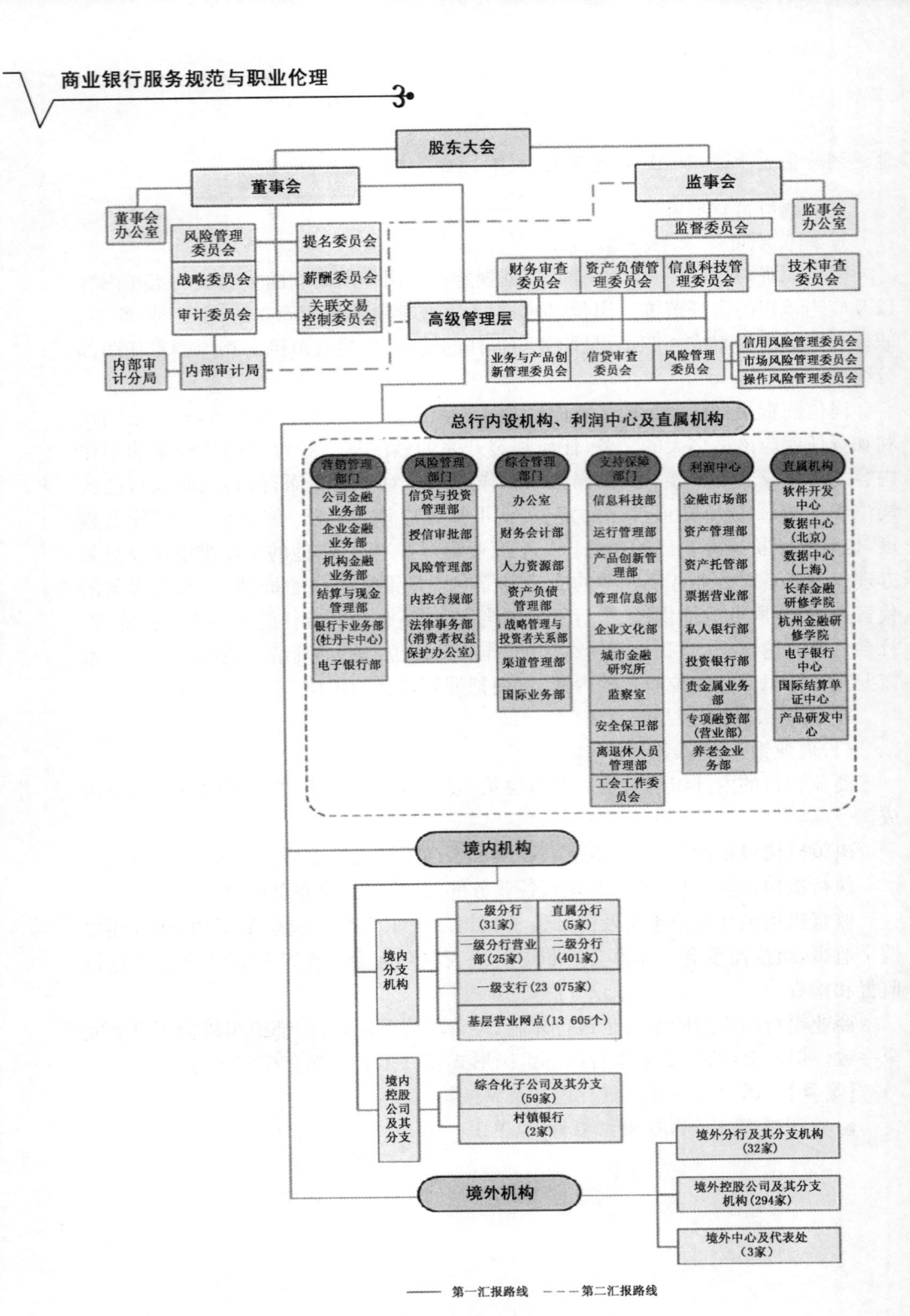

图 10—1 中国工商银行内部组织架构

● 中国农业银行(见图10-2)

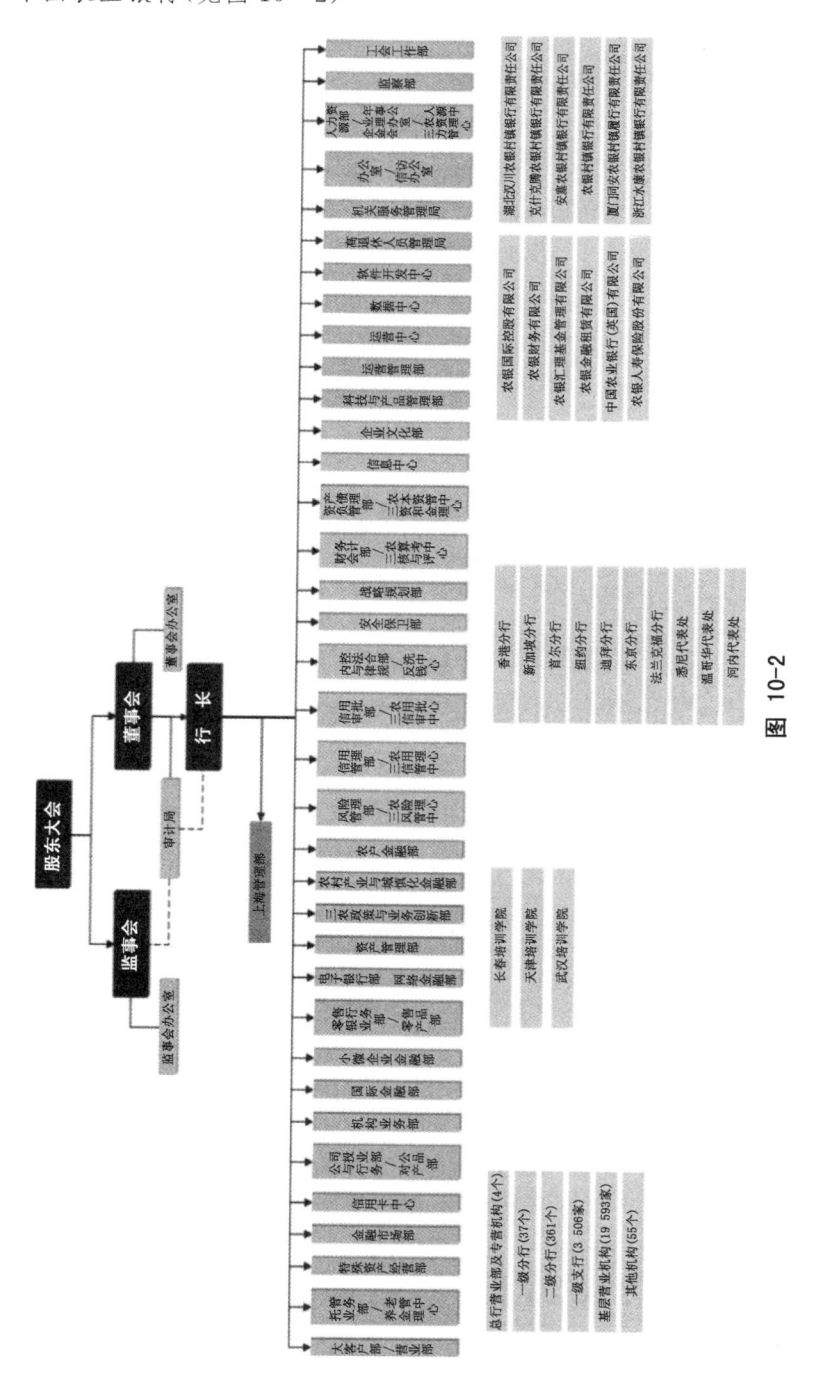

图 10-2

商业银行服务规范与职业伦理 3

(2) 商业银行各岗位职责。

商业银行是具有信用创造功能,以经营存放款为主要业务,以获得利润为主要经营目标的综合性经营机构。因此,银行内部岗位的设置及其岗位职责必须据此规定而行。我国各商业银行内部组织架构大多不同,但内部岗位的设置基本类似,都是以获取利润这个目标为原则设立的,基本有以下几种(见表10—1)。

表10—1　　　　我国各商业银行内部的设置及其岗位职责

岗位名称	所属部门	工作职责
债券回购岗	资金营运部	□负责执行部门主管领导下达的债券回购工作指令; □交易过程约定交易合同中对应的券种、金额、期限、利率等要素,经部门主管(首席交易员)确认,发送交易指令,并打印成交合同; □对已成交的债券回购业务进行台账登记。
网上资金拆借岗	资金营运部	□负责执行部门主管领导下达的网上资金拆借工作指令; □交易过程约定交易合同中对应的拆借金额、期限、利率等要素,经部门主管(首席交易员)确认,发送交易指令,并打印成交合同; □对已成交的网上资金拆借业务进行台账登记。
现券买卖岗	资金营运部	□负责执行部门主管领导下达的现券买卖工作指令; □交易过程约定交易合同中对应的券种、金额、期限、利率等要素,经部门主管(首席交易员)确认,发送交易指令,并打印成交合同; □对已成交的现券买卖业务进行台账登记。
债券承销岗	资金营运部	□对具有承销商责任的债券,根据国家开发银行、中国进出口银行等发行人公布的债券发行计划,撰写债券投资价值分析报告,上报部门领导审批后交付债券分销岗; □根据部门领导指示,按照指定的价格和数量通过招、投标系统投标; □中标后向部门领导和分销人员通报中标结果,负责打印、保存债券发行人公布的债券中标信息,打印缴款通知书,并通知资金清算岗按缴款通知书要求划款。
债券分销岗	资金营运部	□负责对具有承销责任的债券的分销工作:(1)债券发行前,向分销客户发送债券投资价值分析报告和分销意向书;(2)汇总分销客户的投资意向,经部门领导批示后,将汇总的投资意向告知债券承销人员;(3)中标后向分销客户通报中标结果,制作分销合同,将收款日期及金额提示资金清算岗。 □负责对不具有承销责任的债券的分销工作:(1)根据财政部等发行人公布的债券发行计划,分析债券的投资价值,向部门领导做出投资建议;(2)经部门领导批示同意投资的,负责与有关债券承销商联系分销;(3)债券招标结束后,负责及时了解中标情况;(4)对确定分销的债券,负责与承销商联系,保障债券按期、足额到户和分销协议、合同的签订;(5)负责向资金清算人员提示分销债券的付款。
公开市场交易岗	资金营运部	□将每周央行公开业务交易公告向部门领导汇报; □根据领导指示,进行公开市场业务操作; □每日向央行公开市场业务操作室报送流动性日报。

续表

岗位名称	所属部门	工作职责
后台结算岗	资金营运部	□根据债券回购岗、现券买卖岗提供的成交通知单在结算系统发送债券交割指令； □对交割指令进行查询，确保交割指令匹配成功； □对已成交的债券回购和现券交易打印债券结算交割单； □根据债券分销岗提供的分销协议为分销客户进行债券过户。
系统维护岗	资金营运部	□负责保障本部门前台交易和后台结算系统软、硬件的正常运转； □负责保障本部门交易、结算系统与有关交易中心、交易所、登记结算公司、网站的网络连接畅通； □负责根据有关交易中心、交易所、登记结算公司的要求和指导对本部门应用的交易、结算系统的软、硬件进行升级； □负责在本部门软、硬件、网络连接出现故障时向有关领导和有关科技部门报告； □负责在科技部门的指导下保障资金营运部的计算机安全。
清算岗	资金营运部	□负责与交易员核对债券投资交易业务合同，保证要素的完整、准确； □办理资金的划付、收回工作。
结算代理业务岗	资金营运部	□进一步完善结算代理业务的办理流程、相关协议文本、营销材料等相关内容； □与相关部门共同组织营销人员对潜在客户进行营销； □依照客户指令，完成结算代理客户的前台交易及后台清算业务； □按期编制并向客户发放市场分析报告。
网下资金拆借业务岗	资金营运部	□负责执行部门主管领导下达的网下资金拆借工作指令； □交易过程约定交易合同中对应的拆借金额、期限、利率等要素，经部门主管确认，并填制成交合同； □对已成交的网下资金拆借业务进行台账登记。
督查岗	信贷管理部	□对营销部门和作业部门执行信贷制度情况的后续督导检查； □组织审贷会，撰写审贷会会议纪要，并监督审贷委决议的执行。
贷款管理岗	信贷管理部	□信用评级管理； □客户综合授信业务管理； □授信人员尽职情况调查； □贷款五级分类管理，对全行不良资产的监测、考核； □针对信贷业务创新提出相应的政策及建议，配合政策研究岗制订相关信贷业务制度。
凭证管理岗	会计结算部	□负责全行会计业务凭证的设计、领用； □负责全行重要空白凭证的保管、领用； □负责每月向国税局上报我行发票的使用情况； □负责各支行所领凭证的费用的分摊。
反洗钱管理岗	会计结算部	□负责我行反洗钱大额数据的报送； □负责我行可疑支付交易数据的分析及报送； □负责我行反洗钱系统更新升级。

续表

岗位名称	所属部门	工作职责
账户管理岗	会计结算部	□负责监督和辅导我行账户的开立、使用、清理、核实工作； □负责我行营业网点账户管理系统、账户三级操作员的申请； □负责录入各支行上报的已开立的账户信息，并与业务系统进行比对； □负责规范和检查支行账户的开立情况。
事后监督岗	会计结算部	□按会计凭证的基本要素审核各种凭证、账表，根据储蓄事后日计表、余额表与前台日计表、余额表逐项勾对； □按照审核会计凭证的基本要素进行监督，保证账务六相符，并进行逐项勾对； □发现差错及时查询督促更改； □对事故性差错及时上报主管负责人。
清算中心综合岗	会计结算部	□负责清算中心全面工作，协调和指导中心各岗位的工作，保证资金清算业务的顺利进行； □检查督促中心人员贯彻落实有关规章制度及岗位责任制； □负责清算业务授权和设置各类操作员登记簿。负责清算系统的正常运作，清算系统在运行中出现故障或异常情况必须及时向上级和有关部门反映，确保系统和设备的安全运行； □负责统计清算系统日常资金往来情况，对大额的往来账及时上反映，保证资金系统往来账业务数据与人民银行同城清算系统往来账业务数据一致； □保管打印的相关业务资料。
清算中心业务岗	会计结算部	□负责人行清算系统来账的接收和本行清算系统往账业务的发送，并加强账务核对，保证两系统数据一致； □录入和复核跨系统《业务联络包》及对系统不能自动清分的来账业务进行手工清分； □负责监视人行前置机和本行清算中心机运行和屏幕显示情况，及时妥善处理运行过程中出现的异常情况； □负责人行清算系统和本行清算系统日常有关业务资料的打印、核对； □负责人行前置机和本行中心机日结和数据备份工作； □坚持证、押、印三分管原则，分别保管《补充报单》和交换章。
贴现业务审核岗	会计结算部	□中心直贴、转贴现、再贴现业务的审核、作业； □对中心贴现的汇票、档案进行登记、整理和交接； □审核支行报审的贴现业务，管理台账和报备资料； □收集、整理票据市场信息并向领导反馈； □拓展贴现业务市场，联系转贴现业务。
贴现业务汇票查询岗	会计结算部	□对中心直贴客户申请贴现的汇票进行查询，与未回复的查复行及时联系，积极催查。
贴现业务档案管理岗	会计结算部	□接收贴现业务档案并进行登记、保管； □配合有权机构或有权人的调阅工作。
贴现贷款卡管理岗	会计结算部	□将中心贴现数据登入贷款卡系统； □为上级机构提供与贷款卡相关的情况和数据。

续表

岗位名称	所属部门	工作职责
综合业务岗	公司业务部	□积极开展公司类客户信息的收集、整理和分析,参与全行公司业务发展战略和营销策略; □积极开展全行性公司客户的直接营销,参与全行公司客户的联合营销,并负责公司类业务的客户咨询; □参与总行直接营销的公司类客户的贷前调查、贷中管理、贷后检查和收贷收息,以及其他各种金融产品与服务的综合营销; □参与组织和配合分支机构进行公司客户的贷前调查; □积极进行公司类客户市场需求的研究,提出开发金融产品的建议,参与市场调查新产品的设计、开发和测试,并提交立项申请; □信贷信息系统的数据维护。
客户经理	公司业务部	□积极开展公司类客户信息的收集、整理和分析,实施全行公司业务发展战略和营销策略; □积极开展全行性公司客户的直接营销,组织全行公司客户的联合营销,并负责公司类业务的客户咨询; □负责总行直接营销的公司类客户的贷前调查、贷中管理、贷后检查和收贷收息,以及其他各种金融产品与服务的综合营销; □负责组织和配合分支机构进行公司客户的贷前调查; □积极进行公司类客户市场需求的研究,提出开发金融产品的建议,参与市场调查新产品的设计、开发和测试,并提交立项申请; □信贷信息系统的数据维护。
资产保全岗	零售业务部	□负责监督本部门所有贷款的还款情况,制定清收不良贷款的工作计划; □负责对贷款催收工作情况进行总结; □负责对逾期贷款案件提出诉讼、抵押物处置以及其他保全工作; □向部门负责人汇报贷款催收工作。
调查营销员	零售业务部	□受理客户的贷款申请、咨询,对客户资料进行初审; □对权限内的贷款业务进行调查,写出调查意见,报审批人审批; □负责对所发放贷款业务品种的营销工作; □负责所发放贷款的日常催收工作,并协助资产保全员的贷款催收工作; □参与本部新产品的研发和推广工作。
业务处理员	零售业务部	□负责对调查人员提交的客户资料的"完整性、合规性、一致性"进行审核; □审核无误后将资料录入系统,并办理放款手续; □审核中发现资料不全等问题,通知经办人重新补办有关贷款手续; □负责对借款人的基本资料、档案的保密和存档工作; □参与本部新产品的研发和推广工作; □负责本部的文件管理; □参与客户的贷款申请、咨询和调查工作。
商户管理员	银行卡部	□负责发展特约商户,建立特约商户、POS机相关档案; □负责特约商户POS机调试安装及日常维护,确保POS机正常运行; □监督有关POS机设备、软件供应商履行售后服务及保修等承诺; □按照有关业务要求制定特约商户业务操作规程; □负责对特约商户收银员的业务培训、辅导; □组织促销活动,积极优化用卡环境; □负责有关POS机业务数据的统计、分析; □及时解决使用POS机发生的差错业务及客户投诉问题。

续表

岗位名称	所属部门	工作职责
空白卡管理员	银行卡部	□负责全行空白卡片需求预测； □负责联系卡厂，购入空白卡并验收入库，及时登记《成品卡登记簿》； □定期清点卡片的领用及结余数量，并认真核对账簿，做到账表实相符； □负责空白卡的保管、领用工作。
制卡员	银行卡部	□负责打卡机的日常管理、维护和保养； □负责制卡，做到账表实相符； □在打卡过程中，应对机器运行状态进行关注； □负责对打卡过程中出现的问题仔细登记在案。
发卡员	银行卡部	□负责成品卡的保管、领用工作，做到账表实相符； □按照支行提供的重要空白凭证领用单，负责领用、登记工作； □定期统计全行网点的领卡情况； □负责对各支行上缴吞没卡进行登记、管理； □负责对各支行发放新卡种，并做好宣传工作。
银联差错平台管理员	银行卡部	□负责银行卡跨行业务对账； □及时处理银联、本行银行卡差错业务； □配合清算部门与银联进行清算； □负责银联跨行业务的查询、查复、贷记调整业务处理； □负责银联跨行业务的沟通； □负责银联差错平台证书的下载、更新、管理。
ATM管理员	银行卡部	□负责ATM机调试安装及日常维护；监督有关ATM设备、软件供应商履行售后服务及保修等承诺； □辅助监控全行ATM机运行状态，确保ATM机正常运行； □负责对全行ATM机业务的培训、辅导； □制定ATM的管理办法、使用须知、操作说明； □建立健全ATM机相关档案； □配合保卫部门制定ATM机安全防范措施，并检查监督落实情况； □及时解决使用ATM机发生的差错业务及客户投诉问题； □负责有关ATM业务数据的统计、分析。
风险控制员	银行卡部	□负责银行卡业务风险信息分析、预测； □负责制定风险管理制度、防范措施及化解方法等，降低银行卡业务风险； □指导分支机构制订透支催收计划，对不良持卡人实施止付，异常情况及时沟通报告； □负责监督分支机构风险防范措施的落实和执行情况，努力降低透支风险； □及时收集业务风险信息，从中汲取经验并采取有效措施防范风险。
密码信封管理员	银行卡部	□负责按主机产生的密码文件打印密码信封； □对于已经打印完毕的密码信封，进行删除密码信封文件的操作； □负责对打印失败的密码信封进行彻底的销毁工作； □不得对外透露任何的密码信封内容； □密码信封打印完毕，应妥善保管，及时交予持卡人。

续表

岗位名称	所属部门	工作职责
参数管理员	银行卡部	□负责参数等特殊业务管理； □负责卡品种参数的设置与修改； □负责收益参数的设置； □负责积分规则参数的设置与修改； □负责卡交易规则的设置。
外汇会计、出纳兑换岗	国际业务部	□正确组织会计核算，做到正确、及时、真实、完整地反映本外币业务财务活动情况，为贯彻政策、指导业务提供正确数据； □加强服务和监督，根据国家各项方针政策，办好国际、国内资金的结算和清算，监督本外币资金，有计划地运用、加速资金周转，维护国家和本行的信誉和权益； □加强财务管理，根据经济核算原则和企业化经营的要求，正确核算成本，监督和维护资金和财产安全，增加收入，节约支出，提高经济效益，并负责编报与外汇业务有关的会计报表，统计外汇业务经营成果； □开展外汇会计检查、辅导和分析，加强对外汇会计工作的检查、辅导管理，不断提高会计质量和效率，运用会计分析为经营决策提供信息； □负责外汇业务会计账务处理、外汇账户管理、外汇利息核算和外汇会计报表决算、资金交易、资金清算及头寸调拨、结汇、售汇业务及敞口头寸平仓、汇兑损益核算、外汇同业拆借等； □熟悉各国不同货币面额的不同特征，具有识别各种外币现钞的真伪能力，严防收进假钞； □按规定收取可自由兑换的各种外币，兑付旅行支票及退汇业务； □负责外币现钞收款、付款和兑换工作，并填写有关业务的单据、凭证，制作科目日结单，做到账实相符； □负责外币现金保管，严格遵守出纳制度，做到款在人在，每日营业结束，负责封包入库。收付现金要双人临柜、交叉复核，对客户当面点清，每日业务终了做出日报，盘点库存，轧平账实，发生长短款必须及时如实上报。
国际结算、外汇营销岗	国际业务部	□认真领会并熟练掌握 UCP500《跟单信用证统一惯例》、URC522《托收统一规则》、URC525《银行间偿付规则》，并能根据规定解答企业提出的相关问题； □负责办理国际贸易结算业务(包括信用证、托收等)及贸易项下的汇出和汇入汇款、非贸易结算业务(包括汇入、汇出、托收等)、进出口押汇、打包贷款等涉及信用证条款、单据的审查业务； □正确贯彻执行国家的有关出口结汇、进口付汇规定； □负责代理行的建立管理工作，国际收支申报、报关单核查工作； □负责各类结算档案的管理工作； □负责各类业务的查询查复工作； □加强学习，不断进行对外交流，提高业务技能与理论水平； □负责全行外汇业务的营销工作，并协助分支机构进行外汇业务营销； □负责贸易项下的融资业务(包括进口开证、进出口押汇、代理业务、转贷业务、打包贷款、提货担保等)和凡涉及外汇业务的本外币贷款的资信调查、发放、收回、监督和项目分析等业务处理及相应的报表工作等。

续表

岗位名称	所属部门	工作职责
综合业务岗	国际业务部	□负责代理行、账户行印押管理； □各项电讯工作（包括 SWIFT、电传、电子信箱等）； □负责外汇计划指标头寸统计工作； □负责文秘、文档工作； □负责与人民银行、银监局、外汇局、海关等相关部门的接洽工作； □负责外汇业务的统计、考核工作等； □负责外汇业务培训的组织工作。
风险管理岗	风险控制管理部	□大额现金转款审批录入； □本部室内部档案的管理、装订、保管； □文件的保管收发工作。
银行承兑汇票初审岗	风险控制管理部	□应用票据业务合同文本； □取得受权审批人对批准票据授信业务的批准信息； □对经办部门移交作为签订票据授信合同的基础资料的完整性、有效性以及审批依据的一致性在进行初步审核，确保所签订合同的质量； □对授信资金按合同规定进行投放； □进行信贷档案管理。
银行承兑汇票复审岗	风险控制管理部	□应用票据业务合同文本； □取得受权审批人对批准票据授信业务的批准信息； □对经办部门移交作为签订票据授信合同的基础资料的完整性、有效性以及审批依据的一致性在初步审核的基础上进行复审，确保所签订合同的质量； □对授信资金按合同规定进行投放； □进行信贷档案管理。
贷款初审岗	风险控制管理部	□应用授信业务合同文本； □取得受权审批人对批准授信业务的批准信息； □对经办部门移交作为签订授信合同的基础资料的完整性、有效性以及审批依据的一致性进行法律审核，确保所签订合同的质量； □对授信资金按合同规定进行投放； □进行信贷档案管理。
贷款复审岗	风险控制管理部	□应用贷款业务合同文本； □取得受权审批人对批准授信业务的批准信息； □对经办部门移交作为签订授信合同的基础资料的完整性、有效性以及审批依据的一致性在初步审核的基础上进行复审，确保所签订合同的质量； □对授信资金按合同规定进行投放； □进行信贷档案管理。

续表

岗位名称	所属部门	工作职责
清收岗	风险控制管理部资产管理中心	□涉及法院的诉讼、执行案件,配合法律顾问,积极协助人民法院做好执行案件的各项工作,便于案件的正常、顺利执行;将从法院收到的执行案款及时入账,归还诉讼执行费用和贷款本息等。 □涉及公安机关的执行案件,对涉嫌贷款诈骗和恶意逃废银行债务的企业和个人,准备贷款资料交予法律顾问进行分析;将准备好的报案材料递交当地辖区的公安机关;积极配合公安机关查找犯罪嫌疑人及其有效财产,通过公安机关有效打击涉嫌贷款诈骗和恶意逃废银行债务的企业和个人;将从公安机关收到的执行案款和物资及时入账保管,归还贷款本息及相关费用。 □涉及自身清收工作,对有一定还款能力的贷款企业和个人逐户分析,掌握其有效资产及详细情况;加大自身催收力度,采取各种合法的方式促使借款人和保证人还本付息;将收回的资金及时入账,归还贷款本息。 □涉及资产拍卖工作,全面了解和掌握从各家分支机构移交到本部的资产;定期检查资产状况,防止被盗及不可预测的损毁,发现问题立即汇报;对出租的资产,签订租赁协议,缴纳一定数量的押金,到期前一个月与其联系下一租期是否续签,防止恶意欠费。 □不良贷款的经营管理。
内勤岗	风险控制管理部资产管理中心	□政策研究工作,认真学习国内、外不良资产处置的先进方式,研究不良资产的处置新举措。 □资产拍卖、保管工作,积极与多家拍卖行、各家媒体进行广泛合作,选择有实力、有信誉、费用低的合作伙伴,对不良资产进行变现及有效利用,盘活不生息资产;了解已移交到拍卖行的资产,并按类别数量存放地评估价格及其他有关资料,建立资产明细表;参加拍卖会;定期与拍卖行对账。 □会计工作,准确处理各种账务;及时与营业部、计财部及其他部室对账,保证资产的安全。 □档案资料工作,认真核实分支机构上划的贷款资料的资产准确性;认真核实分支机构上划的待处理抵债的准确性;及时建立贷款资料台账;及时建立待处理抵债资产台账;完成报表的编制。
会计员	营业部	□负责办理对公存、取款业务及转账业务; □负责个人消费贷款及单位贷款的发放、收息等业务操作及借据的保管; □根据会计制度和有关规定的要求审查凭证要素,保证受理凭证的真实性、合法性和完整性; □负责审查票据的有效期,不得受理过期及远期支票; □负责审核票据背书并折角核对印鉴,防止串户; □定期核对、审查借款借据,保证账证相符; □负责保管好印鉴卡; □负责退票登记簿、重要空白凭证等登记本的登记、装订及保管; □负责开销户、调整积数、冲账、调整利率、冻结、解冻等特殊业务的申请授权与操作; □负责本柜员密码的保密与更换工作; □负责在月底编制各种会计报表。

续表

岗位名称	所属部门	工作职责
清算岗	营业部	□按照资金清算有关制度规定,准确、及时地搞好实时清算的资金划转; □负责各级操作员密码保密工作; □负责发送和接收往来账务,检查、核对数据的准确性,进行账务处理; □负责发送和接受系统查询、查复业务。
联行岗	营业部	□负责审查银行承兑汇票的审批资料,签发银行承兑汇票; □负责及时解付签到期的银行承兑汇票; □负责及时发出受理的银行承兑汇票委托收款; □负责答复外行对我行汇票的各种查询、查复; □负责传递、签收内部凭证。
出纳员	营业部	□收入现金:负责审查收款凭证,确保要素齐全、准确,大小写金额一致,在现金存款单上加盖经办员名章,并逐笔登记现金收入日记簿;负责核对款项券别与凭证券别明细,并鉴别真伪,按规定随时挑剔残币,负责将收入款项及时入账,由于业务需要需入次日账的款项必须经网点负责人或会计主管同意; □负责组织本科室人员学习、贯彻执行出纳内控制度,并定期检查执行情况; □负责本柜台的安全防范工作,确保账款安全。
出纳科长	营业部	□收付现金:负责审查各类凭证,确保要素齐全、准确,大小写金额一致,在凭证上加盖经办员名章、业务章,并逐笔登记现金收入与付出日记簿;负责核对款项券别与凭证券别明细,并鉴别真伪,按规定随时挑剔残币,负责将收入款项及时入账;付出现金时,应保证票面达到人民银行规定的标准; □负责轧账、碰库和款项入库,做到账、款、票一致; □负责定期、不定期检查库存情况,核点库存现金; □负责印章等重要机具的使用和管理; □负责定期、不定期检查各种业务登记簿,并及时解决检查中发现的问题; □负责本柜台的安全防范工作,确保账款安全; □负责组织本科室人员完成各项工作任务。
储蓄岗	营业部	□负责办理各项存取款业务,做到核算准确、内容完整; □负责早上按时开机,日终结账,并准确登记各类账卡; □负责本柜员密码的保密、更换工作; □负责领用、登记、保管、填写各类重要空白凭证和各种登记簿; □月底负责上划利息、利息税,填制利息税报告表; □负责本柜台的安全防范工作,确保账款的安全。
中心库管库员	营业部	□负责从人民银行提款,并填制分户账; □向人民银行缴款时,负责填写缴款凭证,并与监库员双人核对,确保款项与凭证相符,确认无误后将现金装袋(包)捆扎封包; □分支机构从中心库调款时,负责审核调款凭证各要素是否完整、正确、清晰,调款员证件是否真实、有效,确认无误后,登记分户账; □分支机构向中心库缴款时,负责审查缴款凭证各要素是否完整、正确、清晰,确认凭证无误后,应验证券别、点捆、卡把、验封签,负责加计总数并确认与缴款通知书、现金存款单一致,加盖现金封讫章,会同监库员将所收款项一并入库; □负责逐日整理保管凭证,按月装订,保管备查。

续表

岗位名称	所属部门	工作职责
中心库监库员	营业部	□从人民银行调款时，负责与管库员双人核对从人民银行所提款项、凭证是否相符，确认无误后，会同管库员将所提款项入库，并制作现金收入传票，登记现金收入日记簿； □向人民银行缴款时，负责与管库员双人核对应缴款项与凭证是否相符，确认无误后，会同管库员双人将现金装袋(包)捆扎封包，将所缴款项交存人民银行，并填制现金付出传票，登记现金付出日记簿； □负责每日填制凭证交接登记簿，并送交会计部门签收、核对； □负责设立现金库存总账和分户账。
中心库复点员	营业部	□负责完整券的整理及上缴。按券别分类，严格按照人民银行钱捆质量标准进行挑剔，新旧版分开，点准墩齐、捆齐，加盖人名章要清晰，上缴人民银行； □负责损伤券的整理及上缴，新旧版分开，点准、墩齐、捆好，加盖人名章要清晰，上缴人民银行； □负责硬币的整理及上缴。(1)按币面分类，壹元、伍角、壹角均五十枚成卷；伍分、贰分、壹分均一百枚成卷；(2)十卷成捆，加盖人名章要清晰，上缴人民银行。
综合柜员	分支机构营业部	□负责网点内的出纳工作，办理向中心库领交现金、与普通柜员间的现金调拨业务； □负责领交、调拨、调剂全网点的重要空白凭证； □负责办理网点内的特殊业务，负责按规定对普通柜员办理的重要业务和特殊业务进行授权； □负责办理网点的日终结账工作，检查、监督普通柜员的结账工作，并对普通柜员的重要空白凭证和库存现金进行账实核对； □负责审核监督普通柜员的会计凭证、登记簿等会计资料； □负责系统内往来业务的对账工作； □负责打印、装订、保管有关会计资料； □负责整理、装订全网点的原始凭证、账、表等，并按规定及时上交事后监督部门，同时负责处理、回复事后监督部门的查询工作。
普通柜员	分支机构营业部	□负责对外办理储蓄或对公业务，包括柜台受理凭证、审核凭证及证件、记账、打印凭证、收付现金，保管及领交柜员现金箱等； □负责领用、保管柜员营业用重要空白凭证； □负责掌管柜员业务用章和个人名章； □负责进行结账，打印结账单、盘点库存现金、重要空白凭证，并在综合柜员的监督下共同封箱，办理交接班手续。
联行柜员	分支机构营业部	□负责办理同城业务和联行业务，包括审核凭证、记账、复核、打印凭证、查询查复等； □负责领用、保管联行柜员必须使用的重要空白凭证； □负责掌管柜员业务用章和个人名章； □负责进行柜员结账，打印柜员结账单，盘点重要空白凭证，与综合柜员办理凭证的交接手续。

【案例】 认清岗位责任

1. 三只老鼠一同去偷油喝,在一户人家的厨房里找到了一只油瓶,它们商量,一只踩着一只的脑袋,轮流上去喝油。于是三只老鼠开始叠罗汉,但当最后一只老鼠刚刚爬到另外两只老鼠的脑袋上时,不知是什么原因,油瓶竟然倒了,最后,惊动了主人,三只老鼠只好四处逃窜。回到鼠窝,它们决定开会来讨论一下此次偷油失败的真正原因。最上面的老鼠先发言,说:"我没有喝到油,而且撞倒了油瓶,但这是因为下面第二只老鼠抖了一下,所以才害我撞倒了油瓶。"第二只老鼠说:"我发抖是因为我感觉到第三只老鼠动了一下,我才抖动了一下。"第三只老鼠说:"我是抖了一下,但那是因为我好像听见门外有猫的叫声。"《三只老鼠》的故事告诉我们从事一个岗位的工作是契约关系的履行,职业责任就是契约履行的保障。狭义的法律职业责任以外的职业责任更包括责任感。卡耐基说过:认清自己能做些什么,就已经完成了一半的责任。三只老鼠如果能认清自己能做些什么,主动承担在自己岗位的责任,那么结果也许就不一样了。

2. 某企业的一次季度会议上,营销部门经理说:"最近销售做得不好,我们有一定责任,但是最主要的责任不在我们,竞争对手纷纷推出新产品,比我们的产品好,所以我们很不好做,研发部门要认真总结。"研发部门经理说:"我们最近推出的新产品是少,但是我们也有困难呀,我们的预算很少,就是少得可怜的预算,也被财务削减了!"财务经理说:"是,我是削减了你们的预算,但这是因为公司的成本在上升,我们不得不这么做。"这时,采购经理跳起来:"我们的采购成本是上升了10%,为什么?你们知道吗?俄罗斯的一个生产铬的矿山爆炸了,导致不锈钢价格上升。"这时营销经理、研发经理、财务经理都好像如释重负般地一起说:"哦,原来如此呀!这样说,我们大家都没有多少责任了,哈哈!"但是公司老总很生气,他说:"这样说来,我只好去考核俄罗斯的矿山了!"

对于岗位责任的互相推脱,"总能找到理由"的这些拒绝承担自己的岗位责任的工作方式,带给企业组织的只能是破坏和无效;带给个人的只会是与职业理想的背离。努力地实现自己的岗位责任,是企业对个人的要求,也是个人职业理想实践的过程。当然在实现自己的岗位责任的目标后,我们完全可以将不满与抱怨以建设性的意见或建议的方式提出。对于个人来说,一个人只有做好了分内的工作,才算是一个合格的员工。

(三)岗位要求

1. 客户经理

要求有良好的沟通能力和营销技巧,最好有一定的客户资源;知识方面要熟悉银行的各类产品,建议多读有关银行营销以及商业银行经营管理方面的书籍。

2. 信贷管理

要求工作细致,责任感强,熟悉公司财务及相关法律知识,这个岗位专业性较强,作为非金融专业的学生,可能需要补充很多知识。

3. 财务核算

要学习金融会计,熟悉银行的各类业务,最好有会计师资格。

4. 资金交易

这个岗位也较为专业,主要负责银行资金的运作,包括头寸安排、票据市场操作甚至外汇买卖等,要求头脑灵活,熟悉金融市场。

5. 国际结算

要求有较高的外语水平,必学的知识包括国际结算、国际贸易和国际金融。

6. 柜员/出纳

对学历要求较低,需要较强的服务意识,掌握相关的操作技能,外资银行还要求具有良好的外语水平;另外,还有些行政类的岗位,比较适合非金融专业类的学生,如人事、公关宣传等。

【案例】 银行招聘专业要求

表10—2　　　　　　　　　银行校园招聘专业要求一览表

五大国有银行(中、农、工、建、交)	
中国银行	全日制大学本科学历(包括高招本科第一、第二、第三批次和全日制专升本),经济金融、财务会计、管理、外语、法律、理工类等专业,部分机构可放宽至全日制大专学历(要求家庭或生活基本在招聘岗位所在城市)
农业银行	公告无具体专业要求
工商银行	招聘专业以经济、金融、会计、管理、计算机等专业为主
建设银行	专业门类要求:以经济学、管理学、理学、工学、法学等门类相关专业为主,重点是经济、财政、金融、会计、贸易、保险、税务、统计、工商管理、信息与通信工程、计算机科学与技术、建筑学、土木工程等相关专业
交通银行	财经类、管理类、部分理工类及相关专业毕业;具有跨专业、海外交流等教育背景或相关实习经验者,具有校级及以上奖励或在校活动时间经验者,获得会计、银行等相关资格证书者优先
股份制商业银行	
平安银行	经济管理类、文科类、工科类及复合知识背景优先
广发银行	主要招收金融学、经济学、管理学(工商管理、会计学、财务管理、审计学、行政管理、档案管理、人力资源管理)、法学、文学(中文、外语、新闻传播学)、工学(计算机科学与技术、软件工程)等专业门类的毕业生,并根据实际需要少量招收其他相关专业的毕业生
民生银行	无专业要求,有相关行业实习经历、社团活动组织经历、担任学生会干部或学习成绩优异者优先,取得相关岗位专业资格证书者优先
招商银行	经济、金融、财会、数学、管理、理工类相关专业

【案例】 中国银行股份有限公司2015年校园招聘条件

一、基本条件

（一）遵纪守法、诚实守信，具有良好的个人品质和职业道德，无不良记录，愿意履行中国银行员工义务和岗位职责；

（二）具有与岗位要求相适应的专业、学历及能力素质；

（三）具有较好的团队合作精神、语言沟通能力和学习能力；

（四）身体健康；

（五）符合我行亲属回避的有关规定；

（六）岗位要求具备的其他条件。

二、岗位条件

（一）总行管理培训生岗位

1.国内外知名院校应届毕业生；

2.全日制大学本科及以上学历，主要招收经济金融、财务会计、管理、外语、法律等专业，少量招收理工类专业毕业生；

3.具有优秀的综合素质、学习能力和创新能力，有良好的协作精神和发展潜力；

4.具有良好的英语听说读写能力，应通过国家大学英语六级（CET6）考试（或425分以上），或提供具备相应英语能力的资格证明（如TOEIC听读公开考试715分以上、TOEFL iBT 85分以上、IELTS 6.5分以上）；英语专业毕业生应在毕业前通过专业八级考试。

（二）数据中心、软件中心信息科技岗位

1.国内外知名院校应届毕业生；

2.全日制大学本科及以上学历，信息科技相关专业；

3.具有较好的基本素质、专业基础和协作精神，有较强的责任感和良好的学习能力；

4.具有较好的英语听说读写能力，应通过国家大学英语四级（CET4）考试（或425分以上），或提供具备相应英语能力的资格证明（如TOEIC听读公开考试630分以上、TOEFL iBT 70分以上、IELTS 5.5分以上）；主修语种为其他外语，通过相应外语水平考试的，可适当放宽上述英语等级要求。

（三）境内分行营业网点营销服务岗位

1.国内外院校应届毕业生；

2.全日制大学本科及以上学历，经济金融、财务会计、管理、外语、法律及理工类等专业；

3.具有较好的基本素质、服务观念和协作精神，有较强的责任感和良好的学习能力；

4.具有较好的英语听说读写能力,应通过国家大学英语四级(CET4)考试(或425分以上),或提供具备相应英语能力的资格证明(如 TOEIC 听读公开考试 630 分以上、TOEFL iBT 70 分以上、IELTS 5.5 分以上);主修语种为其他外语,通过相应外语水平考试的,可适当放宽上述英语等级要求。

(四)境内分行营业网点柜员岗位

1.国内外院校应届毕业生;

2.全日制大学本科学历(包括高招本科第一、第二、第三批次和全日制专升本),经济金融、财务会计、管理、外语、法律及理工类等专业;部分机构可放宽至全日制大专学历(要求家庭或生活基本在招聘岗位所在城市);

3.具有较好的客户服务意识、语言沟通能力和学习能力。

(五)部分境内分行信息科技岗位

1.国内外院校应届毕业生;

2.全日制大学本科及以上学历,信息科技相关专业;

3.具有较好的基本素质、专业基础和协作精神,有较强的责任感和良好的学习能力;

4.具有较好的英语听说读写能力,应通过国家大学英语四级(CET4)考试(或425分以上),或提供具备相应英语能力的资格证明(如 TOEIC 听读公开考试 630 分以上、TOEFL iBT 70 分以上、IELTS 5.5 分以上);主修语种为其他外语,通过相应的外语水平考试的,可适当放宽上述英语等级要求。

(六)海外机构、附属公司相关岗位

见各岗位具体的资格条件。

三、相关说明

(一)各机构在上述基本条件、岗位条件的基础上,将分别明确具体的招聘条件,请应聘者根据本人情况申报,避免无效申请。

(二)应聘者应满足以下毕业时间要求

1. 境内高校应届毕业生,应能够在 2015 年 7 月 31 日前毕业,取得毕业证、学位证和就业报到证,开始全职工作;

2. 境外院校毕业生,应为 2014 年 8 月 1 日至 2015 年 7 月 31 日间毕业且为初次就业,能够在 2015 年 7 月 31 日前获得学历(学位)证书,开始全职工作,并保证在试用期结束前一个月(最晚不超过 2015 年 12 月 31 日)获得国家教育部留学服务中心的学历学位认证;

3. 中外合作联合办学项目毕业生,应符合上述要求之一。

二、认识自我

古希腊德尔斐神庙的一块碑上刻着这么一句话:"认识你自己。"后来这句话成为苏格拉底哲学原则的宣言。人一生中最熟悉的人是自己,最陌生的人同样也是自己。"当局者迷"让我们有时难以正确地认识自我。我们对自己的形象、优点、缺点、兴趣、能力、性格、气质等很难全面、正确地把握,这就导致我们在职业选择和发展中定位不准,无法形成正确的职业规划,影响到自己的职业理念,影响职业价值的实现。

（一）正确地认识自我

一个人对自己的认知、评价要与自己本身的实际情况相符,不能自我矮化或拔高,这就是正确地认识自我。这要求全面、正确地认识自己的特点和长处、缺点和不足,在此基础上调节、控制、发展、完善自己,同时正确认识自我与他人、自我与社会、个体与集体、个人价值与社会价值的关系。

1. 正确认识自己

人是具有自我意识、个体能动性的生命体,可以观察、认识、分析自己。人同时也是具有一定的智力并有理性思维的个体,意味着人有能力认识自己。每一个人都是有着自己独特意识的、有个性的生命体,共性存在于每个人身上,但决定每个人的特点和未来的是个性。每一个人都是独一无二的存在,都有着不同于他人的性格、能力、爱好、兴趣、特点、优缺点等。认识自我,看到与他人的共性,更应看清自我的个性。

2. 认识自我是一个过程

认识自我需要一个很长的过程,它需要不断地探索和反思。一个人要达到对自己全面、正确的认识不可能一蹴而就,随着年龄的增长、阅历的丰富、知识的积累而逐渐完成。对于理想、成功,不同阶段的人有着不一样的看法。在孩童时代,科学家、宇航员、飞行员、警察、解放军是我们未来成长的榜样和方向,我们不会也没有能力真正知道自己想要什么、能做什么,完全从自身出发,并没有考虑到与外界、他人的关系,社会的需要,自我的能力等。随着成长,这种"自我为中心"的常规是要被逐步打破的。进入青年时代,我们开始独立生活,认识到自己与他人的区别,了解到世界上还有好多事情是自己所不能驾驭的。这就是认识自我的过程。

3. 以全面的眼光认识自我

认识自我,包括外在形象,如外貌、衣着、举止、风度、谈吐,也包括内在素质,如学识、心理、道德、能力等。一个人的美应是外在的美与内在的美的和谐统一,内在的美对外在的美起促进作用。

认识自我既要看到自己的优点和长处,又要看到自己的缺点和不足。因为我们每个人的外在形象和内在素质都有自己的优势,又有自己的不足,正所谓"金无足赤,人无完人",我们每个人都有自己的缺点,但同时每个人也都有自己的闪光点。我们应该多关注自己的优点和长处,要用欣赏的目光来看自己,即使你可能有很多不足。因为只有先看得起自己,才能正确地认识自己。面对纷繁复杂的人生世界,如果你把目光都集中在痛苦、烦恼上,生命就会黯然失色;如果你把目光都转移到快乐之中,你将会得到幸福。同样的道理,面对自己,如果你只看到自己的缺点、不足,你将会悲观失望、停步不前;如果你能看到自己的优点、长处,你将会充满信心,迎接生活的挑战。但是,如果我们只看到自己的优点,看不到自己的不足,"看自己一朵花,看别人豆腐渣",用自己的长处比别人的短处,我们就会沾沾自喜、骄傲自大、停步不前,甚至会倒退。因此,为了全面地认识自己,我们既要看到自己的优点和长处,又要看到自己的缺点和不足。

4. 以发展的眼光看待自己

事物总是发展变化的,没有一成不变的事物。俗话说"士别三日,当刮目相看",我们每个人也都是在不断发展变化的,我们的优点和缺点也不是一成不变的。因此,我们必须要用发展的眼光看自己,及时发现自己新的优点和新的缺点,通过自己的努力,争取变缺点为优点,不断地改正自己的缺点来完善自己。

人生就是不断学习、不断认识、不断选择、不断作为和不断改变的过程。所以,这也就决定了人生的道路是曲折的、不平坦的,人生的航船也并非是一帆风顺的。事业的不顺、生活的坎坷、逆境的缠身、不幸的降临……但你不能因此而垂头丧气,也不必怨天尤人,更不要自暴自弃,因为人生的道路是可以改变的,遇到的困难是可以克服的。

5. 正确看待自我与社会

人是社会的人,社会是人的社会。人不仅具有动物的属性,人的本质属性是人的社会属性。人的本质在其现实性上是一切社会关系的总和。离开了社会,人是不能存在的;社会的主体是人,人是社会的主宰。没有人的存在,就没有社会可言。每个人对他人来说只是手段;每个人是手段同时又是目的,而且只有成为他人的手段,才能达到自己的目的,并且只有达到自己的目的,才能成为他人的手段——这种相互关系是一个必然的事实。

(二)正确认识自我的方法

1. 自我观察法

日常生活、工作中,我们要注意自我观察、总结,"一日而三省吾身",找到自己的优点和缺点,进而加以发扬或改正。自我观察法是正确认识自我的重要途径和基本途径。

自我观察要注意对自己各种身心状态和人际关系等进行全面的认识,即认识生理自我、心理自我和社会自我,如自己的身高、外貌、体态、性格、自己与他人的关系等方面的认识。在自我认识过程中伴随着情感体验,如由身高、外貌等引发的自豪、自信或自卑情绪情感以及在自我认识、自我情感体验过程中,我们是否有目的、自觉地调节和控制我们的行为和想法。我们要善于剖析自我,深刻认识自我,更好地认识外在形象和内在自我。

2. 他人评价法

"不识庐山真面目,只缘身在此山中",自我的认识和观察往往带有一定的偏颇和不足,使得全面、正确地认识自己比较困难。而"当局者迷,旁观者清"让我们找到认识自我的好途径——他人评价。在认识自己的过程中,我们要主动向他人了解自己。我们要虚心听取他人的评价,同时又要客观、冷静地分析他人的评价,以便我们从多角度来认识自己,从而调整自己的行为表现,以此来完善自我,达到目标。

3. 社会比较法

通过合理的社会比较更好地认识自己。把现在的自己与自己的过去、未来进行纵向比较,与同龄人或者有类似条件的人进行横向比较,通过更全面的纵横社会比较来正确认识自己。

4. 社会实践法

通过参加各种活动,根据各种活动过程与结果来认识自己;通过与他人的合作分析自己的人际沟通能力;通过组织开展活动来分析自己的组织管理能力;通过读书活动发现自己的知识掌握程度,及时地查漏补缺等;通过具体的活动分析自己的表现及成果,更加客观地认识自己。

三、职业胜任力

随着社会主义市场经济的发展,我国银行业迅速繁荣,人们对银行业提供的服务要求也越来越高,由此银行从业人员的素质和能力要求也越来越高。

(一)通用素质

1. 心理素质

(1)"处变不惊"的应变能力。

(2)遭受挫折打击的承受能力。

(3)情绪的自我掌控及调节能力。

(4)满负荷情感付出的支持能力。

(5)积极进取、永不言败的良好心态。

2. 品格素质

(1)忍耐与宽容。

(2)不轻易承诺,说了就要做到。

(3)谦虚是做好客户服务工作的要素之一。

(4)拥有博爱之心,真诚对待每一个人。

(5)勇于承担责任。

(6)较强的集体荣誉感。

3. 技能素质

(1)良好的语言表达能力。

(2)丰富的行业知识及经验。

(3)熟练的专业技能。

(4)优雅的形体语言表达技巧。

(5)思维敏捷,具备对客户心理活动的洞察力。

(6)具备良好的人际关系沟通能力。

(7)良好的倾听能力。

4. 综合素质

(1)"客户至上"的服务观念。

(2)工作的独立处理能力。

(3)各种问题的分析解决能力。

(4)人际关系的协调能力。

(二)入门需要具备的能力

(1)精通银行业务,能够满足客户需求。

(2)要善于整合现有的各种金融技术、金融工具等来满足不同、复杂的金融需求。

(3)要善于控制成本,把成本降低到可承受的程度。

(4)要善于识别风险、管控风险,能平衡风险与收益之间的关系。

(5)要善于组织协调各种资源。

(6)要有战略思维,具有5到10年的长期规划。

(7)要具备国际视野。

(三)证书要求

1. 银行从业资格证

这是从事银行工作所必须具备的最基本的证书之一。

资格考试的科目有《银行业法律法规与综合能力》(即原《公共基础》)和《银行业专业实务》。其中,《银行业专业实务》下设《个人理财》、《风险管理》、《公司信贷》、《个人贷款》、《银行管理》5个专业类别。

考试题型:全部为客观题,包括单项选择题、多项选择题和判断题。其中,单项选择题90道,多项选择题40道,判断题15道。

每年两次考试,采取网上报名,计算机闭卷考试的形式。

2. 反假货币知识培训考试合格证

(1)考试科目:人民币实操、外币实操。

(2)报名方式:网上报名,网址为www.shpbc.com,考试现场不受理考生当场报名。

(3)考试内容。

①人民币实操。考生应在5分钟内完成3把壹佰元钞券(其中夹入3张假币)清分和答题工作,包括拆把、清点、扎把、发现差错及填写答题纸。清点结束后,应在答题纸上完成假币特征分析。答对至少6点假币特征(答错倒扣)且清点正确并准确挑出假币的,成绩方为合格。

②外币实操。考生自行抽取信封,信封内装有美元、欧元、日元、英镑和港元五大币种中的1张真币或假币,考生根据抽取的币种,在10分钟内准确写出真(假)币的特征。答对至少6点特征者,成绩方为合格。

3. 会计从业资格证书

会计从业资格考试是由国家财政部组织的全国性考试,一般由省级财政部门组织,考试及报考时间全国各省有差异。该考试实行全国统一大纲,各地自行编制教材及安排考试时间的政策,考试大多涉及《财经法规与职业道德》、《会计基础与实务》(或为《会计实务》与《会计基础知识》)、《初级会计电算化》,考试通过后可获得会计从业资格证书。

会计从业资格证书是具有一定会计专业知识和技能的人员从事会计工作的资格证书,是从事会计工作必须具备的基本最低要求和前提条件,是证明能够从事会计工作的唯一合法凭证,是进入会计岗位的"准入证",是从事会计工作的必经之路。它是一种资格证书,是会计工作的"上岗证",不分级。

4. 特许金融分析师(CFA)

CFA是全球投资业里最为严格与含金量最高的资格认证,被称为"金融第一考",为全球投资业在道德操守、专业标准及知识体系等方面设立了规范与标准。自1962年设立CFA课程以来,对投资知识、准则及道德设立了全球性的标准,被广泛认知与认可。《金融时报》杂志于2006年将CFA专业资格比喻成投资专才的"黄金标准"。

CFA考试内容分为三个不同级别,分别是Level Ⅰ、Level Ⅱ和Level Ⅲ。考试在全球各个地点统一举行,每个考生必须依次完成三个不同级别的考试。CFA资格考试采用全英文,候选人除应掌握金融知识外,还必须具备良好的英文专业阅读能力。考试内容涵盖了广泛的金融知识,同时考察当年最新的金融市场相关知识以及最新金融领域的研究成果。考试的难度每级递增,虽不属于注册考试,但通过Level Ⅱ和Level Ⅲ的难度极高。各级通过率约为35%(条件概率),即考生只有通过了前一级,才能参加下一级的报名。全部考完至少需要2万~3万元人民币。

第三节　职业价值

一、职业价值观

职业价值观是人在进行职业选择与定位时所体现出来的人生态度和目标,是人的理想、信念、世界观、人生观、价值观在职业上的具体体现,是一种具有明确的目的性、自觉性和坚定性的职业选择的态度和行为,对一个人的职业目标和职业动机起着决定性的作用。

职业价值观决定了人们的职业期望,影响着人们对职业方向和职业目标的选择,决定着人们就业后的工作态度和劳动绩效水平,从而决定了人们的职业发展情况。

由于每个人的家庭环境、成长经历、教育程度、兴趣爱好、性格特点等方面各不相同,受此影响,在相同的社会大背景、社会主流价值体系下仍然存在着不同个体的职业价值观的异同,这种影响了个体对就业方向和具体职业岗位的选择,导致每一个求职者在职业取向上的目标和要求的异同。

职业价值观是一个人对各种职业价值的基本认识和基本态度,是人们在选择职业时的一种内心尺度。不同的个体虽然有着不同的职业价值观,但对同一个个体来讲,此价值观一旦形成,就具有相对的稳定性。在影响条件不变的情况下,人的职业价值观不会发生大的变化,总是要受到人的世界观、人生观的制约和社会主流价值体系的影响。

马克思主义基本原理认为,运动是绝对的,静止是相对的。人的职业价值观也是如此,在特定的环境和条件下,会发生相应的变化。环境的改变、知识的积累、家庭的变故、人生的经历增加等,都会影响到人的职业目标、选择、定位。

二、职业价值观的类型

职业专家通过大量的调查,把职业价值观分为九大类,并将个人适合的职业类型与之相对应。

（一）自由型（非工资生活者型）

该类型职业价值观的人不受别人指使,凭自己的能力拥有自己的小"城堡",不愿受人干涉,想充分施展本领。适合的职业类型有室内装饰专家、图书管理专家、摄影师、音乐教师、作曲家、编剧、雕刻家、漫画家等艺术性职业。

（二）小康型

该类型职业价值观的人追求虚荣,优越感也很强,很渴望能有社会地位和名誉,希望常常受到众人尊敬。欲望得不到满足时,由于存在过分强烈的自我意识,有时反而很自卑。适合的职业类型有记账员、会计、银行出纳、法庭速记员、成本估算员、税务员、核算员、打字员、办公室职员、计算机操作员、统计员、秘书等。

（三）支配型（权力型）

该类型职业价值观的人想当上组织的"一把手"，飞扬跋扈，无视他人的想法，为所欲为，且视此为无比快乐。适合的职业类型有推销员、进货员、商品批发员、旅馆经理、饭店经理、广告宣传员、调度员、律师、政治家、零售商等。

（四）自我实现型

该类型职业价值观的人不关心平常的幸福，一心一意想发挥个性，追求真理，不考虑收入地位及他人对自己的看法，尽力挖掘自己的潜力，施展自己的本领，并视此为有意义的生活。适合的职业类型有气象学家、生物学家、天文学家、药剂师、动物学者、化学家、报刊编辑、地质学者、物理学者、数学家、实验员、科研人员、科技工作者等。

（五）志愿型

该类型职业价值观的人富于同情心，把他人的痛苦视为自己的痛苦，不愿干表面上哗众取宠的事，把默默地帮助不幸的人视为无比快乐。适合的职业类型有社会学家、福利机构工作者、导游、咨询人员、社会工作者、社会科学老师、护士等。

（六）技术型

该类型职业价值观的人认为立足社会的根本在于一技之长，因此钻研一门技术，认为靠本事吃饭既可靠，又稳当。适合的职业类型有木匠、农民、工程师、飞机机械师、自动化技师、野生动物专家、机械工、电工、司机等。

（七）经济型（经理型）

该类型职业价值观的人断然认为世界上的各种关系都建立在金钱的基础上，包括人与人之间的关系，甚至父母与子女之间的爱也带有金钱的烙印。这种类型的人确信，金钱可以买到世界上所有的幸福；各种职业中都有这种类型的人，商人为甚。

（八）合作型

该类型职业价值观的人人际关系较好，认为朋友是最大的财富。适合的职业类型有公关人员、推销人员、秘书等。

（九）享受型

该类型职业价值观的人喜欢安逸的生活，不愿从事任何挑战性的工作；无固定职业类型。

三、树立正确的职业价值观的原则和条件

（一）职业选择的原则

1. 符合社会需要的原则

所谓符合社会需要的原则,是指一个人在选择职业岗位时,把社会需要作为出发点和归宿,以社会对自己的要求为准绳,去观察、认识问题,进而决定自己的职业岗位。

2. 发挥个人素质优势的原则

所谓发挥个人素质优势的原则,是指一个人在选择职业岗位时,综合自己的素质情况,根据自身的特长和优势选择职业岗位,以利于今后在职业岗位上顺利地、出色地完成本职工作。

3. 主动选择的原则

所谓主动选择的原则,是指每个人在职业选择中不能消极等待,而应主动出击,积极参与。

4. 分清主次的原则

在就业过程中,摆在每个人面前的选择是多方面的。比如单位性质、工作地点、工作条件、生活待遇、使用意图、发展方向等诸多的方面,不可能样样遂人心愿,重要的是在择业过程中怎样权衡利弊,分清主次。

5. 着眼长远,面向未来的原则

在选择职业时,不能只看眼前的实惠,不看企业发展前景;不能只看暂时的困难,而不看企业的未来;不能只图生活的安逸,而不顾事业的追求等。祖国的社会主义事业正在抓住机遇、深化改革,推动社会全面进步。青年是社会主义现代化建设的生力军和突击队,是祖国的未来,肩负着光荣的历史使命,所以选择职业时,要站得高,看得远,放开视野,理清思路,把自己的命运紧紧与祖国的命运联结在一起,找到自己的最佳位置,牢牢把握职业选择的主动权。

(二)树立正确的职业价值观具备的条件

1. 专业的职业技能

广义的职业技能是指在职业环境中合理、有效地运用专业知识、职业价值观、道德与态度的各种能力,包括智力技能、技术和功能技能、个人技能、人际沟通技能、组织和企业管理技能等。

狭义的职业技能指技术技能,是指从事某项职业所必须具备的技术方面的能力。

随着科技的进步、商业的发展,绝大多数职位的要求与以前相比都变得更加复杂。自动化办公、电子商务、企业的 ERP 管理系统、数控机床,这些都要求员工有数学、阅读、计算机方面的知识。很难想象,办公室职员如果不会文字软件的处理、不会使用电子邮件系统将怎样工作。随着科技的进步、大量的高新技术被应用于生产领域,很多从事技术含量低的蓝领职位的人员将会失业。

随着市场经济的发展,银行在经济社会发展中的作用越来越大。信息技术、移动互联网、金融产品种类的增多、银行客户的期望值的增长等,要求银行员工提升自身的技能,适应银行业务发展。

2. 职业化的工作态度

有人说:态度决定一切,态度决定你的成败,态度决定你成功的高度,态度决定行为,行为决定习惯,习惯决定命运。在工作中同样如此,工作态度决定工作成绩。

职业化的工作态度,就是对待工作认真负责,具备良好的职业道德,用心做好自己的工作。一个人的态度直接决定了他的行为,决定了他对待工作是尽心尽力还是敷衍了事,是安于现状还是积极进取。

银行间的竞争越来越激烈,客户的要求也越来越高,作为银行员工,在工作中必须站在客户的角度为客户提供专业化的服务,赢得客户,占有市场。对于挑剔的客户,耐心解答;对于一时不能解决的问题,做好安抚和后续工作;对于工作中的疏漏,诚挚道歉,及时弥补。

银行内的工作岗位各不相同,工作强度、工资待遇、绩效要求、工作环境等都存在着一定的差异性。对于银行员工而言,必须正确看待自己的工作岗位,以认真、负责的态度完成工作岗位上的每一件工作。

3. 职业化的工作道德

职业化的工作道德即职业道德,指人们在职业生活中应遵循的基本道德,即一般社会道德在职业生活中的具体体现,是职业品德、职业纪律、专业胜任能力及职业责任等的总称,属于自律范围,它通过公约、守则等对职业生活中的某些方面加以规范。

银行职业道德是指在银行职业活动中应遵循的、体现银行职业特征的、调整银行职业关系的职业行为准则和规范,是银行从业人员在进行银行活动、处理银行业务关系时所形成的职业规律、职业观念和职业原则的行为规范的总和。

银行职业道德建设是银行经济管理和银行工作的基本环节,是银行信息质量的根本保障,它直接关系到国家政策的贯彻执行,也关系到各种银行行为的规范,更关系到人民群众的切身利益。

银行职业道德,既是银行从业人员在本行业职业活动中行为的规范,也是银行业对社会所应负的责任和义务。

对于银行业从业人员个人来说,遵守职业道德规范是人人必备的必修课。无论是作为银行的行长,还是一个普通的从业人员,都必须明确自己的职业角色,在职业活动中既要为自己负责,又要为事业负责。

防范道德风险重在加强道德规范,重在培养爱岗敬业、诚实守信、遵纪守法、无私奉献的职业道德修养。

(1)爱岗敬业,忠于职守。

首先,爱岗敬业是银行职业道德的基本要求。它要求每个银行从业人员都要热爱自己所从事的职业,以恭敬、虔诚的态度对待自己的工作岗位,自觉地承担起对社会、对他人的责任和义务,以高度的责任感和使命感为社会提供服务。这在日常工作中的体现主要是爱银行、爱同事、爱客户。一个人只有对服务对象有爱心、能善待,才能激发敬业和精业意识;只有对自己职业的精益求精,才能体现出人生价值。概括起来说,要做到爱岗敬业,必须树立为人民服务的思想,要忠于职守、清正廉洁、勤奋工作、尽职尽责;还要钻研业务,不断地提高。在科技高速发展、知识不断创新的时代,在银行业这个有悠久历史而又快速发展的行业中,只有不断地学习、充实和提高,才能提高工作质量和效率,在竞争中立于不败之地。

(2)遵守法规,依法办事。

银行从业人员应以国家相关法律法规为行为准绳,遵守社会道德规范,遵守所属机构的管理规定和道德操守准则。

在市场经济中,任何单位的经济业务都要直接或间接地受到有关法律、法规的约束。银行业是一个高风险的行业,从业人员面对来自各方面的诱惑,稍有不慎,很容易跌进犯罪的深渊,给社会、单位和个人带来很大的损失。随着我国金融业的发展,法律法规体系越来越完善,要求每个银行从业人员都要认真学习法律知识,加强法律意识,做到学法、知法、懂法、守法,保证金融业的安全、高效运行。

(3)廉洁奉公,不谋私利。

廉洁奉公,不谋私利是银行职业道德的重要特征,也是银行从业人员职业道德的基本尺度。银行从业人员不谋私利,一心为公,才能处理好各方面的利益关系。银行工作天天要与钱打交道,如果没有廉洁奉公的品质和良好的职业道德,就可能经不住"金钱"的诱惑,走上犯罪的道路。因此,银行从业人员必须以廉洁奉公、不谋私利作为自己的行为准则,敢于抵制、揭发各种损公肥私的不良行为和不正之风,大胆维护国家的财经纪律及企业的规章制度,做到"手提万贯,一尘不染"。

(4)恪尽职守,专业胜任。

银行工作是一项专业性、技术性很强的工作,要求银行人员必须具备必要的专业知识和专业技能,而且随着社会主义市场经济体制的建立、改革开放的不断深入,经济生活中出现了许多过去不曾遇到的新问题,银行也面临着许多全新的课题,理论和知识都以前所未有的速度更新。因此,银行从业人员必须在实践中不断地学习,认真钻研业务技能,精通现代科学技术,以适应银行工作发展的需要。

(5)客观公正,无私奉献。

要讲究诚实守信,客观公正,为所有客户提供同等水平和质量的服务,不能因国籍、信仰、性别、经济水平和社会地位等差异歧视客户。银行业务就是为客户提供有偿服务,只有服务得好,才能体现出银行的价值。只要做到了自己信任自己,诚实地对待自己的工作,以严谨守信的态度来善待客户,就不愁业务不发展,就不怕激烈的市场竞争。无私奉献是一个人的道德观,是价值观在行为中的体现。

4. 职业化的工作形象

职业化的工作形象即职业形象,是指职业人在职场中公众面前树立的形象,具体包括外在形象、品德修养、专业能力和知识结构这四大方面,通过职业人的衣着打扮、言谈举止反映出职业人的专业态度、技术和技能等。

生活中人们的仪表非常重要,它反映出一个人的精神状态和礼仪素养,是人们交往中的第一印象,所以必须注重个人形象。据研究,一个人给别人留下第一印象的时间为 6 秒。其中,言辞内容占 7%,外表形象占 58%,声音占 35%。

在职场工作中,个人的职业形象同样重要。职业形象是一个行业或组织的精神内涵和文化理念在从业人员身上的具体体现,也是一定行业或组织的形象与具体从业个体形象的有机结合。

职业形象是一个系统,可分为思想、行为、仪表等一系列形象要素。

第一,根据行业和职业的特点,银行从业人员职业形象塑造时不应过分强调性别魅力,而应同时注意手部的整洁。

第二,表情,这是人的第二语言,表情要配合语言。表情自然,切忌假模假样;友善而没有敌意。友善是一种自信,人们交往时感情要良性互动,要双方平等沟通。面对服务对象更应如此,亲切、热情。

第三,举止动作。举止要有风度,而风度就是优雅的举止,优雅的举止实际上是在充满自信、具有良好文化内涵基础上的一种习惯的、自然的举止动作。举止要文明,尤其是在大庭广众面前。我们必须要树立个体代表集体这样一个理念,比如,不能当众随意整理我们的服饰,不能当众处理我们的废物等。举止优雅而规范。站有站姿,坐有坐相。

第四,服饰。服饰代表个人的修养和审美情趣,也是企业规范的一种形象的体现。一般金融行业的人员要求穿着行服;同时要扬长避短,所以在不要求穿着制服的人际交往中,首先应考虑要适合本人的身份、地位来处理服饰的问题;其次要学会不同的服装搭配,给人一种和谐的美感。

第五,谈吐,一般要讲普通话。首先,要注意音量的控制。声音过大,显得没有修养;说话声音低一点有两个好处:一是符合规范;二是比较悦耳动听。其次,慎选内容,言为心声。不同的问题,有不同的见解。对于需要讨论的问题,自己首先要知道该谈什么不该谈什么。另外,在金融服务中,礼貌用语的正确使用也是很重要的。

四、如何树立正确的职业价值观

(一)树立正确的职业价值观要有科学的世界观

世界观是人们对这个世界的认知和理解的方式,决定了人们采取什么样的方法去面对各种问题。唯物主义的世界观告诉我们这个世界是物质的,物质是发展和联系的,我们可以通过自身的努力来改造物质世界。这样的世界观就会给予我们对职业发展的信心和动力,而不至于消沉。

(二)树立正确的职业价值观要有正确的人生观

人生在世不过百年,掐头去尾也就那么几十年,因此需要奋斗和努力。不同的人生态度决定了对生活、对工作的态度。积极地面对生活中的各种困难和问题,积极地面对职业道路上的各种困惑和压力,是我们应有的人生态度。只有这样,我们才能够在人生的旅途上走得更远、走得更稳、走得更踏实。

(三)树立正确的职业价值观要正确地看待名利和地位

迎合低级趣味获得的名利、地位永远得不到人们的正视,这样的名利又有什么意义呢?我们应该看到,最宝贵的权力就是可以决定自己的人生,最重要的财富就是我们当前所拥有的一切,最高的地位就是可以心无旁骛地做好自己。

参考文献

1. 中国银行业零售业务服务规范，http://www.china-cba.net，2010 年 3 月 22 日。
2. 宋丹、黄旭：《基于大数据视角的商业银行零售业务转型研究》，《海南金融》，2016 年第 2 期。
3. 蔡荣飞：《加快新一轮转型 推动零售业务再上新台阶》，《现代金融》，2016 年第 6 期。
4. 周航：《新常态下我国商业银行零售业务发展研究》，《现代商业》，2015 年第 2 期。
5. 中国银行业协会网站。
6. 古剑、吕晓娅：《做最好的银行柜员》，北京联合出版社 2014 年版。
7. 赵素春：《银行柜员服务》，中国财政经济出版社 2008 年版。
8. 朱孟楠：《商业银行综合柜员业务与服务》，中国财政经济出版社 2011 年版。
9. 王访华：《做最好的银行大堂经理》，广东经济出版社有限公司 2014 年版。
10. 刘道惠：《农行大堂经理日记随笔》，北京燕山出版社 2013 年版。
11. 中国银行业协会：《银行大堂经理知识读本》，中国金融出版社 2014 年版。
12. 陈苏、于粟、蔡玉：《银行服务零投诉》，吉林美术出版社 2015 年版。
13. 宋炳方：《银行客户经理培训教程》，经济管理出版社 2006 年版。
14. 王良平：《银行客户经理》，广东经济出版社 2000 年版。
15. 巴伦一：《做卓越的银行客户经理：实战营销 36 课》，广东经济出版社 2011 年版。
16. 郑向居：《银行个人客户经理必读》，吉林大学出版社 2007 年版。
17. 张春民、俞金鸣：《商业银行客户经理制理论与实践》，工商出版社 2001 年版。
18. 吴殷强：《商业银行客户营销：客户经理模式的卓越之道》，中国商业出版社 2006 年版。
19. 章金萍：《现代商业银行客户经理》，浙江大学出版社 2003 年版。
20. 魏开永：《做最棒的客户经理：客户经理素质特训读本》，中华工商联合出版社2007年版。

21. Charles Goodhart, *Financial Regulation-Why, How, and Where Now*, Routledge, 1998.

22. Kevin Dowd, "Financial Risk Management", *Financial Analysts Journal*, July/August 1999.

23. 黄达:《货币银行学》,中国人民大学出版社2000年版。

24. 郭福春:《商业银行经营管理与案例分析》,浙江大学出版社2005年版。

25. 郦锡文:《走向合规经营》,中国金融出版社2006年版。

26. 卢文莹:《金融风险管理》,复旦大学出版社2006年版。

27. 谢太峰、郑文堂、王建梅:《金融业务风险及其管理》,社会科学文献出版社2003年版。

28. 周小川:《金融发展与风险防范》,人民出版社2011年版。

29. 张元萍、孙刚:《金融危机预警系统的理论透析与实证探讨》,《金融研究》,2002年第7期。

30. 郑宇:《加强商业银行内部控制和风险管理》,《中国证券报》,1997年7月30日。

31. 哈佛商学院:《压力管理》,商务印书馆2011年版。

32. 胡月婷:"国有商业银行新员工工作压力影响因素研究",西南大学,2015年。

33. 李红、梅光仪:《商业银行压力管理因素调查分析》,《黑龙江金融》,2008年第4期。

34. 李焰、于文宏:《压力管理实务》,机械工业出版社2012年版。

35. "浅析银行从业人员心理压力与对策", http://www.tbankw.com/lwjj/113693.html。

36. 屈媛媛:"C银行JN支行员工工作压力现状研究及压力管理体系构建",山东大学,2015年。

37. 搜狗百科,www.baike.sogou.com。

38. 西华德:《压力管理策略——健康和幸福之道》,中国轻工业出版社2008年版。

39. 伊夫·阿达姆松:《压力管理》,黑龙江科学技术出版社2008年版。

40. "银行工作的压力", http://www.smhaida.com/2016/shuzhibaogao_0529/730817.html。

41. 张友源:《左脑情绪管理、右脑压力管理》,中国财富出版社2012年版。

42. 郑日昌:《情绪管理压力应对》,机械工业出版社2008年版。